地域生活の社会学

山本 剛郎

関西学院大学出版会

目　次

はじめに ………………………………………………………………………… ix
序章 ……………………………………………………………………………… 1

第Ⅰ部　地域社会の形成・発展過程 ………………………………………… 9

第1章　鉄道の敷設と地域社会の形成過程──現西宮市域を事例として … 11
第1節　明治期の近代化政策 ………………………………………………… 11
　　　田園都市／都市問題の深刻化／本章の目的
第2節　考察対象地域の概要と鉄道の敷設 ………………………………… 13
　　　考察対象地域の概要／鉄道の敷設
第3節　鉄道沿線の開発に伴う周辺地域の変動過程 ……………………… 17
　　　市外居住のすすめ／阪神電鉄の初期の貸家経営／香櫨園と苦楽園の開発／競馬場／工場の誘致／武庫川の改修と阪神国道の整備／その後の阪神電鉄の住宅地経営／小林一三と阪急電鉄沿線／郊外居住者の実態と属性
第4節　地域社会の発展に果たした行政の役割 …………………………… 30
　　　耕地整理事業／耕地整理事業に果たした行政の役割／人口の推移／土地異動の状況：武庫郡内の財政力と市制の施行
第5節　地域社会の形成過程 ………………………………………………… 39
　　　まとめ／他地域への妥当性

第2章　地域社会の変動と灘購買利用組合──住吉村を事例として ……… 43
第1節　住吉村の変動過程 …………………………………………………… 43
　　　本章の目的／鉄道の敷設／本籍人口と流入人口／職業構造／村落組織
第2節　地元民と移住者 ……………………………………………………… 51
　　　平生釟三郎日記にみる住吉村／地元民（地元派議員）と移住者（移住派議員）／住民意識類型
第3節　灘購買利用組合 ……………………………………………………… 55
　　　賀川豊彦の教え／灘購買利用組合の結成／灘購買利用組合員の分析／成功の要因
第4節　地域社会の発展・変動過程 ………………………………………… 63
　　　支配の交代／地域社会の発展・変動過程

第Ⅱ部　地域組織の蓄積性・連続性 ……………………………… 69
第3章　むら規約・地域組織にみる連続性と共同性
　　　　　　　　　　──現豊中市域内集落を事例として ……………… 71
　第1節　明治期のむら規約 ……………………………………………… 71
　　　　本章の目的／むら規約とは／町村制以前のむら規約／町村制以後のむら規約
　第2節　むら規約的精神のその後の浸透・継承 ……………………… 79
　　　　庄内村大字島田農事実行組合／岡町区の自治組織(区会議)／隣組／寺と小曾根連合町会
　第3節　水をめぐる動き ………………………………………………… 87
　　　　井戸水と村落生活／農業用水をめぐる動き／豊中市の水利状況／アンケート調査にみる水利組合／過去と現在をつなぐもう一つの装置：土地改良区
　第4節　共同体的な名残を留める今日的状況 ………………………… 96
　　　　行政区と財産区／小曾根土地改良区での訴訟とむらの精神／長興寺水利組合ボート部／庄内村大島鳩恩会／熊野田村通称「二の切池」処分問題
　第5節　明治の精神は生きている ……………………………………… 102

第4章　地域社会の変貌過程──宝塚市長谷むらを中心に …… 107
　第1節　宝塚新都市開発構想 …………………………………………… 107
　　　　本章の目的／部落有財産／部落会と自治会
　第2節　明治期の長谷のむら規約と部落有財産 ……………………… 114
　　　　明治期のむら規約／むら規約と部落有財産／明治期の規約と昭和30年の定めとの相違点／昭和30年の定めと昭和55年の定めとの相違点／長谷土地有限会社の設立／部落有財産の土地有限会社への委託
　第3節　むら社会の変化 ………………………………………………… 121
　　　　鶴見台住宅地の建設／圃場整備／水利の一本化／新農耕組合／まとめ
　第4節　むら組織とむら行事 …………………………………………… 126
　　　　部落有財産の権利者と無権利者／むら組織／むらの労働・行事／まとめ
　第5節　結びにかえて …………………………………………………… 129

第5章　市街地再開発事業と地域組織の見直し
　　　　　　　　宝塚市Ⅰ村を事例として …………… 135
　　第1節　S駅前地区市街地再開発事業 ……………………………… 135
　　　　　　市街地再開発事業の目的・必要性／市街地再開発事業の手順／本章の目的／S駅周辺の状況
　　第2節　市街地再開発事業の経過 ……………………………………… 137
　　　　　　S駅前地区市街地再開発研究会／S駅前地区市街地再開発促進組合／市街地再開発組合
　　第3節　Ⅰ村の村落構造と変貌過程 …………………………………… 144
　　　　　　Ⅰ村の家々／人口の流入／Ⅰ土地株式会社／財産管理精算委員会／お塔の行事／宮講／伊勢講・高野講／農会（農業生産組合）・農事実行組合／Ⅰ水利組合／Ⅰ土地株式会社と集団加入
　　第4節　結びにかえて ………………………………………………… 158
　　　　　　市街地再開発事業と伊勢講／組織の見直し：むらの対応

第Ⅲ部　地域住民の合意形成
　　　　　——異常時における生活の共同を求めて ………… 165

第6章　市街地再開発事業と住民の合意形成
　　　　　　　　——アンケート調査と街づくりニュース等を中心に ………… 167
　　第1節　市街地再開発事業に向けての取り組み ……………………… 167
　　　　　　目的と方法／準備組合以前の研究会の段階
　　第2節　準備組合の段階 ……………………………………………… 172
　　　　　　準備組合結成のキッカケ／反対者層とその理由／反対運動／反対者への対応
　　第3節　都市計画決定、本組合結成に向けて ………………………… 176
　　　　　　どういうことがキッカケでそうなるのか／反対者とその後の対応／再開発事業を考える会
　　第4節　街づくりニュースにみるM町再開発事業の経過 …………… 180
　　　　　　第1号／第3号／第4号／第5号／第6号／第7号／第13号／第21号／第22号／第27号

第5節　見直す会のニュースにみるM町再開発事業の経過 ……………… 186
　　　　第1号／第3号／臨時号／第4号／第6号／第7号／第8号／第10号／第11号／第12号／第16号／第17号／第19号／第21号／全体としてのコメント
　第6節　結びにかえて：再開発事業への合意形成に向けて ……………… 194
　　　　地元の対応／行政の対応

第7章　阪神・淡路大震災時における住民の合意形成
　　　　　　　　　　　　　　──渦森団地を事例として ……………… 199
　第1節　本章の目的と対象地域の概況 ……………………………………… 199
　　　　本章の目的／渦森団地14号館／14号館住民の属性／管理組合への住民の対応／隣近所との付き合い／被災前後での差異／被害の状況と住民の対応／方向づけをした避難所生活／合意形成に向けての基本的考え方
　第2節　議事録にみる自主再建に至るプロセス …………………………… 208
　　　　総会の記録／若干の考察
　第3節　自主再建の要因分析 ………………………………………………… 215
　　　　自主再建に際しもっとも気を遣ったこと／自主再建に至るまでにもっとも印象に残ったこと／今後のためにこれだけは伝えておきたいこと／互いに理解しあっていた暗黙の了解事項／早期着工に向かうプロセス／再建がうまくいった理由
　第4節　結びにかえて ………………………………………………………… 218

第Ⅳ部　生活協同組合と地域社会
　　　　　　　──平時における生活の共同を求めて ……………… 221
第8章　新しい地域社会を求めて ……………………………………………… 223
　第1節　生協とは ……………………………………………………………… 223
　　　　生協とは／国際組織としての協同組合／国内の生協間の状況
　第2節　コープこうべとは …………………………………………………… 227
　　　　組合員／経済的加入動機／文化的・福祉的加入動機／組合員活動／組織率
　第3節　コープこうべの活動 ………………………………………………… 231

被害者としての組合員およびコープこうべ／ボランティアとしての組合員／広報誌「ふっこうべ」にみるボランティア活動の変遷／コープともしびボランティア財団／コープそよかぜ便／サークル活動および地域活動
　第4節　地域社会の担い手としての生協 …………………………… 242
　　　　コープこうべの持つ危機管理能力とボランティアの統合能力／生協の特質／生協の役割／組合員教育の重要性／まとめ
おわりに ………………………………………………………………… 251
索引 ……………………………………………………………………… 255

はじめに

　以下の論考は、ここ数年の間に書きためたものを再構成・再編集したものである。かなり前から準備をしてはいたが、途中阪神・淡路大震災があり、その方面の調査にも加わる機会が与えられたり、また、海外調査が飛び込んできたりで、当初の予定よりかなり遅れた出版となった。遅れついでに当初予定していた論文を変更して、その代わりにその間に書きためたもののうち阪神淡路大震災の論考を一部追加した。意図するところ変わっていない。むしろ明確になったとも考えている。その詳細は次の項に委ねる。

　本書に収録されている論文の初出は以下の通りである。

収録論文初出

1章　「西宮市における住宅地の形成過程」、高坂健次編『地域都市の肖像』関西学院大学出版会、1998年。

2章　「コープこうべ成立期の地域社会」、碓井崧編『コープこうべ』ミネルヴァ書房、1996年。

3章　「豊中市今昔物語」、『関西学院大学社会学部紀要第87号』、2000年。

4章　「長谷地区の変貌過程」、宝塚市史研究紀要『たからづか第9号』、1992年。

5章　「市街地再開発事業と地域社会」、『関西学院大学社会学部紀要第64号』、1991年。

6章　「市街地再開発事業と住民の合意形成」、『関西学院大学社会学部紀要第

76号』、1997年。
7章 「阪神淡路大震災と住民の対応」、成田孝三編『大都市圏(上)』大明堂、1999年。
8章 書き下ろし。

　以上が原論文であるが、基本的にはかなり加筆修正がなされている。調査時から10年を経過したものもあるが、本書の基本姿勢は地域社会を歴史的に捉えることにあるので、すなわち、生活の共同、地域組織の連続性にあるので、組織の一端を理解する上で有効性は維持されていると考える。もっとも時間的な制約を受けるものについては、若干の注釈を施した。
　本書作成のきっかけは、関西学院大学の個人特別研究費を得たことによる。同大学に記して感謝申し上げる。

序章

1　目的

　地域社会(都市社会)の大きさ(規模)は、基本的には、人口の自然動態と社会動態のあり方に規定される。この2つの動態のいずれを重視するかは、どういった地域社会を考えるかによる。現代社会を念頭に置く場合、社会動態、つまり、人口の地域間移動が議論の出発点となる、と考える。

　しかし、どうして人口の地域間移動が生じるのかを問うことはここでの目的ではない。以下では、ある要因群によって人口移動が誘発された結果、総体として地域社会はどう変化したのか、地域社会のどういう側面が強く影響を受けたのか、あるいは逆に多年にわたる人口の社会移動にも関わらずどういう側面が無変化に近いのか、などを課題とする。

　その場合でも、人口を送り出す地域社会の側にウエイトを置くか、それとも受け入れ側の地域社会にウエイトを置くかで異なった研究・分析ができる。以下では後者の分析が主である。さらに、後者の受け入れ地域側にウエイトを置く場合でも、流入(来住)層の立場から分析する場合と、地元層の立場から分析する場合とでは、異なった問題の設定が可能である。

　上のいずれの場合であれ、諸々の出来事を地域生活との関連において考える、あるいは、地域社会で生じている問題を生活者の視点で考えている、ことに変わりはない。すなわち、地域構造・生活構造論的な観点から地域社会の変動過程を追うことが本書の目的である。それは、地域社会を生活・生産上の諸々の組織や集団の累積体としてとらえ、そうした組織や集団を地域社会の存続や解体との関わりにおいて考える、ということである。

　本書では地域社会を、歴史的に、つまり、形成・発展・停滞・異常・安定・平常という変動のなかで捉えている。それは次のように考えるからである。

明治期以降今日までの長い時間的経過にも関わらず、また、その間にあって産業化・都市化という外部社会の大きな変動——それは地域社会に変動をもたらさないはずはない——にも関わらず、地域社会内部には、明治期の名残を受け継いだ組織・精神などが多々残されているのではないか、しかも、それらは今日においても依然として日常生活にそれなりの影響力を及ぼしているのではないか、また、こうした組織や制度の継続性・連続性の問題は、別言すると、地域社会の共同性（生活の共同）の問題に帰着するのではないか、と。

　こうした考え方のもと本書の目的は、①地域社会の形成・発展過程の分析、②地域社会における共同性や合意形成を求めての取り組みの分析、③組織や制度の継続性・連続性の検証、をおこなうことにある。

　もちろん1つの地域社会を例にその地域社会の「ライフヒストリー」が描かれているわけではない。第Ⅰ部においては形成期から発展期に向かう地域社会が、第Ⅱ部においては発展期を経て安定期に至るなかでの組織の継続性、地域社会の共同性が、第Ⅲ部においては停滞期（異常時）にある地域社会の活性化、生活の共同に向けての取り組みが、そして第Ⅳ部においては安定期（平常時）における地域組織のあり方や生活の共同をめぐっての運動が、それぞれ中心テーマとして分析・考察されている。

　空間的には阪神間の都市を対象にしている。その概略を次に見よう。

2　本書の構成

第Ⅰ部　地域社会の形成・発展過程

　第Ⅰ部は地域社会の形成・発展過程を、鉄道の敷設（第1章）を通して、来住者の村政への参画、購買利用組合の創設（第2章）を通して分析・考察したものである。

　すなわち、第1章では鉄道の敷設が、鉄道沿線の、あるいはその周辺の、地域社会にどのような変化をもたらしたのかを、そうした変化の兆しに対して地元住民がどのような反応を示したのかを、また、沿線の自治体が地域社会の発展にどのような役割を演じたのかを、分析し、都市化・産業化の過程の

一端を考察したものである。そして、こうした過程がその後の地域社会の性格を大きく規定していることが示唆される。そこでは事例として兵庫県西宮市がとりあげられているが、こうした過程は、西宮市にのみ妥当することではなく、鉄道の敷設を契機に展開された多くの他の地域社会の動きと軌を一にするものであることが強調される。大きくいえば、それは、新しいものの受容と旧いものの温存・継承との葛藤であり、地元層と来住層の抗争としても、また、階層をめぐる対立としても捉えることができる。さらに場合によっては、鉄道の敷設という外的な要因に連動して、内発的に変動を担う動きが観察されることもある。そうした問題の出方は地域によって異なるが、それは、そうした問題が地域の歴史を反映するものだからである。それが地域の個性・独自性ということであろう。

　第2章は、鉄道の敷設によって変動の過程にあるなか、内発的な要因(移住者による努力)がさらに大きく加わった例を取りあげている。村政への参画、購買利用組合の創設がこれである。前者の発想はこうである。日本をよくするには自分の住んでいる地域をよくすることから始めなければならない。そのためには現住地と深く関わりを持ち、開かれた人間関係のもとで村政改革をおこなうにつきる、と。この信念のもと、多くの移住者は村会議員として活躍する。これを政治の領域での改革とすると後者の購買利用組合の創設は、社会生活に関わるそれで、この両者が地域社会の変動(発展)要因の両輪を形成するものであった。この購買利用組合は、後の生活協同組合に発展していく組織体であり、今時の阪神・淡路大震災においてこれが大いに活躍したことは第Ⅳ部で述べられている。オーバーな新聞の表現を使えば、震災直後、物資の配給をめぐってパニックにならなかったのは生協のおかげである、ということになる。明治・大正期の新興住宅地にはいわゆる「別荘値段」が設けられていたが、それの解消のため、安価に品物を供給すべくこうした組合がつくられたのだが、その多くは、失敗に終わっている。その点でここが成功を収め、世界的にも一二を競う組織に成長・発展していくには後述するようにそれなりの理由があったのである。

村政であれ、購買利用組合であれ、それらの成功は、地元層と来住層との葛藤の問題でもあった。

以上、第Ⅰ部でのテーマは、わが国全体が近代化への歩みを始めるなかでの地域社会の変動過程、つまり村落共同体の解体過程をたどることにある。そこでは、入れ物としての地域社会に焦点をあて、そこにおける住民の動きに関しては地元層、来住層という大雑把な捉え方に終始し、そこに居住する住民の生活のあり方にはあまり触れていない。それらに真正面から取り組むのは、第Ⅱ部以降においてである。

第Ⅱ部　地域組織の蓄積性・連続性

第Ⅱ部では、明治期以降今日までの1世紀にわたる都市化・産業化にもかかわらず、継続して維持されている制度や組織に焦点があてられ、それらをめぐる住民の生活のあり方を中心に分析が進められる。当然ここでの住民は、代々当該の地域社会に居住する地元層である。代々居住することによって、彼らは諸々の既得権を獲得していく。その典型例は入会財産・部落有財産に関わる権利である。この既得権をめぐって、地域社会での生活・生産を円滑に運ぶために彼らは約束ごと(規約)を設けている。長年の生活の知恵としてつくられたこの規約は今日でも十分にその威力を発揮している。その最たることは義務を果たしたもののみが権利を主張できるとする発想である。

第3章では大阪府豊中市を事例に、明治期のむら規約や組織が、あるいはその精神が、大正、昭和期を経て平成の今日まで息づいていることをみる。しかも、それらが今日の地域社会のあり方に大きな影響を与えていることが強調される。これは、たとえば財産区有財産をめぐる問題や課題は、今日それらを首尾よく解決しないことには行政はことをうまく運びえない——地域社会はうまく成り立っていかない——ことを意味している、といえよう。

基本的には上と同じ問題意識のもと、宝塚市を事例に考察したのが第4章である。この章は、宝塚市内の市街化調整区域に指定されている地区が、いわゆるむら的な生活様式から都市的な生活様式に変化していく過程を、規

約・財産を中心に据えて考察・分析したものである。と同時にそうした過程にも関わらずむら社会、むら組織のもつ変わらない部分が浮き彫りにされる。時間的には明治期からごく最近までを扱い、変わりつつあるなかでの変わらないものの検証に焦点があてられている。

　第5章は同じ宝塚市域でありながら、上とは異なり市街化区域に指定されている地区を対象としたものである。すなわち、この章は、市街地再開発事業がなされることによって、もともと存在していた当該地域内（むら＝旧村）の組織にどのような変化が生じたのかを問題としている。それは、再開発事業を契機にむらの生活連関の揺れ動く一面を垣間みようとするものである。そうしたなかで、どういう要因がむらの、ひいては地域の存続に資するのかを考えようとするものである。逆説的にいえば、変動の動きのなかで、あるいは変動の動きにも関わらず、組織が維持されている状況が考察・分析される。したがって、そこでは、再開発事業そのものの分析というよりは、それをめぐって生じる地域内の組織のあり方が論じられている。

　以上第Ⅱ部では、時間的な流れにも関わらず、量的にも質的にも太く・強いパイプ（絆）が存在する地域社会を取りあげている。そして、そこで、いわゆる地元層を中心とする生活の連関や組織の継続性が依然として今日も認められることが強調される。その理由は、部落有財産という太く・強いパイプ（権利）が共有されていることにつきる、といえる。もっとも、生活の共同はかつてのように全面的ではなく一部分にすぎないが。

第Ⅲ部　地域住民の合意形成を求めて――異常時における生活の共同を求めて

　第Ⅲ部は、明治期から昭和の前半期までの頃とはまったく異なった内容・状況を取り上げている。そこでは地元層に加えて流入層が多く居住している、いわゆる混在地域を対象にしている。つまり、住民間を結びつける絆はほとんどないか、あっても弱いそういう地域社会を問題とする。絆という点で根なし草的であり、時代的には今日の状況でありながらも、ここでのねらいもこれまで同様、生活の共同にむけての取り組みにある。

ところで、地域社会の住民は、地元層であれ、来住層であれ、当該地域社会に一定程度居住するなかで、互いに力を合わせて何か一つのことを成し遂げざるを得ない場面に直面することがある。そうした作業は、行政から持ちかけられることが多いとはいえ、住民サイドから行政に話しを持ちかけて行政をも巻き込んだかたちでなされることも多々ある。

　共同の作業が始まるキッカケは上のいずれであれ、第Ⅲ部は、こうした作業に関わる問題を扱っている。こうした作業の最終目的は多様であり、また、作業を通して完成させようとする内実も一様ではない。しかし一般にはそれらは、たとえば、街づくりにむけての運動、あるいは、地域社会の活性化を求めての活動、あるいは、新しい居住空間を求めての住民の共同作業などと呼ばれる。それらをここでは、市街地再開発事業として括っておこう。これが停滞気味の地域社会からの脱出をねらったものであることはいうまでもない。

　ここでの論考は、第5章の市街地再開発事業に向けての取り組みの延長上にあるものであり、特にこのテーマを住民の合意形成に絞って考えたものである。第5章では市街地再開発事業の結果生じた問題を扱っているのに対し、第Ⅲ部ではその事業に至る過程に焦点をあてている。

　第6章は、市街地再開発事業をめぐって展開された住民──地元層と来住層とからなる──の反応を合意形成に焦点をあてて分析したものである。そこでは、市街地再開発事業がなされた8つの地域を事例に、再開発事業の各段階ごとに、当事者たちがどのような反応を示すのか、どういう過程を経て最終的な合意に至るのか、逆に合意形成を阻むものは何なのか、また、事業を推進するリーダーたちのこれらに対する取り組みや役割はどういうものかなどが論じられる。

　第7章は震災によって全壊となったマンションの建て替えに向けての元の居住者の合意形成に至る動きを追ったものである。そこではまったく反対運動がなかったが、それは、震災という異常事態下のなかでのことだったからなのか、あるいは、反対運動がおこらないような何か特別な配慮・工夫が

なされた結果なのか、また配慮とはどういうことだったのか、などを視野に入れながら、当事者の集まりでの議事録をもとに、マンション建設に向けての要因分析がなされている。

　混在地域の住民間には太い絆は存在せず、したがって彼らは互いに無関心を装うのだが、「いざ」というときには他人との協力なしには生活できないことをこれまでの経験から暗黙のうちに了解していることがある。さらに彼らは、主張すべきは主張するが、「おりるときはおりる」といういさぎよさを時として持ち合わせている。「いざ」というのは震災あるいは再開発事業という風な「異常事態でのこと」という意味であり、「おりるときはおりる」というのは、その裏に、「主張はしたが、最後は皆の判断に待つ」という共同性が含意されている、ということである。つまり、第Ⅲ部は、異常事態ということが互いを結びつける接点の役割を果たしている、そういう条件下での共同性の問題がとりあげられている。

第Ⅳ部　生活協同組合と地域社会——平時における生活の共同を求めて

　最後に平時の地域社会——来住層が多数を占める混在地域あるいは新興住宅地——における住民の共同性に向けての、ないしは合意形成に向けての取り組みの問題が残されている。われわれはこの問題を生活協同組合との関連で考える。その理由はこうである。先の阪神・淡路大震災以降、危機管理の観点から、また、地域住民組織の観点から、地域社会や近隣関係のあり方、行政と住民との関係、ボランティア活動などが多方面で論じられてきた。加えて、危機を脱した後の、つまり平時の地域住民組織はどうあるべきなのかの議論も継続してなされている。そうした議論を展開する際、震災以後の生活協同組合の一連の活動はこれを無視することはできない、と考える。生活協同組合において、上との関連で生活の共同に向けて多くの取り組みがなされているからである。第Ⅳ部ではこうしたことを念頭に置きながら、基本的に絆を持たない者同士が多く居住する地域社会における生活の共同を求めての取り組みを問題としている。それは今後を見通すことでもある。

ところで、生活協同組合とは何か。それは、単にものの供給のみを目的とする組織ではなく、協同互助の精神に基づいて組合員の生活の文化的・経済的改善や向上を図ることを目的につくられた組織である。こうした自発的な人間によって結成された生活協同組合は、個人が独立独歩で行動するのでも、また、国家や行政に頼り切るのでもなく、互助の精神でことにあたることが含意されている。行政が公益を求め、平等・公正を行動の規範としているのに対し、また、個人や市場が自由・効率・競争の上に立って私益を求めているのに対し、その中間に位置するこの組織は、連帯・共同性のもとで共益の追求を願う組織体といえよう。

　第9章では、震災直後の混乱したなかでの生活協同組合の取り組みをコープこうべを例に考えている。そこではコープこうべ、ひいては生活協同組合の危機管理状況への対応の早さが論じられる。それは、協同組合が生活の共同にとって、すなわち、地域生活にとって不可欠の組織であることを示唆するものである。さらに、ときが経ち危機状況を脱した後のコープこうべの取り組み——絆を持たない者同士の、平時における生活の共同に向けての取り組み——についても分析は試みられる。そうした取り組みのなかにコープこうべ、ひいては生活協同組合の今日的・将来的意義が潜んでいると考えるからである。

　以上は、混住社会における太い絆を持たないもの同士の新たな絆の構築に、生協が大いに貢献していることを示唆するものである。

　これらを通して、共同生活のあり方(生活の共同)を考えることが本書のねらいとするところである。

第I部　地域社会の形成・発展過程

第1章

鉄道の敷設と地域社会の形成過程
―現西宮市域を事例として

第1節　明治期の近代化政策

田園都市

　明治40年、セネット(Sennett, A.R.)による『田園都市の理論と実際』に依拠して内務省地方局有志は『田園都市』を著した[1]。それは、明治30年代後半以降、明治政府が対外的には帝国主義的列強との対抗という課題に直面し、対内的には労働争議・社会主義運動・農民運動の頻発という苦しい状況にあるなか、政府の中核を担う内務省官僚が、危機感と使命感とをもって、国の秩序の維持にむけて描いた一つの解答であった。当時の地方局は、都市行政、地方行政、住宅政策を守備範囲としており、この著作の狙いは地方改良運動をいかに徹底して全国規模で行うかにあった。つまり、『田園都市』は日本が近代化を促進するために地方はいかにあらねばならないかを講じたもので具体的には、農村内の集落を国家のための自治体と位置づけ、そのため、耕地整理事業や農会による農業の改良、納税組合や貯蓄組合による町村の財政強化などを図ろうとするものであった。ということは、『田園都市』は、そのタイトルから受けるいわゆる田園都市論的イメージ――その最たる認識はハワード(Haward, E.)の提唱する、都市の長所と農村の長所とを併せ持つ、母都市とは相対的に独立した田園都市――とは異なる内容のものであった。内務省のとも、また、ハワードのとも異なる理解ではあるが、その後、田園都市という言葉は、「空気清浄、環境抜群、電気・水道施設の完備」というようなうたい文句ともあいまって、「近代的」なイメージや価値を含意しているものと一般に受け取られる。

都市問題の深刻化

　ところで、明治20年代以降の工業化の進展は、徐々に都市部への人口の集中を結果し、やがていわゆる大都市の都市問題や住宅問題を引き起こすが、それが深刻化し始めるのは明治40年頃からである。大阪市の場合、工場の立地は、大阪鉄工所(明治14年)、大阪紡績(同15年)、日本硝子製造(同16年)、大阪セメント(同19年)、大阪電灯会社(同20年)などを中核に市の西部から、次第に周辺部に拡がりをみせる。そして、明治末年までに大阪市の工場は、今日の浪速区、西成区の水路沿いや臨海部、北区・福島区・此花区の新淀川沿岸、そして旧大阪城周辺の内陸部、にそれぞれ数多く林立するに到る。これらは何を結果したのであろうか。それは、工場の周辺に労働者用の長屋がところ構わず立ち並んだ、ということである。こうした長屋は、畦道に沿って密集し、しかもそれらは思い思い勝手に建てられたため、無秩序極まりなかった。こうして大阪市の市街地は無秩序に外縁部に拡がってゆくことになる。いわゆるアーバンスプロールの発生である。これに対して大阪市や大阪府は手をこまねいていたわけではなかった。明治30年、大阪市は周辺の町村を合併し、市域の拡大を図るとともに耕地整理事業を実施し、他方、大阪府は建築取締り規則を設け、長屋を建てる際の規則を設けるなどの諸施策を講じたのである。しかし、こうした事業やそれに伴う新規の規則が、実際に功を奏し、遵守されるようになるのは大正8年の都市計画法や市街地建築物法の制定以降である。つまり、こうした施策が大都市の過密化・スラム化の一層の地域的拡大を阻止できるには今しばらく時間を要する。それが、郊外化に拍車をかける一因でもあった。[2]

　他方、官営工場に加えて、株式会社や銀行制度の導入、官吏制度・行政組織・教育制度の新設など明治20年代までに蒔かれた、近代化にむけての努力が開花しはじめるのも明治40年代頃からである。点として存在した都市同士を結ぶ鉄道・道路・港湾などのインフラストラクチャの整備が始まるのもこの頃からである。そうしたなかで、注目すべきことの一つは、組織を動かす新しい職業集団——いわゆる新中間層——の出現があった、ということであろ

う。この職業集団は組織を上からリードするグループと、下から支えるホワイトカラー層とから成るといえるが、ここでの関心は、そのいずれであれ、彼らの居住地にある。こうして、近代産業の勃興はその背後で多くの人材を育て、鉄道の発展は職場とは離れた郊外に新規の住居地を発展させることになる。

本章の目的

　ここでの目的は、以上を踏まえて、西宮市における都市化の一端を、鉄道の敷設、それに伴う沿線の開発過程を通してみることにある。換言すれば、わが国の近代化・産業化の一環として進められた鉄道の敷設が阪神間の地域発展にどのような役割を果たしたのであろうか、ということである。それは、端的にいえば、流動社会への先駆け、つまり、工場の進出やそれにともなう新中間層や労働者の流入を結果し、それまでのまとまりのある地域社会を解体していく過程——その最たるものは村落共同体の崩壊——であったと考える。そうした状況を、以下、対象地域の概要と鉄道の敷設、鉄道沿線の開発過程、沿線の開発に果した行政の役割の順にみていこう。

第2節　考察対象地域の概要と鉄道の敷設

考察対象地域の概要

　現西宮市の市域の変遷過程をまとめると、表1-1のようになる。西宮市は、明治22年に町制が敷かれた西宮町を母体にしながら、周辺の町村との合併を昭和8年以降度々行い、現在に至る。しかし、昭和2年に西宮都市計画区域の設定がなされていることから推して、早い段階で西宮市をとりまく周辺の各自治体は、各自の自主性は保ちながらも互いに協力関係を維持しないことには地域の発展はありえないと認識していた、ことが伺われる。もっとも、合併にいたるには双方の利害がからみ、互いの納得が必要であり、そのために時間を要したのであったが。

表 1-1　市域の変遷

```
明治 22 年　町制施行
大正 14 年　市制施行
昭和　2 年　西宮都市計画区域の設定
　　　その範域は西宮市、今津町、大社村、鳴尾村、瓦木村、芝村、甲東村、精
　　　道村の1市、1町、6村。
昭和　8 年　今津町、大社村、芝村を合併
昭和 16 年　甲東村を合併
昭和 17 年　瓦木村を合併
昭和 26 年　鳴尾村、塩瀬村、山口村を合併
```

[出所]西宮市史より作成。

　すなわち、西宮都市計画区域に関して一言すれば、これは、将来、西宮市と社会的経済的に一体となって発展する可能性のある範域を定めたものである。この区域は大阪、神戸、尼崎の各市の都市計画区域との関連で考察すると、理解しやすい。東は武庫川を境に尼崎都市計画区域と接し、西は芦屋川を境に神戸都市計画区域と隣接しているので、この間を西宮の都市計画区域とせざるをえない、それが、当時の1市1町6村の考えであった。しかし、それだけではない。次のようにも考えたからであろう。

　西宮市・今津町は商業・工業の中心地として、鳴尾村は工業の中心地として、大社・精道・甲東の各村は住宅地として、そして、瓦木村は上水道水源の所在地であると同時に一部は工業地としてそれぞれ、特化している、各市町村にはこのような自負があった。しかし、それだけでは活きていけるものではない、さらなる発展のためには互いの協力が必要である、そうした認識を持ち合わせていた。

　すなわち、元来、酒造業が中心であった西宮市は、大阪・神戸の商工業の勃興とともに近代工業も盛んになりつつあり、今や酒造業を凌駕する勢いで

あるが、市域が狭いため工場は市の周辺地域に進出しており、将来のためには市域の拡大が必須である。同市にはこのような思いが強くあった。今津町は、酒造業の点では西宮市と関連をもつが、他方、臨海地帯や津門地区(ビール工業)などでの、在来とは異なる新規の工業という点では鳴尾町との関係が強くなってきていた。それを何とか将来の発展に繋げようと今津町は考えた。鳴尾町は、臨海地帯で精油工業、航空機製造工場を操業させ、このあたりでは最大の工業地帯となる可能性を秘めた町と自他ともに認めているのだが、そうなるためには西宮市や今津町との関係がうまく保たれていることが大前提である。以上の先進的な1市2町にたいし、その後背地として位置づけられる大社、甲東そして瓦木の各村は、上述の工場・事業所に吸収される従業員のための居住地機能を果す方向で生きる途を模索していた。

　以上、それぞれに特化した地域が有機的な関連を保って、一丸となって結束して行動すれば、大阪、神戸、尼崎に決して引けを取るものではない。こういう認識のもとに都市計画区域は決定されたものである。[3]

鉄道の敷設

　阪神間を中心にその近辺の鉄道の敷設状況をみることから始めよう。[4] 明治7年、政府により大阪－神戸間に鉄道が敷設される。開通当初、両都市間に設けられた駅は、神崎、西宮、住吉のみであった。その後、昭和9年、甲子園駅が新設される。

　明治20年になると民間の産業資本が蓄積され、交通施設に対する投資の気運も高まりをみせる。明治26年の住友による阪鶴鉄道株式会社の設立がこれで、大阪から三田、福知山経由舞鶴に至る80マイルにわたる敷設の申請がなされた。舞鶴は当時、重要な軍港として位置づけられていたからである。当局は、明治29年、路線の変更などの条件をつけてこれを許可する。明治30年、阪鶴鉄道株式会社は摂津鉄道を買収し、神崎－池田間を開通させる。さらに明治32年、同社は福知山－神崎間の営業をも開始する。明治39年、鉄道国有化法が制定され、阪鶴鉄道株式会社は全国の他の私鉄(私設鉄道会社)

17路線とともに、政府に買収、国有化される。

　阪神間に限ってみれば明治38年、大阪出入り橋－神戸三宮間を結ぶ阪神電気鉄道(以下、阪神電鉄と略称)が開通する。この鉄道の敷設は、西宮周辺の発展に大きな意味をもつ。とりわけ、その影響は大正から昭和にかけて強くなる。開通当初の駅を現市域内にみると、鳴尾、今津、西宮東口、戎、西宮であり、明治40年に香櫨園が設置される。その後、西宮と戎の両駅は廃止され、新たにその中間に西宮駅がつくられる。これによって市の南部の開発が進むことになる。この阪神電鉄の開通は、阪神急行電鉄(以下、阪急電鉄と略称)の開通とともに、沿線各地に電力・電灯を供給した点でもたいへん意義深いものであった。西宮町、鳴尾村、今津村、大社村の各地域では明治41年から点灯が始まる。甲東村、瓦木村は大正2年－3年にかけて配電される。生瀬地区は大正1年、山口地区は大正5年、名塩地区は大正11年、船坂地区は大正15年に電灯がくる。近代化の象徴とも言える灯がともり出すのがきわめて早かったといえようか。

　他方、上述の南部地域の北側に位置する地域の開発は若干おくれ、大正期の後半から昭和期にかけて始まるといってよい。それを促したのは大正9年の阪急電鉄神戸線(梅田－神戸上筒井間)、大正10年の西宮北口－宝塚間(西宮北口－今津間の延伸は大正15年)、大正13年の夙川－甲陽園間(大正14年苦楽園駅設置)の敷設である。さらに、大正15年には、阪神国道が、加えて昭和2年には、阪神国道電軌道が、それぞれ開通する運びとなり、開発に拍車がかかることになる。なお、阪急電鉄神戸線の敷設については、阪神電鉄との交渉をクリアしてのことであったが、そのルートが人家の少ない山手側であったため、阪神電鉄側が魅力を感じなかったことが阪急電鉄側に幸いしたようである。その後のこの沿線での展開をみるにつけ、この時の判断は阪神電鉄側にとっては大きな見込み違いであったといえようか。

　こうして敷設された鉄道沿線の変動過程を次にみよう。

第3節　鉄道沿線の開発に伴う周辺地域の変動過程

市外居住のすすめ

　明治41年、阪神電鉄は、「市外居住のすすめ」と題する小冊子を出版した。これは、大阪市在住の医師の講演を基に作られたもので、医学的見地から郊外生活の良さを説いたものである。そのあとがきは次のように記されている。「――阪神電鉄の沿線は交通の利便、需要品の潤沢其他凡ての機関が完備して居て、衛生上の見地よりするも一の欠点なく、常住地として最も適当な場所かと思はれます。――都市の人士が速やかに市外居住を決行して一身の健康と一家の平和を保ち、人生の最大幸福を享け、事を処するに一層の勇気と愉快とを以て国家に貢献せらるる所あらんことを望むものである」[5]。これは、明治20年代以降の産業化の進展とともに、それが落とし始めた、大阪市内の過密という「影」の側面に対し、鉄道会社・土地会社・新聞社によって強調された、田園都市・郊外住宅の建設という「光り」の部分をなすものである。それまでの固定化された社会から以後の流動社会へのキッカケをなすこの市外居住というスローガンは、鉄道経営を安定させ、沿線の人口の拡大に資することになる。もっとも、初期においてはそうした「光り」の恩恵に浴することのできる層は限られていた。以下はどちらかといえば、そうした層のために開発された地域の分析といえようか。

　なお、この「市外居住のすすめ」は、冒頭で触れた内務省地方局による『田園都市』に触発されてのことであるとの指摘がある。ことの真偽はともかく国の権威が田園都市という言葉の普及に一役かったことは間違いなかろう。[6] それは後述の阪急電鉄の場合にもいえることである。

阪神電鉄の初期の貸家経営

　阪神電鉄が旅客誘致の手段として貸家経営に乗り出すのは、明治42年のことである。同年1月、西宮停留所の空き地に木造平屋6戸（3棟）、2階屋28戸（11棟）の建造を決定したが、それは次のように判断したからである。「貸家

ヲ建築シタノハ沿道ノ居住者ヲ増スベキ策略デアル。郊外ヘノ移住者ヲ勧誘シ希望者ニハ一々案内シテ荷物ノ運搬マデモ引受ケ便宜ヲ図ッテオリマスガトニカク家賃ガ高イカラ移住セヌ、マタ家賃ガ安ケレバ移住スル者ハ多クナル見込ミデアリマスカラ幸イ西宮ニ空キ地ガアルノデ建築シタノデ大阪ナリ神戸ナリノ家賃ヨリ割安クシテ貸ス積モリデアリマス。普通ヨリ以上ノ立派ナモノヲ建テテ一般ノ模範ニナレバ、他ノ家賃モ低下スル。サスレバ、自然、移住者モ多クナルワケデ——」[7]。地域の家賃の相場を抑える狙いがあってのことのようであるが、応募者が殺到したとの報告からすると、功を奏したと言えるのであろう。

　阪神電鉄は続いて鳴尾村西畑の枝川の畔に5,500坪の土地を買う。もちろん、貸家を建てるためであった。明治43年夏までに70戸を完成させた。ここも希望者が多数にのぼった。当時のことであるから、土地はどこにでもあるのではないかと思いがちだがそうではないらしく、「地所ノ纏マッタノハ容易ニ買エナイガ、幸ヒ鳴尾村ニ適当ナ場所ガアリマシタノデ買入マシタ——」[8]。その後、御影山手に20戸の高級住宅が建設・分譲されたが、本格的な阪神電鉄の土地経営は、大正7年に阪神土地信託株式会社を設立して以降である。実際に大阪地方で土地会社の設立が相次ぐのは大正中期頃からで、同8年12月には大阪とその郊外には84社が設立、あるいは設立中であり、さらに10社が計画されていた[9]。これは、この頃から住宅地への需要が強くなってきたこと、つまり、第1次世界大戦後の経済界の土地投資への関心が、それに誘われて国民の不動産志向への関心が高まってきたことを示すものであり、村社会から都市社会への移行の一端を裏付けるものといえようか。なお、後述するように東京で田園都市株式会社が興されるのもこの頃である。

香櫨園と苦楽園の開発[10]

　阪神電鉄とは別に個人や土地会社でも多くの開発がなされた。それらの一端を次にみよう。香野と櫨山の両氏が10万坪の山林原野を切り開き、道路を通じ、橋梁を架し、観葉植物を植え、ホテルを建設し、茶寮を設けるなど一

大遊園地を作ったのは明治40年であった。この遊園地は、両氏の名をとって香櫨園と名づけられた。阪神電鉄は先述のように香櫨園駅をつくり、園内に動物園を設けた。しかし、明治43年頃を境に、園の維持は苦しくなり、大正2年にはサミュル商会の手に渡り、建築物の一部は夙川尻海水浴場に移転を余儀なくされた。同商会は大正6年、大神中央土地株式会社に土地を売却、同社はここに住宅を建設する。これが同地の住宅地化の始まりである。やがて、大正9年、阪急電鉄の神戸線が開通し、夙川駅が設置されたこと、大社村が駅周辺に上水道の敷設を行ったこと、そして、同村がこの新しい駅付近一帯を農村地区から分離させ、大正12年、新たに香櫨園区（昭和7年、香櫨園区は夙川区と改称）を設けたこと、などがその後の夙川、香櫨園の発展を促すことになったといえよう。

　他方、苦楽園に関して言えば、約50万坪からなるこのあたり一帯は、芦屋の猿丸又左衛門が石材採掘をしていたところで、明治末年までは山林原野であった。明治39年、鳴尾の辰馬与平、大阪の劉咸一、芦屋の猿丸又左衛門、越木岩の橋本岩蔵などの地主がここから出る緑泉（ラジウム泉）に着目して保勝会という会を組織し、道路を開発し、温泉場を新設した。しかし、交通が不便なため来る者は少なく、経営は行き詰まる。ところが、明治44年、大阪の実業家中村伊三郎がこの地の景勝に着眼し、ここを別荘地にしようと30万坪を保勝会から購入し、道路、電灯、水道、電話などの基盤整備を行い、その後の住宅地造成のあり方に道を開いた。大正2年には温泉の調査が兵庫県によってなされもした。翌年、一応の開発を終え、山開きを行ったが、その折、招待されたなかに政界や財界の大物や華族が多数おり、例えば、大隈重信や犬養木堂夫人は駕籠に乗って参加したという。そうした宣伝が効いたのか、交通事情の悪い当時でありながら阪神間の紳商たちが競って土地を買い、別荘を建てたのである。なお、苦楽園という名称は中村が三条実美から譲り受けた瓢の名に由来する、という。

　こうして苦楽園は温泉地としての地位を高めたものの、それを維持する苦労は大変なものであった。阪神香櫨園からは人力車か乗合馬車しかなかった

からである。大正8年、経営が苦しくなった中村は、その経営を西宮土地株式会社に移す。この会社は土地の分譲に加えて温泉や旅館の経営を積極的に手がけ繁盛したが、それは、阪急神戸線の開通と無関係ではない。先述のように大正13年、夙川－甲陽園間が開通、同14年、苦楽園駅が設置され、加えて苦楽園駅から阪急バスが運行されるなど、一帯の交通網が整備されたからである。もっとも、阪神電鉄は何もしなかったわけではない。大正11年、別会社(摂津電気自動車株式会社)を組織して、香櫨園から苦楽園にいたる無軌条式電気自動車乗合運輸の営業の免許の申請をおこなっている。しかし、免許はおりたが、最終的には、この計画は日の目を見ることはなかった。

その後、苦楽園は、湯川秀樹をはじめ著名人が別荘を構え、加えて多くの企業が保養所を設けたりして繁栄を迎える。しかし、いいことばかりではない。昭和13年の阪神大水害はこの地にも相当な被害をもたらした。水害でラジウム温泉は止まり、ホテルや旅館の多くは廃業に追い込まれ、また、別荘で亡くなった人もかなりの数を数え、苦楽園は次第に寂れてゆく。

その後の戸数は、昭和27年頃、約300、平成3年には約1,200と、着実に増加していく[12]。しかし、歴史はめぐり、今次の阪神淡路大震災において苦楽園がかなりの被害を蒙ったことは記憶に新しい。

競馬場[13]

宅地開発に加えて、人口や産業を吸引するための沿線の開発も数多くなされた。次にそれらをみよう。陸軍の手になる明治40年頃の地図には、関西競馬場(鳴尾川右岸)と鳴尾競馬場(鳴尾川左岸)の2つの競馬場が鳴尾川の両岸に記載されている。それまでのイチゴ畑が競馬場に転用されてのことであるが、それは土地所有者にとってその方が割があったからである。こうした、農地の都市的施設への転用は、その背後で土地を地主から収用された多くのイチゴ耕作者の転職という犠牲を払ってのことであった。あたり一帯が変動の波に洗われ始めていることを象徴しているひとこまといえよう。「競馬の日には早朝から観客がつめかけ阪神電車は4分毎にピストン運転をして乗客を運

んだという[14]」。明治40年11月のことである。そこには、人の激しい動きとともに、行楽・娯楽が生活の一部になりつつある状況が読み取れ、まさに鉄道の敷設を契機に鳴尾村が都市化してゆく一端を垣間見ることができる。と同時に大阪市の郊外化が尼崎を越えてこのあたりまで浸透しつつあることを示しているといえよう。しかし、多くの人が競馬にウツツを抜かしたのであろうか、競馬による弊害が多方面で指摘され、国会において問題視されるにおよんで、明治41年馬券の発売が禁止される。そのため競馬場は馬種改良のためのトレーニング場に利用されるに留まることになる。

そこで、前者(鳴尾川右岸の関西競馬場)は、大正3年には阪神電鉄に貸与され、同電鉄はそこを運動場として陸上競技・テニス・野球に活用する。そして、全国中等学校優勝野球大会が、大正6年から甲子園に引き継がれる同13年まで、そこで開催される。その後、昭和12年以降阪神競馬場として活用された一時期があったが、やがて終戦前には海軍に接収され、鳴尾飛行場となる。

後者(鳴尾川左岸の鳴尾競馬場)は大正3年、ゴルフ場として利用された。さらに大正10年前後には神戸在住の内外の実業家によって「鳴尾ゴルフ倶楽部」が結成された。これは、ゴルフ倶楽部としてきわめて古い部類に属するものであったが、やがて土地は、昭和初期の金融恐慌のため、川西機械製作所の手に移り、ゴルフ倶楽部は猪名川町に移転してしまう。代わってそこで航空機製造が開始される。近代産業の担い手である伊藤万、村岸メリヤス、大阪の三宅商事、豊年製油などがあたりに社宅や独身寮を建て始めるのもこの頃からである。

鳴尾川右岸であれ、左岸であれ、競馬場が建設されたということは、それ自体、農村的な生活様式から都市的生活様式への変化を示すものであり、また、その跡地は一方では大衆のスポーツ施設、他方では上流階級のゴルフ場、という都市的施設を結果したのである。それらは、まさに都市化・近代化の指標といえよう。加えて工場の進出は、西宮地方の工業化の先駆けといえようか。もっとも、ことは簡単に運んだわけではなかった。その一例を次にみ

よう。

工場の誘致

　大正7年、鳴尾川左岸に合名会社鈴木商店が製油部の工場を竣工した。当時のわが国は、第1次世界大戦を契機に工業界が飛躍的に進展し、各企業が競って工場を大都市の郊外に求め始めた時期であった。他方、農村地域にあっても農業集落から脱皮すべく企業を誘致し、地域の発展を図ろうとしていた時期でもあった。そうしたなかで工場が誘致されたのであるが、そこにいたる経過は複雑であった。[15]

　鳴尾村当局は、鈴木商店の誘致のために村内東浜の埋め立て地の無償提供を申し出、その代償として鈴木商店に村が施行する鳴尾川の改修費10万9,880円のうち、8万6,800円を村に寄付することを要請する、案を考えていた。大正6年2月のことであった。ところが、この案は村の協議会で否決された。地元からすると、埋め立て地の東浜地先は年々の土砂堆積の結果生じたものであり、先祖からの諸々の苦行・労働・思い出の結晶の土地だからであり、そうしたむら（大字）の共有財産として認められている土地の権益や漁業権はこれを簡単に手放せるものではなかったからである。なお、協議会とは、鳴尾村の村会議員と鳴尾村内を構成している大字（区）の議員の、それぞれ一部から構成されたものである。鈴木商店からは村当局宛に再考のお願い、村会開催の願書が寄せられ、そのあたりの事情を勘案して村当局は、原案を修正し、誘致にむけて村会の理解を求めるべく、7月26日、協議会（村議会17名、鳴尾区会議員4名からなる）を招集した。そこにおいて、村が再提出した案は否決されたが、その修正案は採択された。村長は翌日、これを村会の決議書として、鈴木商店に回答をした。その主な点は大要以下の通りである。[16]

・鳴尾川修築、護岸工事ニ要スル費用ハ鈴木商店ヨリ寄付スベシ
・鈴木商店ハ鳴尾村ニ漁業権ニ対スル賠償金ト同額ノ金員ヲ寄付スベシ
・鈴木商店起業ノ為メ、鳴尾村ノ人口増加ニ原因シ、新ニ設備シ、又ハ改

造スヘキ営造物及ヒ増加スヘキ経費ハ鈴木商店之ヲ建築シ、村ヘ寄付スルカ、又ハ、金員ヲ以テ寄付スヘシ

鈴木商店はこの提案を受け入れる用意があり、ここに交渉はまとまるかに思われた。それは、以上の負担をしても鈴木商店には次のような見返りが期待できたからである。

・字東浜、字前浜官有地ノ払下及ヒ海面埋立ハ鳴尾村ヨリ出願シ許可ノ上ハ鈴木商店ニ無代譲渡ス

しかし、今度は協議会ではなく、村民の一部が反対表明を強く押し出してきた。彼らは、有志の名において宣言書を発し、村長などの交渉のありかたを非難した。そして、7月30日、村民大会を開催し、そこで決議書を採択した。宣言書は鳴尾村有志の名で出され、決議書は4名の発起人のほか村民一同の名において村会宛に提出されたものである。その論点は、両者とも同じで、交渉の手続き・過程の1点に絞られていた。[17]

すなわち、村会の土木委員が鈴木商店と折衝しているが、「土木委員ハ鳴尾川ノ修築工事ノ際ノ地元地主トノ寄付行為交渉、又工事監督ノ為設ケラレタルモノニシテ、鈴木商店トノ交渉委員トシテ設ケラレタモノデハナイ」。土木委員には「村ヲ愛スル誠意乏シク――優柔不断ニシテソノ行動ヤ又実ニ矛盾姑息ヲ極ム――信頼スルニ能ハズ――」。したがって「交渉委員ヲ特設シ、カレラヲシテ改メテ鈴木商店ト交渉セシメル」こと以外に方法はない、と。

交渉委員が実際に新たに設けられたのかどうかは不明であるが、こうした住民の意向をうけて、村の鈴木商店への要求は厳しくなった。村と鈴木商店側との間で何度か契約書のやりとりがなされた。たとえば、8月10日付けの鈴木商店から村長宛の回答は「――御同意難致候間、何卒御再議ノ上、下名提案ニ基キ、御契約相成候様相願度――」[18]である。村当局の固い態度を知った鈴木商店側は建設用地を隣村の大庄村浜新田一帯に求める努力を始めたので

あった[19]。

　しかし、その後どういうキッカケがあったのか不明であるが、村は協議会を開催して工場を設置してほしい旨の嘆願書を鈴木商店に提出、同商店の主導権のもと交渉は急速に進む。この間の事情、経緯は分析されるべきなのであるが、それはあらたな資料の発掘を待たねばならない。

　以上は、大正から昭和初期にかけて、工場の誘致を行い、近代化を成し遂げていく際の緊張・葛藤の一コマである。それは、村の発展が村の一部の者のみに利することになるのではないかとの懸念からくる階層上の対立であり——地主の意向でつくられた競馬場の二の舞になるのではないかとの一般村民の恐れがそれである——、さらに大きく捉えれば、多くの地域で観察される、変動の過程における古いもの(組織、権利)と新しいもの(組織)とのせめぎあい——たとえば、鳴尾の漁業慣行と工場敷設のための海岸の埋め立て問題など——であった。

武庫川の改修と阪神国道の整備

　武庫川は従来、流域各地域に農業用水を供給する恵みの川であると同時に、洪水を引き起こす元凶でもあった。これまでも被害がでるごとに堤防の工事を応急的におこない、また、武庫川改修にむけて計画、陳情をおこなってはきたが、抜本的な措置が講じられることなく時は過ぎた。水害の記録をひもとくと、明治29年、浸水流出家屋2,886棟、明治30年、浸水流出家屋5,421棟という報告がある。これにたいし、兵庫県は明治31－34年にかけて堤防補強工事を実施したが、それは本格的なものではなかった[20]。

　その後も流域の村々は、単独で、あるいは共同で諸々の組織をつくり、対応策を協議している[21]。たとえば、鳴尾村では部落総代会が、明治44年、「武庫川改修調査委員会」を設置し、大正2年には村会協議会に武庫川改修計画案を提示している。翌年には鳴尾村議会と鳴尾区協議会が、改修計画案を決議し関係方面に申し入れをおこなっている。共同でおこなった例としては大正1年西宮町長が今津、瓦木、甲東、武庫、鳴尾の各町村長に改修計画案を

発議し、同意を求めたケースがあげられる。鳴尾村は独自の案をもっていたので同調はしなかった。民間レベルでは、西宮の一町会議員が「武庫川改修株式会社」を組織し、改修の実現を図ろうとしたが、鳴尾村の同意は得られなかった。つまり、多くの改修案が提示されはしたが、それらは何れも功を奏さず時間のみが経過した。これは、大局的な見地からの改修案が、また、それには上位の機関の調整が、必要なことを示すものである。そして、そうなるにはそれなりの理由が必要であった。

　それはこうである。武庫川流域の人口増加が、氾濫時の被害を大きくし、その災害が無視できるものではなくなってきたこと、加えて、大正期に入り、武庫川下流地域が阪神間の住宅地としてのみならず、工場用地としても注目されるようになってきたこと、つまり、一方では治水対策として、他方では河川の改修によって得られる廃川敷地の宅地化や工場用地化が検討されはじめたこと、などが県・国をして武庫川の抜本的な改修工事に踏み切らせることになる。換言すれば、都市化・産業化という要因が大正末期に関係当局に大工事を決断させたということである。これは、都市化の進展が武庫川流域の地域開発を促すと同時に、その地域開発が都市化を一層促進させた一例である。

　さて、武庫川改修工事とは、洪水を引き起こす同川の支流である枝川と申川とを廃川とし、廃川後の敷地(旧川床)を住宅地や工場用地として売却し、この売却金で以て武庫川改修工事と併せて阪神国道の改修をもおこなおうとするものであった。武庫川改修工事と阪神国道の改修・拡幅工事とが密接に関係づけられて実施されたのである。枝川と申川の廃川敷地は計80.72ヘクタール(24万4,596坪)、うち73.92ヘクタールは阪神電鉄に売却され、残りの6.80ヘクタールは道路などに利用された。武庫川の工事は第1期が大正9年から、第2期が大正12年から実施され、昭和3年竣工した。他方、阪神国道の工事は大正8年から始まり、開通は同15年である。[22] これらが地域の発展に寄与したことは言うまでもない。

その後の阪神電鉄の住宅地経営

　武庫川改修工事で廃川となった跡地に建てられたのが甲子園球場である。大正13年のことである。球場のそばに、阪神電鉄は、昭和3年、2万坪の娯楽施設場(昭和7年、阪神パークと改称)をオープンさせ、昭和4年、ラグビー・サッカー競技場兼陸上競技場を、57面から成るテニスコート場を、さらには甲子園ホテルを建設した。

　これら以上に同電鉄会社が力を注いだのは住宅建設であった。昭和3年、甲子園住宅経営地の第1回分譲(200坪内外を50区画用意)を開始し、昭和5年、第2回分譲では2万坪に75区画を用意し、完売した。そのパンフレットは、位置・景観の観点から、また、水道・学校・病院・買物など都市施設の観点から、郊外住宅地として申し分のないことを次のように強調している。「本経営地ハ大阪、神戸両市間ノ中央ニアッテ東洋一ノ甲子園大運動場ヲ中心ニ約23万坪ニ余ル土地デアリマシテ南ハ甲子園海水浴場ヨリ武庫川ノ清流ニ接シ右顧スレバ茅海ノ白帆ヲ数エ左眄スレバ六甲ノ青峰ヲ望ミ鬱蒼タル松林其間ニ連リ空気清澄気候温和加フルニ経営地内ハ何処ヲ堀リマシテモ清烈氷ノ様ナ水ガ湧キ出マシテ、豊富不変ノ水量ヲ湛ヘテオリマス。尚水道設備ハ目下設計出願中デ近ク着手ノ計画デアリマス。子女ノ教育ニハ経営地ニ接シテ甲陽中学アリ、電車5分間ニテ達スル尼崎、西宮両市内ニハ中学校或ハ高等女学校ガアリ──交通至極御便宜デアリマス。尚経営地ノ近クニハ新進ノ医師、設備完成ノ病院等アリ、日常ノ物資亦タ至廉且便宜ニ得ル事ガ出来誠ニ住宅地トシテハ本邦唯一ノ理想的楽土デアリマス」[23]。都市化されつつある当時の社会状況の一端を嗅ぎ取ることができるといえよう。

　さらに、阪神電鉄は甲子園線を延長し、浜甲子園周辺9万坪(海岸側の9番町、10番町にかけて)を浜甲子園健康住宅地として売り出し、5年間で500戸を完売した。加えて、上甲子園(阪神国道沿い)から甲子園、浜甲子園を経て中津浜までの住宅地開発にも力を注いだのである。

小林一三と阪急電鉄沿線

　以上、明治38年の阪神電鉄の開通は、その沿線に当たる鳴尾、今津、西宮の各町村および大社村（西宮市域のいわゆる南部地区）の生活を一変させたことがわかる。阪神電鉄が西宮市の南半の発展に大きく寄与したとすれば、これらの各地域の北側に位置する瓦木、甲東、大社（いわゆる北部地区）の開発は、大正9年開通の阪急電鉄に負うている。両電鉄を比較して、やや誇張した言い方をすれば、阪神電鉄が既存の集落を結んで走ることをモットーとしていたのに対し、阪急電鉄は神戸－大阪間を最短距離で結ぶことを目的とし、既存の集落へのサービスを軽視しがちであった。ということは、阪急電鉄の方がより多く沿線の住宅地開発に力を注いだ、ということである。阪急電鉄の経営になる住宅地を戦前の現西宮市域内に限ってみると、大正12年の甲東園（33,057㎡）、昭和5年の西宮北口（86,151㎡）、昭和13年の仁川（431,854㎡）、昭和19年の門戸（99,504㎡）が指摘される。

　こうした新規開発の住宅地第1号は池田市室町（宝塚線池田駅近く）である。時は明治43年まで遡る。これは、阪急電鉄の前身である、箕面有馬電気軌道株式会社による事業で、その中心人物が小林一三であった。彼はいわゆる田園都市運動の実践者の一人で、鉄道の営業に先立つ1年前の明治42年、箕面有馬電気軌道株式会社は住宅地の販売に向けてパンフレット「住宅地御案内――いかなる土地を選ぶべきか・いかなる家屋に住むべきか」を発行している。それは「美しき水の都は昔の夢と消え、空暗き煙の都に住む不幸なる我が大阪市民諸君よ」と大阪市民に郊外生活の理想的環境を訴え、同社が進めている池田市室町への転住を説いたものである。[24]

　一般にわが国の田園都市といえば大正7年設立の田園都市株式会社による田園調布の開発をもって嚆矢とするといわれているが、実は、この日本最初といわれる田園調布の開発にも小林は深く関わっていたのである。それは、小林の考え方や宝塚沿線での彼の事業の進め方に関心を寄せていた渋沢栄一と矢野恒太（当時第一生命社長）とが、小林の成功の秘訣を関東の地においても是非活かしたいと考え、彼を事業にひき入れたからである。固辞する小林

に二人は説得を試みた。これに対し小林が提示した条件のひとつが、絶対に名前を表に出さないということであった。そうではあったが、鉄道沿線の住宅地開発に情熱を傾けた小林のことを聞かされていた、矢野恒太の子息矢野一郎(元第一生命社長)が、今のうちにことの真相を明らかにしておかねばと、「田園調布の大恩人小林一三翁のこと」と題する口述筆記になるパンフレットを、昭和61年、発表したので、われわれの知るところとなったのである。[25]

　このエピソードから次のことが指摘できようか。田園都市という近代的な響きをもつ郊外都市としての住宅地開発は阪神間からはじまり、やがて東京方面に移っていったと考えられるということ、さらに、こうした住宅地開発は、鉄道の敷設に多くを負っているということ、である。ということは、上で述べてきた西宮を中心とする沿線開発のメカニズムは、単に西宮、いや阪神間にのみ妥当することではなく、ごく一般的なこととしてやがて全国に拡がり得る先駆けをなしたと、考えてよいのではないか、ということであり、その点で阪神間は鉄道の敷設による新規の宅地開発のモデルをなしたといえる、ということである。

　さて、阪急電鉄沿線においても上でみた同電鉄自身による開発のほか個人でなされたものも数多い。そうした一つに甲陽園がある。この地域は大社村の広田、越水、中の3村の部落共有地(100万坪)であったが、大正初期、西宮町の勝部重右衛門がこれを買受ける。その後、大正7年には本庄京三郎の手に渡り、同人が甲陽土地株式会社を設立。同社は道路、水道、電灯設備を整え、住宅地、遊園地の開発を行なった。大正13年に甲陽園駅が設置されたので、同社は劇場、花壇、動物園を築造し、旅館、温泉浴場を新築し、撮影所をつくったりもした。しかし、甲陽園の真の発展は、第2次世界大戦後まで待たねばならない。その理由は、住宅地としては大阪市から遠距離にあり、阪神間には好条件の土地がまだたくさん在ったこと、さらには、遊園地としては設備の整った場所が他に多くあったことによる。[26]

郊外居住者の実態と属性

最後に鉄道の敷設に伴う郊外都市化の一端を乗降客の観点からみておこう。まず、量的な観点から始めよう。

大正4年から9年にかけての乗車人口は、それぞれ、331.6万から674.1万（国鉄大阪駅）、128.8万から423.6万（阪神電鉄梅田駅）、174.0万から503.5万（阪急電鉄梅田駅）と大幅な伸びを示している。また、大正5年の梅田からの通勤圏を大雑把にみると表1-2の通りである[27]。1時点のみで比較ができないので、参考の域を出るものではないが、距離的にかなりの拡がりを示しているといえようか。両電鉄を比較すると、阪神電鉄には5マイル以内の近距離と15－20マイルの遠距離の通勤者が多く、阪急電鉄（箕面有馬電気軌道）には5マイル以上15マイル以内の距離からの通勤が多いといえる。

表1-2　大阪（梅田からの通勤範囲）

	5マイル以内	10マイル以内	15マイル以内	20マイル以内	計
阪神電鉄	1,675(36.5%)	823(17.9%)	730(15.9%)	1,359(29.6%)	4,587
阪急電鉄（箕面有馬電気軌道）	408(25.4%)	473(29.3%)	487(30.1%)	248(15.3%)	1,616

	15分迄	20分迄	30分迄	35分迄	45分迄	50分迄	60分以上	計
阪神電鉄	‥	1,675	‥	823	‥	730	1,350	4,587
阪急電鉄（箕面有馬電気軌道）	408	‥	473	487	248	‥	‥	1,616

［出所］阪神電気鉄道株式会社編『阪神電気鉄道八十年史』、昭和60年。

次に質的な観点からの分析をしてみよう。どういう人たちがこれを利用したのであろうか、ということである。大正5年の阪神電鉄の定期券購入者の職業をみると、銀行・会社員29.7％、商人26.0％、労働者10.6％、官吏3.1％、学生15.1％、雑業14.4％である[28]。別の報告によると[29]、大正初期の阪神沿線の

居住者は、およそ半数は銀行や保険会社などの給料生活者、2割前後が商人や商社勤めの人、酒造業などの製造業が1－2割であった。彼らが郊外に転居してくる以前の居住地については、天下茶屋・北浜・谷町・中之島・野田・天王寺などの大阪の旧三郷や、大阪市南部の当時の別荘地であった。これらの地域からの転居理由は、市内の煤煙・ゴミ・伝染病感染を避けるため、であった。湿気が少なく、閑静な六甲山と海浜の地は、近在では得難い地域なのであった。これらは大正6年の大阪市商工時報に掲載の次のような報告と軌を一にするものである。「運賃、家賃、必需品において現在、中流または上流の人士のみによりて利用されているに留まり、――多数の市民は実行しがたい」[30]。量的には増えてきているとはいえ、その恩恵に浴することのできる層は限られた新中間層ということになろうか。

　以上、鉄道沿線の都市化の過程を住宅地開発、工業化、河川の改修などを通してみてきた。それらは、鉄道という外的要因が西宮の発展に与えた影響は大なるものであったことを如実に示すものである。しかし、西宮の発展は単にそれのみに帰せられるものではない。以下、西宮の発展に寄与した内的要因について考えてみよう。各自治体が地域の発展に向けて、取り組んだ課題、果たした役割についての分析がこれである。

第4節　地域社会の発展に果たした行政の役割

耕地整理事業

　明治32年制定の耕地整理法に則って明治末から大正にかけて全国的規模で耕地整理事業が数多く実施されたが、その目的は、土地の交換・分合・整形をはじめ、道路・水路・畦畔などの変更・改廃をおこない、もって農業の効率的運営・増産を図る点にあった。しかし、大都市近郊では、耕地整理事業で整地された土地は、本来の目的とする農地としてではなく、住宅地として活用されることが多かった。地主にとってはその方が利益が大きかったからである。やがて、大正から昭和にかけて、今度は、区画整理事業が多数実施

された。これは、放置しておくと無秩序に住宅・工場が立ち並ぶ恐れのある地域を予め健全な市街地として整理することを目的とする事業で、施行内の土地所有者が、それぞれの土地の一部を公共施設用地として提供し、道路、公園、下水道などを整備するものである。宅地造成と公共施設の整備とがこの事業の2本柱である。

西宮市域では大正年間に耕地整理事業が、昭和初期(5－6年頃)からは区画整理事業が、それぞれ多くの土地所有者の協力でなされた。しかし、そこで整備された土地は他地域の場合と同じく、農地としてではなく、直ちに住宅地として利用されることが多かった。それは、既にみたように西宮市域内には大阪、神戸の両市を結ぶ鉄道が複数敷設されていること、そのため、産業化が進んでいる大阪・神戸両市の中間に位置する西宮が、両市に労働力を供給する地域と位置づけられていたこと、の反映といえよう。それは、耕地整理や区画整理の各事業が鉄道の沿線や駅の周辺部を中心に実施されたことからも明らかである。現市域内でなされた事業をまとめると、図1-1のようになる。若干の解説をしておこう。[31]

旧西宮町の場合、市街地に農地はなく——これは同町が都市化されていることを示すものである——周辺部で事業が開始されたが、周辺部ならどこでもというわけではなかった。実施された地域は鉄道の駅周辺や線路に沿っていることがわかる。つまり、西宮町の最初は①阪神電鉄路線(以下阪神と省略)の以南で夙川右岸から旧精道村域にいたる区域(図表のア。以下同じ)が、次いで②JRと阪急電鉄路線(以下、阪急と省略)に囲まれた夙川左岸で西宮町の市街地の北部に位置する区域(イ)がそれぞれ耕地整理され、その後③JR以南と阪神以北の地区(オ)および、さらに④阪神の以南で夙川左岸の地区(ケ)が整理され、旧西宮町域の事業は終了する。

大社村の場合も、阪急の北側で3ヵ所(キ、カ、シ。なお、キは西宮町との共同事業。)、夙川右岸で阪神とJRとに囲まれた地域(エ)で、それぞれ耕地整理事業を実施している。西宮町と隣接する今津町では阪神の今津駅、久寿川駅の周辺で3ヶ所(セ、コ、ウ)、鳴尾村では阪神鳴尾駅の南側(サ)でそれぞ

れ、耕地整理事業を実施している。村内に駅を持たない瓦木村では、耕地整

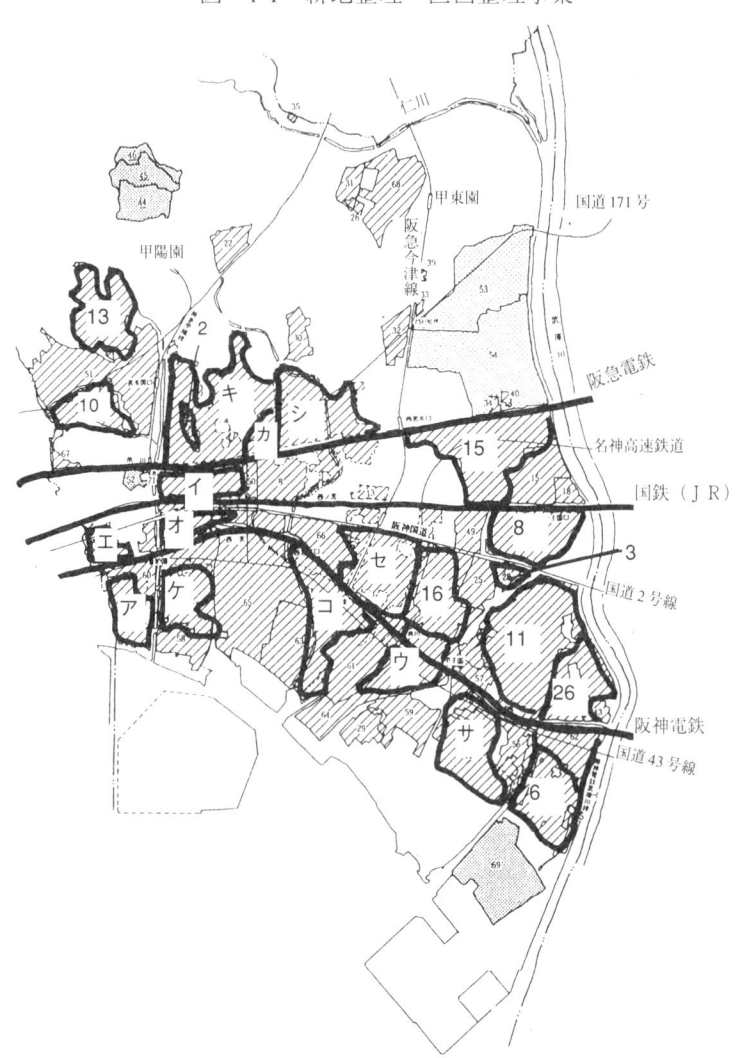

図　1-1　耕地整理・区画整理事業

[出所]西宮市役所の資料および西宮市史をもとに作成。

理事業はなされなかったが、昭和7年JRが電化されるのを機会に駅の設置運動を展開し、甲子園駅の設置に成功するが、そのために駅にあたる地域の区画整理事業(8,15)を図ったのである。

　昭和に入ると鉄道の支線の敷設、運転頻度や連結車両の大幅な改善に加えて道路網も整備され(国道2号線の開通、それに伴う国道電軌道の開通)、産業化・都市化は一層進展する。それにあわせて区画整理事業も大々的になされる。甲陽園沿線での大社村による3ヶ所の事業(2,13,10)、新設された国道電軌道の沿線での瓦木、今津の両村による事業(16,3)、また、鳴尾村による阪神沿線上の大規模な事業(6,11,26)がそれである。

耕地整理事業に果した行政の役割

　以上の各事業は、当該町村内でなされたということであって、事業の主体が町村である、ということを意味するものではない。以下、上で多くなされた組合方式について触れておこう。組合方式とは、地主たちが組合を組織して合意形成を図りながら行なう、住民主体の事業のすすめ方のことをいう。しかし、行政が事業に全く関与しないのかとえばそうではなく、むしろ行政は大いなる関心を示し、地主に働きかけ、事業の目的や趣旨を説明し、事業を行なうキッカケを与えた。それは当該地域での事業展開が当該行政体の発展につながると考えるからである。この積極的な行政の姿勢が事業を円滑に進めさせたといえる。事業の形式上の発意は住民側にあるとはいえ、行政による地元の有力者への大所高所からの説得が頻繁になされ、有力者を組合長に据えることによって、住民間の調整はうまくなされ、以後の運営はスムーズに運ぶことが多々あった。まさに行政のリーダーシップのもと地元との阿吽の呼吸でことが運ばれたのである。なお、事業に要する費用のうち、かなりは行政の補助金で賄われたことはいうまでもない。[32]

　以上、資本主義の成熟度の表われである私企業——私鉄や土地開発会社——や個人資本の勃興が住宅地経営を円滑に運ばしめ、他方、行政指導に基づく各種の整理事業が、住宅地開発を継続的におこなわしめたことをみてきた。

そうした行政指導は、地域発展の要因であると同時にその結果でもある。そのあたりを数字でおさえておこう。つまり、住宅地開発を景観的・統計的観点から、若干の自治体について考えてみよう。

人口の推移

　まず、西宮町(市)の人口の推移からはじめよう。表示はしていないが、同町(市)の大正4年から昭和17年に至る人口の動きをみると、大正4年の現住人口(2.2万)はすでに本籍人口(1.7万)を凌駕し、時間の経過とともに両人口の開きは大きくなる一方であることがわかる。すなわち、昭和17年には現住人口は、大正4年のそれに比して約6倍の13万弱に膨れ上がり、他方、本籍人口は約3倍の5万4千弱に留まっている。これは、流入人口の激しさを物語るものといえよう。

　時間的にワンテンポ遅れて人口増加を始めた今津町の場合を次にみよう。西宮町(市)とともに酒造業やそれと関連する製樽業で賑わいをみせていたとはいえ、明治末までは農村的な色彩の濃かった今津町にとっては、阪神や阪急(とりわけ今津・宝塚間)の開通、阪神国道の開設と国道電軌道の敷設、およびそれらと関連して近代工業の操業(たとえば、大正15年日本ビール鉱泉株式会社、昭和7年吉原製油株式会社、昭和5年太平洋蓄音機株式会社など)が、景観的にも地域生活上も都市化を進展させる要因であった。それらは、表1-3のように、大正5年頃までは本籍人口の方が現住人口よりも多かったが、以後、現住人口の増加が、本籍人口のそれを大幅に上回り、しかも、その差は拡がる一方であること、そして、大正11年以降昭和6年までの土地の異動状況をみると、田216反、畑273反が減少し、逆に宅地は約14万8千坪の増加を示していること、に端的に示されているといえよう。

　大社村の場合も、規模は上述の2町よりも小さいが同じ傾向が読み取れる。大正9年の神戸線の開通、同13年の甲陽園線の敷設が、同村のその後の住宅地としての発展を不動のものとした、ということである。つまり、大正4-5年頃にはほぼ同程度であった現住人口と本籍人口との比率は、以後、時間の

第1章　鉄道の敷設と地域社会の形成過程—現西宮市域を事例として　35

表 1-3　今津町の各種統計

(a) 今津町の戸数・人口変遷

年次	戸数	現在人口	本籍人口
大正 4	964	4,984	5,211
5	1,017	5,212	5,512
6	1,049	5,100	4,487
7	1,120	6,376	5,877
8	1,173	6,171	5,896
9	1,281	6,225	5,952
10	1,376	6,535	6,090
11	1,554	7,375	6,272
12	1,840	9,087	6,729
13	2,530	14,597	9,665
14	2,876	14,533	9,530
昭和元	3,166	14,504	5,709
2	3,506	14,900	5,983
3	3,738	15,504	6,203
4	3,856	15,842	6,233
5	4,025	18,178	6,441
6	4,249	18,840	—
7	4,473	19,780	—

(b) 今津町土地異動状況

年次	今津町 宅地	田	畑	山林雑地
明治37年	—	73.1町	30.8町	—
42	—	111.1	48.4	—
大正 3	—	163.8	67.6	—
8	—	152.7	129.0	—
大正11年	183,183坪	1,548反	508反	172反
12	201,938	1,513	468	263
13	211,207	1,498	458	231
14	216,957	1,508	454	250
昭和元年	245,149	1,465	383	240
2	251,258	1,453	370	240
3	254,308	1,454	358	240
4	261,686	1,446	343	239
5	305,406	1,349	306	230
6	331,529	1,332	235	222

［出所］西宮市役所編『西宮市史第3巻』、昭和42年。

経過とともに前者が後者を圧倒するようになる。これは流入人口の大きさを示すものにほかならない。こうした人口の流入が、大正末から昭和初期にかけての農地の宅地への転用と対応していることは先の今津町の場合と同じである。大正11年から昭和6年にかけての10年足らずの間に田畑は196反減少し、逆に宅地面積は2倍以上の約13万7千坪増加した。残りの他の町村についても同じ分析をすべきであるが、紙幅の関係で省略する。

　以上ここで強調されるべきことは、耕地整理事業や区画整理事業に象徴される行政施策の進展が、都市化の展開と相まって農地の宅地への転用を助長し、それが流入人口の増加に拍車をかけたこと、また、こうした流入人口の

量的拡大はそれとともに新中間層に加えて労働者の参入という質的拡がりを結果するものであった、ということである。それらが村社会を解体の方向に向かわせるものであったことはいうまでもない。

土地の異動状況：武庫郡内の財政力と市制の施行

　以上は、現西宮市域を構成する全ての町村において、時間的な遅速、量的な大小は別にすれば、大正から昭和にかけてみられた現象であった。こうした現象は、鉄道の敷設に多くを負っているとはいえ、他方、人口を迎え入れる受け皿をつくった自治体の自助努力の結果でもある。そしてこうした自治体の努力は、やがて、自治体の歳入額に反映されることになるであろう。このように考えて現西宮市域を構成している各町村の相対的な位置づけを時間的な流れの中でおこなってみた。具体的には明治29年から大正10年にかけての武庫郡内各自治体の財政力の分担額でこれを測定した。表1-4がそれで、同表は、26年間の各町村の発展や停滞のあとを雄弁に語っている。すなわち、時間的にみると、①武庫郡内での西宮域内のウエイトが、また、西宮域内での西宮町のウエイトが、それぞれ、着実に増加していること、②より詳細にみると、明治29年では西宮町の11％、芝村の0.7％を除くと、他の町村はほぼ4－6％であったが、明治32年頃から西宮町の比率が増加を始めること、③それにひきかえ西宮以外の町村は時間とともに相対的ウエイトを低下させていくこと、④大正7年頃から西宮町の負担額は急増し始め、2－3年の間にその比率は倍増し、西宮域内に占める西宮町の比率は6割にも達する勢いとなったこと、⑤そして、最終的には、その頃から郡の予算は西宮町に負い始める、つまり、周辺の町村は西宮町に依存するようになること、がそれぞれわかる。これは、人口の伸び方の差が地域間で大きいからであり、都市化・産業化の進展がそれまで顕著でなかった地域間格差をもたらし始めたことを示すものである。

　以上、人口増加を促進させる努力が歳入額の増加を結果したということである。[33]

これは互いに関連する次の2つのことを引き起こした。1つは、西宮町が市制施行を考え始めた、ということである。そのため西宮町長は大正10年、市制調査会を設ける。同調査会は、同12年、西宮町は市制を施行している市と遜色はなく、市の資格を有しているとの報告を提出する。他は周辺の町村からの西宮町との合併願いが殺到したということである。大正12年、芝村会はほぼ満場一致で無条件で、大社村も同年、条件付きで合併の申し入れをすべく、委員会を結成し、西宮町に働きかけている。

　しかし、西宮町は単独で市制を敷くこととする。それは、合併をめぐって相手方と折衝を重ねていては市制施行の機会を失ってしまうとの懸念が大勢を占めたからである。大正13年、内務大臣に関係書類を提出、大正14年市制を施行する。その後も周辺町村から合併の話は絶えることはなかった。周辺の町村からすれば合併からくる財政上、生活上のメリットが大きかったからである。他方、受け入れる西宮のメリットはどうであろうか。それは、先にも触れたように都市の発展に必要な市域を拡大できる点にあった。こうした状況のなかで、兵庫県内務部長から次のような通牒があった。昭和7年のことである。「市町村ノ合併ハ地方自治進展上多大ノ好果ヲ齎スヘキモノナルハ言ヲ俟タス、之カ促進ニ関シテハ従来縷々訓示相成タル義ニ有之、殊ニ近時経済・財政ノ実情ニ鑑ミ市町村財政ノ基礎ヲ鞏固ナラシメ、住民ノ福祉増進ニ資スルハ喫緊ノ要務ニ有之候処、貴市ハ各般ノ情勢ヨリ考察シ大社村・芝村・今津町ト合併セラルル方適当ト被存候ニ付テハ、此ノ際篤ト調査考慮ヲ遂ケ、之カ実現ニ付充分善処相成候様致度、依命此段及通牒候也──」[34]。これが直接の要因になって、先の表1-1のように各村との合併に順次乗り出すことになる。

　ことがうまく運ばれたのは、先に触れたように西宮と各町村との間には生産・生活上の一体的なつながりがあるとの認識が──その最たることは昭和2年の都市計画区域の設定──共有されていたからであろう。

38　第Ⅰ部　地域社会の形成・発展過程

表 1-4　武庫郡(西宮市域)の歳入における各町村分担賦額

(単位 円)

年次	西宮町 金額	西宮町 百分比	今津町 金額	今津町 百分比	鳴尾町 金額	鳴尾町 百分比	甲東村 金額	甲東村 百分比	大社村 金額	大社村 百分比	瓦木村 金額	瓦木村 百分比	芝村 金額	芝村 百分比	市域合計 金額	市域合計 百分比	他町村合計 金額	他町村合計 百分比	武庫郡合計 金額	武庫郡合計 百分比
明治29	111	11.4	56	5.8	46	4.7	43	4.4	49	5.0	40	4.1	7	0.7	352	36.1	637	63.8	972	100
30	174	11.4	87	5.7	71	4.7	68	4.5	77	5.1	62	4.1	11	0.7	550	36.1	973	63.9	1,523	100
31	206	12.2	95	5.6	85	5.0	75	4.4	85	5.0	49	2.9	13	0.8	608	35.9	1,084	64.1	1,692	100
32	337	16.1	117	5.6	106	5.1	75	3.6	87	4.2	41	2.0	12	0.6	775	37.1	1,312	62.9	2,087	100
33	299	16.3	112	6.1	92	5.0	64	3.5	74	4.0	39	2.1	14	0.8	694	37.9	1,139	62.1	1,833	100
34	425	17.3	143	5.8	118	4.8	84	3.4	97	3.9	56	2.3	20	0.8	943	38.4	1,515	61.6	2,458	100
35	566	17.8	180	5.7	154	4.8	102	3.2	121	3.8	72	2.3	19	0.6	1,214	38.2	1,965	61.8	3,179	100
36	690	18.3	199	5.4	175	4.7	117	3.2	139	3.7	85	2.3	21	0.6	1,416	38.1	2,296	61.9	3,712	100
37	560	18.8	134	4.5	141	4.7	93	3.1	111	3.7	69	2.3	24	0.8	1,132	38.1	1,839	61.9	2,971	100
38	522	18.4	132	4.7	142	5.0	92	3.2	103	3.6	65	2.3	22	0.8	1,078	38.1	1,754	61.9	2,832	100
39	895	20.8	206	4.8	217	5.0	109	2.5	133	3.1	85	2.0	25	0.6	1,669	38.8	2,631	61.2	4,300	100
40	868	23.7	183	5.0	209	5.7	85	2.3	91	2.5	67	1.8	17	0.5	1,520	41.5	2,139	58.5	3,659	100
41	914	22.7	201	5.0	263	6.5	87	2.2	107	2.7	68	1.7	18	0.4	1,658	41.1	2,372	58.9	4,030	100
42	894	23.3	197	5.1	261	6.8	83	2.2	103	2.7	66	1.7	16	0.4	1,620	42.2	2,219	57.8	3,839	100
43	766	23.4	173	5.3	213	6.5	62	1.9	83	2.5	50	1.5	12	0.4	1,359	41.6	1,910	58.4	3,269	100
44	794	23.6	188	5.6	181	5.4	66	1.9	84	2.5	51	1.5	12	0.4	1,375	40.8	1,991	59.2	3,366	100
大正元	608	24.4	131	5.3	132	5.3	45	1.8	60	2.4	36	1.4	6	0.2	1,018	40.8	1,476	59.2	2,494	100
2	714	23.3	171	5.6	156	5.1	51	1.7	68	2.2	42	1.4	10	0.3	1,212	39.6	1,850	60.4	3,062	100
3	753	23.9	167	5.3	134	4.3	50	1.6	66	2.1	42	1.3	10	0.3	1,222	38.9	1,923	61.1	3,145	100
4	778	26.4	170	5.8	106	3.6	44	1.5	60	2.0	39	1.3	19	0.6	1,216	41.3	1,737	58.7	2,943	100
5	825	25.1	190	5.8	90	2.7	63	1.9	63	1.9	44	1.3	10	0.3	1,285	39.0	2,007	61.0	3,292	100
6	1,545	25.9	318	5.3	183	3.1	117	2.0	124	2.1	104	1.7	18	0.3	2,409	40.3	3,528	59.7	5,973	100
7	1,889	31.9	315	5.3	139	2.3	100	1.7	120	2.0	79	1.3	16	0.3	2,658	44.9	3,264	55.1	5,922	100
8	2,515	38.4	310	4.7	105	1.6	79	1.2	98	1.5	63	1.0	16	0.2	3,186	48.6	3,372	51.4	6,558	100
9	5,277	47.8	520	4.7	156	1.4	111	1.0	179	1.6	65	0.6	16	0.1	6,324	57.2	4,727	42.8	11,051	100
10	8,275	60.8	557	4.1	169	1.2	101	0.7	186	1.4	72	0.5	18	0.1	9,378	68.9	4,232	31.1	13,612	100
大正10 明治29	74.5倍		9.9倍		3.7倍		2.3倍		3.8倍		1.8倍		2.6倍		26.6倍		6.4倍		14.0倍	

[出所]　表1-3に同じ。

第5節　地域社会の形成過程

まとめ

　以上、1)イギリスのとは異なる理解ではあったがイギリスからの輸入概念である田園都市という考え方に基づく、近代化を測る重要な指標と位置づけられた郊外住宅地開発への志向、2)工業化の影の部分としての、工場労働者の居住地の過密化に伴う大都市の環境悪化やその悪化地域の大都市周辺部への拡大、3)輩出しつつあった新中間層(大都市の市街地居住者の一部)の郊外への転出、4)互いに連動しているこうした動きが進行するなか、鉄道の沿線に新規の郊外住宅地建設が、加えて工場の誘致運動や行楽客吸引にむけての数多くの取り組みが、それぞれみられ、それが沿線地域の人口増加(都市化)に拍車をかけてきたことをみてきた。それはとりもなおさず既存の村落に、時間的な遅速はあれ、大なり小なり変革を迫るものであった。

　しかし、こうした変化をわれわれは西宮をとりまく外的要因のみに求めたのではない。自治体の内発的努力についても触れてきたところである。

他地域への妥当性

　ここで強調すべきは、以上は西宮に特有の過程ではないということ、つまり、阪神圏、首都圏の鉄道の沿線に位置する多くの衛星都市も、母都市との生態学的距離の差異に基づく、土地利用のあり方の違いや人口の増加時期の違いはあるものの、大なり小なり、西宮市と同じような発展過程をたどったのではないかと考えられる、ということである。

　しかし、このことは住宅地の形成・発展過程に関して衛星都市間に差異がない、ということを意味するものではない。むしろ、発展のあり方は異なったものである、といえよう。住宅地形成以後の時間的経過が問題となるからである。一言でいえば、郊外住宅地は居住者のライフサイクルに合わせて変化する、ということである。つまり、世代の交代による相続や売買により土

地が細分化する(あるいは、しない)、時間とともに土地利用の形態が変化する(あるいは、しない)、それらと関わって住民層の差異が顕著になる(あるいは、ならない)、したがって住民組織・近隣関係のあり方が問題となる(あるいは、ならない)、などはその一例である。これらは郊外住宅地自体の内的な変化であるが、これらに加えて、郊外住宅地をとりまく既存の村落との関係も時間的な経過に合わせて視野に入れなければならない[35]。すなわち、新規の郊外住宅地が形成された当初は、既存のどの村落からも没交渉であったかもしれないが、その後の時間的な動きの中で、各村落同士は互いに拡大し、ついには接続するに到るかもしれない(そうはならないかもしれないが)。いずれであれ、そうした過程において既存の村落は変動を余儀なくされるのであった。したがって当初、同じような形成過程をたどってもその後の時間的な経過の中で、各都市は異なった発展の様相を呈する。以上に加えてさらに各都市の行政的・政策的取り組みがこれらに係わってくることは言をまたない。

　こうした郊外住宅地住民の内的変化や郊外住宅地と他の村落との関係を視野に入れつつ、当該都市や上位機関の政策を加味して、われわれは、いわゆるコミュニティの問題も考えなければならない。それは一言でいえば、時間的な変化のなかでの新旧住民の生活構造や地域構造をめぐる葛藤の問題であり、また、新しいものの受容と古いものの温存・継承との緊張の問題でもある。

　ここではマクロ的観点からの地域社会の都市化の過程が強調されたが、次は既存の一つの村落に入り込みそこでの取り組みを問題としよう。

【注】

1) セネットの著作はその2年前の明治38年に出版されている。『田園都市』は、昭和55年、『田園都市と日本人』(講談社学術文庫)として再出版された。なお、後述のハワードは、明治35年に『明日の田園都市』(鹿島出版会)を著している。

2) 山本剛郎「地域構造と地域の活性化」、『関西学院大学社会学部紀要第67号』、平成5年、93-96頁。

3) 西宮市役所『西宮市史第3巻』、昭和42年、343-347頁。

4) 同前書、189-194頁、268-270頁。

5) 阪神電気鉄道株式会社編『阪神電気鉄道八十年史』、昭和60年、111頁。

6) 同前書、112頁。

「この小冊子は前年12月に出版された内務省地方局有志編『田園都市』に触発された可能性がある」と指摘されているが、他方、次のようにも記されている。「『田園都市』は版を重ね多くの人に読まれた。しかし、『田園都市』の発行日と小冊子の発行日とがあまりにも接近しているので、実際それをどこまで参考にしたのかは疑問も残る」と。

7) 同前書、113頁。

8) 同前書、113頁。

9) 同前書、162頁。

10) 西宮市役所、前掲書、260-263頁。

11) 阪神電気鉄道株式会社編、前掲書、155頁。

12) 柘植宗澄『苦楽園八十年の歩み』、平成3年、34頁。

13) 西宮市役所、前掲書、263-264頁。

14) 鳴尾郷土史研究会『なるを』、昭和54年、190-191頁。

15) 西宮市、前掲書、266-268頁。

本項で取り上げている鳴尾村は、明治22年の市制町村制に向けて周辺の村々が合併して成立した行政村である。鳴尾村を構成している、以前からの村々は、合併後も、従来通りの生活上のまとまりを維持している。そのまとまりのある地域は従来の村と区別して、むら、大字、また区と呼ばれる。なお、「村」と「むら」の両者を含意する用語として「村落」を使用する。

16) 西宮市『西宮市史第6巻』、昭和42年、813-814頁。

17) 同前書、814-815頁。

18) 同前書、819-820頁。
19) 西宮市役所『西宮市史第3巻』、268頁。
20) 阪神電気鉄道株式会社編、前掲書、165頁。
21) 西宮市役所、前掲書、278-280頁。
22) 同前書、276-278頁。
23) 阪神電気鉄道株式会社編、前掲書、159、209頁。
24) 大阪都市住宅史研究委員会編『まちに住もう大阪都市住宅史』平凡社、平成1年、346-347頁。
25) 津金沢聡広「阪急文化と小林一三」、『オール関西 12』、平成4年、35-37頁、津金沢聡広「沿線に庶民の楽園を」、『歴史街道 2』平成8年、36-40頁。
26) 西宮市役所、前掲書、272頁。
27) 阪神電気鉄道株式会社編、前掲書、139頁。
28) 同前書、139頁。
29) 大阪都市住宅史研究委員会編、前掲書、355頁。
30) 阪神電気鉄道株式会社編、前掲書、139頁。
31) 西宮市役所、前掲書、349-353頁。
32) 行政主体で行った事業として戦災復興に伴う事業がある。
33) それだけに帰せられるわけでないことはいうまでもない。
34) 西宮市役所、前掲書、388頁。
35) 注15)を参照。

―第 2 章

地域社会の変動と灘購買利用組合
―住吉村を事例として

第1節　住吉村の変動過程

本章の目的

　明治20年代に始まる工業化の進展は、都市部への人口の集中を招来し、やがて明治40年前後からいわゆる大都市の都市問題や住宅問題を深刻化させるに至る。そうしたなか、新聞社や鉄道会社は競って市外居住のすすめを説き、近代的な郊外生活に関するニュースを世間に訴えた。こうして、郊外生活運動は田園都市という響きのよい言葉を通して広がってゆく。これについては前章ですでに触れたところである。

　さて、郊外への脱出組はそこでどのような生活を送った(送ろうとした)のであろうか。快適な生活に安住(しようと)していたのであろうか、それともそういう生活を望む一方さらに何かを求め、それの達成に向けて努力をおこなおうとした(おこなった)のであろうか。他方彼らを受け入れた地域社会にはどういう変化が生じたのであろうか。こうしたことを分析することがここでの目的である。以下においてわれわれはそれらを、住吉村(現神戸市東灘区)を例に考察する。

鉄道の敷設

　住吉村はもともと交通の要衝であった。すなわち、住吉村には東西に西国街道が走り、また、南北には同村を起点に六甲越えをして湯の街有馬に至る有馬道が走っていた。この有馬道は、海岸部の魚などの物資を有馬町に運ぶ行商の道であり、途中の道筋には精米などの水車小屋が立ち並び、また、石の採掘場があり、それらで生計を立てる人は多かった。精米は酒造用として、

切り出された石は御影石として、それぞれ住吉や御影の港から積み出された。このように南北に長い住吉村は南部を中心に昔から賑わいを見せる地域であった。[1]

　さて、明治から大正、昭和初期にかけて村内には北から順に阪急電鉄、国鉄、阪神国道電軌道、阪神電鉄の4本の鉄道が敷設された。これらの鉄道の敷設、ひいては駅舎の設置はそれぞれに村内の発展に大きく貢献した。簡単にその様子を振り返っておこう。

　まず第一は明治7年の国鉄の敷設に伴って設置された住吉駅についてである。当初同駅は、現在地よりももっと南に設けられる予定であったが、それでは家屋の立ち退きが多数出るので、また、酒造家からの反対もあったので、比較的被害の少ない北部の現在地に駅を設置することになったのである。それでも村内の一部の地域ではかなりの家を取り壊さざるを得なかった。他方、進んで土地を提供した住民もいたことは事実でこれは注目に値する。つまり、村民の迷惑にならぬように嘆願書を当局に出す一方、大局的見地から犠牲を忍んで駅の設置に協力したわけで、そうした判断を下した村の首脳には先見の明があったといえよう。それは隣町の御影町の対応と対比すればよくわかる。すなわち、時間が経ち駅の便利さが認識されるに及んで、御影町は他の村と組んで住吉駅を取り壊し代わりに新駅を御影町に移転する陳情を明治25年に行っている。これに対し住吉村が猛烈な反対運動を展開したことはいうまでもない。なお、当時、大阪・神戸間には住吉駅のほかには神崎駅と西宮駅の2駅が設けられたのみで、この点からしても本村は交通の要衝として位置づけられていたことがわかる。[2]

　第二は明治38年に敷設された阪神電鉄についてである。同電鉄は、本村内に住吉駅と呉駅とを設置したが、これは、その後の本村南部の発展に大いに寄与したといわれている。とりわけ、明治41年から電灯が導入されるが、これなどは鉄道の設置に伴う必然的な帰結であった。

　第三に大正9年の阪急電鉄神戸線の開通が挙げられる。同線の敷設に先立ち、住吉村総代の村山龍平他数名は、北部の閑静な別荘地に軌道を敷設され

表 2-1　住吉村の人口と戸数

年	本籍人口	現住人口	戸数
明治4年	—	2,171	548
15年		2,844	—
25年	—	3,150	542
31年		3,806	542
33年	3,806	3,628	550
35年		3,701	713
37年	—	3,860	713
39年	4,271	4,107	744
41年	4,566	4,422	837
43年	4,934	5,502	1,048
45年	5,403	6,997	1,381
大正2年	5,517	6,685	1,508
4年	5,903	7,806	1,693
6年	6,190	8,727	1,912
8年	6,680	10,623	2,175
10年	7,007	11,529	2,380
12年	7,543	12,248	2,570
14年	7,952	13,171	2,818
昭和2年	8,461	13,812	2,922

［出所］谷田盛太郎編『住吉村誌』、昭和21年。

ては静寂さを破壊され精神的苦痛に堪えないという理由で、路線を北方山麓懸崖の地に変更すべしと陳情書を提出している。この間の事情を阪急電鉄の社史は次のように記している。「西宮以西神戸に至る用地の買収に当たっても住吉村域内で数氏の所有地買収にかなり面倒な経緯があった。その結果計画

通りの直線コースとすることができなかったのみならず、その間徒に時日を費やすこと一年有半、しかもその間地価の昂騰につれて用地買収費も非常に多額に達した」と。なお、住吉村内には駅は設置されなかった。[3)]

最後は昭和2年開通の阪神国道電軌道についてである。本村内にも駅が設置されたこと、加えて、村の中央を通っている国道上に設けられた電車であったことのため、この電車は多くの人に利用された。

このように住吉村には古くから鉄道が通っていた。単にそれだけではなく、駅舎が設置されたことも特筆に値する。それらは直接的には大幅な人口増加を結果する。

本籍人口と流入人口

表2-1は住吉村の人口、戸数の動きをみたものである。明治42年にはじめて、現住人口が本籍人口を凌駕し、以後その差は大きくなる一方である。これはこの頃から村への流入人口が着実な増加をみせはじめたことを示すものにほかならない。こうした流入人口の累積は、大正9年には本村生まれ33％、村外生まれ67％を結果するに至る。これは、移住者が地元民に量的にとって代わったということだけでなく、村落支配の構造（地域社会のあり方）も変わりつつあるのではないかということを示唆するものといえよう。

流入人口は村内のどこに居住したのであろうか。本村はもともと7つの集落（区）に分かれていたが、鉄道敷設後新たに2つの集落が開発された。流入者の多くはこの新規に開発された集落に居を構えた。かといって既存の集落には流入者が入り込めなかったかというとそうではなく、そこへの流入も多くみられ、したがって集落の混在化も進んだ、といわれている。表2-2はこの点をみたものである。

職業構造

住吉村は、山林に囲まれているため広い村域面積に比し耕地が少なく、農業従事者は昔から全戸の約1／3程度で、残りは、石工、酒造関係の労役者、

表 2-2　住吉村の区別人口

	明治30	大正3年	大正7年	大正11年	昭和3年
山田区	32	85	112	131	193
空区	56	210	247	270	299
西区	42	156	185	208	219
茶屋区	43	229	314	359	382
吉田区	63	141	203	305	438
住ノ江区	88	255	343	401	520
呉田区	218	516	608	745	858
観音区	—	20	31	31	34
反高区	—	27	38	40	47
計	542	1,639	2,081	2,490	2,990

［出所］2-1 に同じ。

呉田浜の沖仕、街道沿線の商人などであった。

　相対的に従事者のもっとも多い農業関係者をまずみよう。住吉村は元来、田畑約90町、山林原野約400町、戸数500の農村で、階層別には自作農は少なく、ごく一部の地主と大多数の小作人から構成されていた。ところが、上でみたように、鉄道の普及とともに大阪市、神戸市から多くの人が本村北部の地に移住を始め、日露戦争以後、住吉村は急速に近郊住宅地に変貌を遂げる。その結果、地価は高騰の一途をたどり、アーバンスプロール現象を結果するほどであった。この無秩序な展開を防ぎ、市街地としての正常な発展を図るにはどうすればよいかが地主の頭痛の種で、その対策が種々模索された。その結果2つのことが実行に移された。その1は地主会の結成であり、その2は彼らによる耕地整理事業による良質の住宅地の供給であった。大正2年に結成された前者の地主会は、家屋を建設する際に守るべき地主間の約束を定めたもので、外部からの各種事業の要請(道路の建設など)に対する団結を図

るためのものであった。後者の耕地整理事業に関しては、これは、本来的には耕地の整理を目的になされる事業だが、住吉村の場合も他の地域と同じく、耕地整理事業にかけられた33町（内訳は田26町、畑2町、山林3町など）は、事業の完了した大正13年、直ちに住宅地に転用されることになる。この耕地整理事業は、住吉村の郊外住宅地としての発展の必然的結果であると同時に同村の一層の発展の要因にもなった。このように農地の宅地への転用は、1つには早くからこの村で組織されていた農会の事業を中止に追い込み、2つには家庭排水の問題を新たに生じさせた。その結果、農業委員や水利委員は水路の変更・新設・廃止をめぐって、田畑の用水の問題とは異なる難しさに直面したのである。以上、住吉村での農地の宅地への転用は早く、したがってかなり早い時期から、農業従事者の減少が生じていたわけである。

　この点を踏まえて次に明治30年代から大正年間の職業別戸数をみよう。表2-3の通りである。農業従事者の減少、商業・工業従事者の増加が指摘できる。後者の増加は前者の転出によるものとも考えられるが、後者の増加が時期的に流入人口の増加と対応していることから、移住者の流入によるものとも考えられる。商業・工業従事者は、明治16年の『村誌』に記載されている、居住地を仕事場とする職種の系統をひく層と、近代企業の商業・工業従事者に分類される通勤層とに二分できると考えられる。前者は地元民や農業従事者からの転出によって、後者は移住者によって、それぞれ多く占められていたといえよう。なお、その他がかなりの数に上っており、その内容をも含めて気になるところであるが、これらについては不明である。

村落組識

　以上明治期末から大正期にかけて人口の流入が始まり、その結果、職業構造にも変化が及んでいることをみてきたが、村落組識についてはどうであろうか。

　先にも触れたように、住吉村は7つの集落（区）に分かれ、それぞれに総代がおかれ、その下で区行政がなされていた。購買利用組合が後に置かれるこ

表 2-3 職業別戸数

	農業	商業	工業	公務・自由業	その他（含無職）
明治31年	269	149	57	—	67
33年	260	166	79	—	44
35年	243	201	98	—	171
37年	245	179	93	—	198
39年	265	182	98	—	179
41年	255	220	97	—	213
43年	209	295	106	265	173
大正 1年	208	426	101	453	195
3年	225	638	129	301	338
5年	222	660	139	495	278
7年	175	869	255	314	468
9年	165	899	278	335	572
11年	57	619	364	161	1,294
13年	53	641	384	182	1,379
昭和 1年	49	1,033	389	219	1,249
5年	49	1,041	693	368	910

［出所］表 2-1 に同じ。

とになる茶屋区についてこれを詳細にみれば、同区は区長制の下に15名の評議員を選出し、その中から副区長、衛生組合長各1名、会計係、記録係、衛生委員各2名を互選し、これらで区行政の執行部を構成した。執行部の役員は、四分された区内の住民に手分けをして接し、各自の分担事務を担当した。区には会議所はなかったので、その都度倶楽部——区内の有力者は千歳倶楽部を設けていた——などを借用していた、という。こうした組識のありかたは昭和16年頃まで続く。他の既存の6区についても大同小異で、各区はきめ細かい行政組織をもっていた。

しかし、流入人口の増加とともに、明治42年頃、2つの区（集落）が新設される。反高区と観音区とがこれである。前者の反高区については、この区はかつては租税の軽い荒地で、明治中葉まで松林が繁茂し、狸や狐の生息する地であった。しかし、日露戦争後阪神間の紳商名士が移り住むようになり、豪

壮な住宅地として発展していく。当初はどの地区にも所属せず、衛生組合長職にある人が一人この地域の住民の世話をしていた。しかしやがて、隣接の区との境界が問題となり、明治42年反高区として独立新設され、それとともに区長職が設けられた。もっとも、当初は区会や区評議員は組織されなかった。しかし時が経ち、昭和14年に隣保組織がつくられている。

　後者の観音区についていえば、このあたり一帯は、松樹雑木の林で不毛の地として長く放置されていたが、明治38年、移住者である阿部元太郎が住宅地としてこの地に着目して以来、高級住宅地としての第一歩を踏みだすことになる。同氏は村よりこの地を借り受け地均し工事を行う。整地を終えた明治40－42年から移住者が住むようになる。生活に必須の井戸水が良質であるとの折り紙が大阪衛生試験所より得られたことが、先述の交通の便利さとあいまって、財界の知名人を多くこの地に移転させることになる。とりわけ、大正2年の住友吉左衛門の移転は、住友一族をはじめ紡績関係者を数多く移住させる契機となった。それは、住友家の移転が、気候・風土・水質などの慎重な研究を命ぜられた専門家による「住宅地として的確」との判断にもとづいてなされたものであったからである。こうして、移住してきたのは資本主義の進展とともに輩出しつつあった富裕な上級ホワイトカラー層であった。

　明治45年、移住者たちは観音区に観音林倶楽部を設置する。これは、親睦にウエイトをおく社交機関で、そこにおいて、座談会や講演会が頻繁に開催され、情報や意見のホットな交換がなされたほか、囲碁・玉突・謡曲にうち興じることができた。時には夫人のために生け花などの講習会が催されたりもした。つまり、これといった特別の事業がなされるわけではないが、なにかとかこつけて個々の会員は集まり、そのことが彼らの職業活動にプラスに作用することが多かった。

　以上、鉄道、人口、職業、村落組織を概観するなかで、明治末から大正期にかけて住吉村に変動が始まり、しかもそれらが同時にではなく、タイムラグを伴いながら生じていたことを読みとることができた。人口流入の、つまり変動の担い手は富裕層であることが指摘されたが、次に、彼らはそこで何

をしようとしたのかを、住吉村への移住者を代表する一人である平生釟三郎が残した日記をもとに考えてみよう。

第2節　地元民と移住者

平生釟三郎日記にみる住吉村[9]

　平生釟三郎は明治42年7月住吉村に転居してきたが、それは、その年の4月に大阪市内の東京海上の社宅において妻を失い、この大阪の地は住宅地としては不適切だったと反省し、閑静にして空気清浄なる郊外に転居しようと決断したからである。住吉村を選んだのは、当地方が気候温暖、空気清爽風光に富み、大阪、神戸に業務を有する人で住宅をこの付近に定めんとする者が少なからずいたからである。彼は、そこに土地800余坪の家屋を求めた。彼は省線(国鉄)で朝は東京海上神戸支店へ、昼前には同大阪支店に出かけるビジネスマンであった。しかし、今日のサラリーマンとは異なり、彼の関心は単に会社のみに集中していたのではなかった。日本を今後どういう方向に向かわせるべきか、自分が住んでいる村の福祉をいかに増進させるべきか、がいつも彼の脳裏を占めていた。この思いは彼のみにあったのではなく、同じ悩みを抱く移住者は多かった。つまり、移住者の中にはホワイトカラーとして財界活動を展開すると同時に地域社会にも深く関わりを持とうとする人がかなりいた。彼らは、ある時は夜に先述の観音林倶楽部で、また、ある時は昼食時に職場のある大阪市東区高麗橋のオフィスビルで会合・懇談を持った。そこで得た結論は、日本を良くするには、まず、自分の住んでいる地域を良くすることから始めなければならない、そのため、村会議員として地域社会のために尽くそう、というものであった。

　大正10年4月の選挙に際し、その前月の3月に移住者は会合を開いた。そこでの結論は大要以下のようであった。一級選挙者の総数は26名であるが、そのうち22名は移住者で占められている。この中から12名の村会議員を選ぶについて、全員を移住者で独占することも可能で具体的な人選もなされは

したが、そうすることよりも地元出身者を2名当選させる方が、移住者と地元民との融和を図るという点で得策ある、というものであった(平生日記、大正10年3月12日、14日。以下日付のみ記す)。

かくして多くの移住者が村治に参与することになるが、それは、「自己の利益のためにあらず、自己の住所たるこの村の福利増進のためを思う」からである(大正10年7月5日)。ところが、どうも「村政が村長と村会議員の有力者の私的協議によって決まっている」(大正10年5月23日)ことに疑問を呈し、これをまず糺さねばならない、と平生は考えた。移住派議員は時には高麗橋の大阪倶楽部において議員の有志懇談会を開催した。ある時、「住吉村を理想的な郊外都市たらしめんと道路、衛生、教育、課税の諸点を十分の費用をもって支出し、一大改革を施すこと」が提案され、村政に関する大方針・大綱をつくることとなる。それは「村制の一新、村有財産・村民の村税負担能力を調べ、課税方法を公平にすること、下水道を整備し、病院および学校を創設すること」であった(大正10年5月5日)。

この大綱に示されているように、彼らの基本的な住吉観は「本村住民は住居を主として居住する者にして、工業・商業によりて利を博するものではない。故に神戸市民とは利害を一にするものにはあらず」(大正10年7月12日)に代表され、内務省から要請のあった神戸都市計画区域への編入には反対であった。居住機能を充実させるための地域づくり、地域改革に全力を尽くすことができなくなるのではないかと危惧したからである。

移住派議員たちによるこうした斬新な取り組みに対する地元民や地元派議員の反応はどのようなものであったのであろうか。

地元民(地元派議員)と移住者(移住派議員)

この両者の関係を知る手がかりは乏しいのだが、議員レベルでは時として対立が表面化していることが平生日記より散見される。例えば、村の中央にある住吉小学校の増築問題(大正10年7月12日)、同小学校旧校舎(1,500坪)の敷地の処分問題(大正12年2月12日、17日)、また、学校における経費の削減や村長の住宅料削減問題(大正12年3月15日)を巡って、それぞれ地元

派議員と移住派議員とは意見を異にしていた。もっとも、どう異なっていたのかは不明だが。また、地元派議員の多くは、村政改革をねらって移住派議員が担ぎ出した村長や校長に、何かと不満をもつことが多かった。こうした雰囲気を和らげるため、平生は一度懇親会を催そうとするが、これは地元派議員にボイコットされ実現されなかった。このような状況を評して平生は「地元派議員が私的功利心のため公職を忘れ、村治の平和を乱しつつ、愚民を煽動し、多数を味方とし外来者に抵抗するの劣は憎むべし、憐れむべし」（大正12年3月26日）と述べている。このように意見の齟齬はかなりあったようであるが、それはある意味では当然といえよう。それは、1つには先述のように移住者の増大に伴う生活排水の農業水路——水路は一時ほど活用されてはいないが——への流入による生活・生産環境の悪化に対する不満からである。だからこそ、移住派議員も居住地の整備に全力を傾けているのであるが。2つにはリプセット（S.M.Lipset）らの態度決定地（community of orientation）の概念が示唆するように両者のライフヒストリーの差異である。つまり、一方は地域に代々居住し、伝統的組織を維持しつつ地元中心に物事を考える層であり、他方は広く社会を見聞し、また、地域を相対化してとらえつつも地域に関心を示す層である。自分たちの住んでいるまちを大切にしようという点では両者に差異はないのだが。[11]

　しかしこのように対立はあるものの、良くも悪くも地元民一般が移住者から大いに影響を受けていることは事実である。平生によれば、「移住者の増加とともに地元民は思想の変化を受け、虚栄心が増加し、移住者を模倣し、外観をかざり、形式を尊ぶ気風が起こり淳朴の風習が失われつつある」（大正10年4月13日）。その好例は睦実践女学校への入学生が激減していることに表れているという。この学校は女子の補習教育を施す目的で住吉村につくられたものであるが、大正10年の入学生62名のうち住吉在住者はわずか7名で、残りは阪神間の子弟である。これは地元民が女子を単に小学校を卒業させるだけでは満足せず、高等女学校に進学させはじめたからであり、これは移住者からの影響によるところ大であるとの学校長の解説に平生は賛同している。

移住者に関していえば、彼らが一枚岩かといえばそうではない。それは、例えば、反高区の移住者から村有地の貸下金を下げてほしいとの提案があったことに対し、このような要求は地元民に、移住者も利益のみを求めているのかと一笑されるとして、非難していることからも伺うことができる（大正10年8月13日）。一般には富裕者にはサービス精神に欠ける所があったり、金のある人に寄付を仰いでもなかなか理解を示さないケースがあることを平生は嘆いている。これは、平生らのグループが共同社会性を自己利害と他者利害との整合・両立のなかで捉えようとしているのに対し、利己的な考え方をする人たちもかなりいるということである。先述の一部移住者による阪急電鉄神戸線の敷設反対運動もこれと同一線上にあるといえよう。

住民意識類型

　さて以上をもとに、変動の過程にある住吉村の住民を意識のレベルでまとめておこう。一般的にいって共同体の契機は共同性と封鎖性（地域性）に求められる。意識のレベルにおいて共同性は自己利害と他者利害との整合・両立への信頼という意味で相互主義的と捉えられ、それに対立するものとして他者の利害との不整合・対立を容認して貫徹される利己主義的な考え方が措定される。これは先にみたように移住者をはじめ地域住民を類型化する際に必要な軸である。意識のレベルにおける封鎖性に関しては社会空間に関する閉鎖的・個別主義的——開放的・普遍主義的の軸が考えられる[12]。これも先にみたように村会議員や地域住民を分類する際の必須の軸である。さてこの二軸をクロスさせると、図2-1のように4つの住民意識類型ができる。（ニ）が鉄道敷設以前からの多くの住吉村住民であり、村落共同体の原点はここにある。住吉村南部の居住者で非農業的職業についている上層部にもこのような考えの人が少なくない、と思われる。（ニ）から他の住民類型への移行過程の中に共同体の崩壊過程を読み取ることができる。（ハ）に位置するグループに平生らの移住者がいる。（ロ）は地元民のみでことを処していくことを当然と心得る人たちで、移住者からすると視野の狭い人たちに映るが、これは既得権を

図 2-1　住民意識類型

	利己主義	
開放〔普遍〕	開放的利己主義 （金を出さない富裕層） （イ）	地域的利己主義 （地元民） （ロ）
	開放的相互主義 （平生グループ） （ハ）	地域的相互主義 （原型） （ニ）
	相互主義	閉鎖〔個別〕

(注) 章末注の 12) の分析軸に対応させた。

守るという点では致し方のない面もある。（イ）は先に見たように利己的な移住者であろう。（イ）、（ハ）は移住者で多く占められているとはいえ、地元民の中にもいる。とりわけ村の上層部に（ハ）がいたことは先にみたように国鉄住吉駅の設置時における村の対応を考えると明らかである。彼らの存在は特筆すべきで、彼らがその後の住吉村を左右したといっても過言ではない。

以上、住吉村住民といってもその考えは千差万別であることがわかった。移住者の一部が地元民にも呼びかけて、地域整備の一環として創設した購買利用組合を次に考えよう。

第3節　灘購買利用組合

賀川豊彦の教え

灘購買利用組合の創立者の一人に本村内西区在住の那須善治がいた。彼は海産物の売買・株式の取引を業とし、財を築いた移住者である。その彼が購

買利用組合などの社会事業を起こすに至ったのにはわけがある。那須は元来、自他共助の菩薩行を唱え、日蓮上人を信仰していたが、「数年前、唯一の嬢を失い、跡継ぎなく、加えて2年前に投機に失敗」し破産寸前の窮地に追い込まれたことがあった。その後、「再び成功し一挙に数十万円を獲得するに至り、その折り、氏は発心したものである」（大正10年3月4日）。この時、50歳半ばであった氏は余生と余財を公共事業に善用しようと考え、なすべき事業内容について平生に問いかけた。平生の忠告は以下の通りであった。「下級者をして精神的安定を得せしめんには日常生活上の安定を得せしめるに在り、生活の安定を得せしめんには日用品を廉価に供給するにあり——これには購買組合こそもっとも適当な方法である」（大正10年3月4日）と。これは、少し前に賀川豊彦から得ていたアドバイスと軌を一にするものであった。

　賀川豊彦の願いは協同組合にもとづく社会の改造（創造）にある。賀川によれば、社会の改造は、暴力革命による資本主義の打倒によるべきではなく、信仰と兄弟愛とによるものでなければならない。換言すれば、社会の改造は、キリスト教の愛と社会連帯意識とによる、いわば一種の精神革命である。精神的兄弟愛の意識を経済的に生かした場合、つぎの2つが生ずる。その1は搾取を離れた経済制度、その2は協同的互助組織である。そしてこの考え方にもとづいて展開された運動形態が協同組合運動にほかならず、そうした過程で生まれる社会が協同組合社会なのである。[13]

　しかし、日本の協同組合運動はまだその緒についたばかりである。この運動を成功に導くかぎは協同意識を育んでいくことにつきる。協同組合は儲けるためではなく、日本の窮状を救うために創設されるべきものなのである。[14]

　協同組合の運用は、運用する者の精神的社会意識の自覚如何による。それは、協同組合運動から利益が生じた場合、その利益の活用法は組合員の意識内容と一致するということである。組合員が利己的であれば、全部を分配する。他愛的であればそれを社会公共のために活用しようと組合は決議をする。そして公益事業として利用される過程において組合はいっそうの発展を遂げるのである。組合員が、協同一致、互助の精神、利得をはなれた協同的精神、

そして、犠牲的・奉仕的・愛村的・他愛的精神を持ち、自己本位を抑えることができるかどうかに組合の将来はかかっている。[15]

灘購買利用組合の結成

以上のような愛と協同の精神にもとづく消費組合の重要性を賀川豊彦から説かれていた那須善治は、ここにおいて、単に生活必需品を合理的に配給することのみをめざすのではなく、それに加えて住民の経済・社会生活の安定・向上を図り、もって協同組合の思想に支えられた社会を築く、一つの運動体としての灘購買利用組合を結成するに至るのである。ここに、われわれは組合結成の明白な目的、周到な準備、そして並々ならぬ決意を読み取ることができる。大正10年5月のことであった。当初の会員は468名——大正10年当時の本村の戸数は2,380戸、人口は11,529名——にすぎなかったが、やがて、観音林倶楽部の会員の共鳴を得て会員数を拡げていく。すなわち、大正14年末には900名を超え、昭和5年、3,000名、同16年、9,621名と着実な増加を示している。それに合わせて事業内容も拡大させ、取扱商品に関しては、大正13年、醸造部を、同14年、野菜部をそれぞれ新設し、昭和3年には牛乳の取扱いを開始し、同7年には精米工場を竣工させ、また、組合員の拡大に関しては、昭和1年、芦屋支部を、同8年、八幡支部をそれぞれ設けた。他方、対外的には昭和9年には甲陽消費組合を、同11年には伊丹消費組合をそれぞれ設立させ、組合に対する世間の認知、評価を不動のものにしていく。[16]

組合の定款によると、「本組合ハ協同互助ノ精神ニ基キ個人並ニ社会ノ幸福増進ノ為共同ノ出資ヲ以テ、左ノ事業ヲ行フヲ以テ目的トス。事業トハ、①組合員ノ経済生活ニ必要ナルモノヲ買入レ之ニ加工シ若クハ加工セズシテ組合員ニ配給スルコト、②組合員ノ経済生活ニ必要ナル設備ヲ利用セシムルコト」。なお、②の組合が用意する必要な設備とは、(イ)集会場及其付属スル設備、(ロ)炊事、清掃、看護ニ関スル設備のことである。[17]

この趣旨に沿って当時組合が具体的に行った活動として、大要次のものがある。(1)生活必需品の配給(米、雑穀、醤油、味噌、砂糖、水産物、乾物、野

菜、果物、牛乳、清涼飲料水、薪炭、綿、雑貨、織物など)、(2)加工・製造(米・麦の精白、味噌・醤油の醸造、菓子の製造、搾乳)、(3)会員の経済・社会生活に必要なる設備の提供・利用(集会場など)、(4)生活向上に関する会合(家庭会のもとでの料理講習、名士の講演、趣味の集いなどの開催)、(5)家政婦の派遣、(6)栄養食の配給である。

　上の(1)、(2)が経済生活を念頭に入れた活動であるとすれば、(3)から(6)は社会生活にウエイトをおいたもので、当時とすれば前者に活動の力点がおかれていたといえようか。都市基盤の整備がなされないままでの急激な都市化の進行状況の中にあって、組合が日常生活に必須の物資の供給・流通をいかに円滑に進めるかに主眼を置いたのは当然といえよう。加えて社会活動に関しては、当時村内の既存の各区では、先に概観したように、総代ないし区長をトップとする役員の下できめ細かい行政がなされ、さらにはその下に5人組制度の名残をくむ隣保組識も存在しており、また青年団などの属性別の社会集団も区ごとに組織されていた。それら伝統的な組識を通して社会生活に関わる事柄は処理されていたので、組合が入りこむ余地はほとんどなかったと思われる。ただ指摘されるべきは、当時の社会活動の主眼は移りゆく社会に適応できる人間の養成、誇張していえば経済の近代化に対応できる意識を身につけること、つまり、経済の近代化に対応した社会生活の近代化をいかに成し遂げるかにあった。それは、栄養のバランスを考えた料理の講習、成功した財界名士といわれる人の背後にある新しいものの考え方を聞く会などに代表されるが、これらは、ある意味では隣保組識、青年団による伝統的な社会性・連帯性の強調とは相入れない、新しいネットワークの要素を多々含んでいたと言えよう。つまり、組合のねらいとする社会活動は、伝統的な在来の社会活動とは異なるものであった、ということである。それは、地域社会内部に閉鎖されがちだった社会関係を外に向かって開かしめることを意味するものであった。こうした新しいものと古いものとの緊張・共存の中に灘購買利用組合の創設や先に見た移住者による村政への参画、ひいては住吉村の発展があったといえようか。

表2-4　村の各種役職者と、組合員および『人名録』被掲載者との関係

		就任者総数	組合員数	人名録被掲載者数	組合員のうち地元民と思われる人数
三役	村長	5	1	3	0
	助役	7	1	1	1
	収入役	5	1	1	0
村会議員	大正2年	6	3	2	0
	大正6年	11	6	4	4
	大正10年	16	9	9	0
	大正12年	2	2	1	0
	大正14年	24	11	11	3
地区内役職者	反高区	4	0	4	0
	観音区	13	9	12	0
	空区	5	2	1	0
	山田区	2	1	1	1
	西区	4	2	4	2
	茶屋区	3	1	2	1
	吉田区	5	2	3	2
	住ノ江区	8	0	1	0
	呉田区	10	1	3	1
	地主会	12	4	6	2

(注)役職就任者を基に集計。
[出所]　組合員名簿、住吉村誌より作成。

灘購買利用組合員の分析

　さて、以上の経緯で創設された灘購買利用組合は、どういう人たちで構成されていたのであろうか。大正14年の『組合員名簿』をもとに考えてみよう。

表 2-5　地域別にみた『人名録』掲載の組合員

	全組合員		掲載されている組合員
住吉村	131名　(16.1%)	住吉村	40.0%
御影町	93名　(11.4%)	御影町	29.0%
精道村	58名　(7.1%)	精道村	18.0%
その他の地域	43名　(5.3%)	その他の地域	13.0%
掲載なし	491名　(60.1%)	計	325名
計	816名		

［出所］組合員名簿、神戸人名録より作成。

　この『組合員名簿』には、イロハ順に氏名が816名掲載されているだけで、住所も職業も含まれていない。そこで『組合員名簿』を『住吉村誌』や『神戸人名録』と対比することによって組合員と階層、組合員と移住者(あるいは地元民)、ひいては組合員と住民意識類型との関係を探ることにしよう。

　まず、『住吉村誌』をもとに村の役職者と組合員との関係をみよう。採り上げる役職者は村長、助役、収入役、村会議員、各区の区長(区長代理)そして地主会メンバーである。それら役職者のうちとりあえず原則として明治22年以降大正14年時点までの就任者(村会議員は大正2年—同14年)に限定した。まとめると表 2-4 の通りである。以下のことが指摘できるであろう。

　ここに挙げた役職者に就任できるということは階層的には上層部に位置すると考えてよいであろう。多くの役職は名誉職であったからである。と同時に、役職者のなかに後述の『神戸人名録』に掲載されている者がかなりいるからである。しかし、役職者のほとんどは、先述のビジネスマンを兼ねた村会議員・彼らに担ぎだされた一部の村長・主に移住者で構成されている2つの区の役職者を除くと、地元民であると言ってよい。つまり、一部を除くと役職者とは地元の上層部を示唆しているといえる。さて、これら役職者と組合員との対応関係を調べると両者間には「ある程度の関係」はみて取れる。し

表 2-6　組合員と高額納税者

	御影町	精道村	住吉村
不明	6.5%	8.6%	6.1%
40-99円	30.1%	20.7%	18.3%
100-500円	38.7%	39.7%	32.8%
500円以上	24.7%	31.0%	42.7%

［出所］表 2-5 に同じ。

かし、地元民と目される組合員は極めて少ないこともわかる。上の「ある程度の関係」とは、一部の移住者からなる役職者を反映したものである、と言わざるを得ない。

次に『神戸人名録』と『組合員名簿』との関連をみよう。この『神戸人名録』は大正14年発行のいわゆる高額納税者名簿で、ここには所得税を41円以上、または、営業税を61円以上納めている者が掲載されている。先の役職者よりも階層的には一段上の層で構成されていることが読み取れるといえよう。さて、『神戸人名録』と組合員との関係をまとめると表2-5の通りである。次のことが指摘されよう。

816名の組合員のうち325名が『神戸人名録』に掲載されている。これは組合員の40％に相当する。地元民で掲載されていると判断できるケース（地主や村長など）もないわけではないが、被掲載者は観音区や反高区の住民に多くみられる。ということは、組合員は移住者によって支えられていた、ということである（表2-4参照）。しかも彼らは高額納税者なのである。

いかに高額納税者の組合員が住吉村およびその周辺に集中しているかは、表2-6の通りである。

最後に住民意識類型と組合員との関係については、購買利用組合の精神を踏まえた住民は(ハ)に近い人たちであり、組合運動とはいかに住民を(ハ)に至らしめるかの運動であるといえる。他方、(ロ)、(ニ)と組合員との関係は

薄いと考えられるが、しかし、これらは実証されるものではない。

以上、組合は階層的には上層の、意識的には利他的な先の類型(ハ)に近い移住者によって支えられていたといえる。

成功の要因

購買利用組合は住吉村においてはじめて設立されたものではない。当時の新興住宅地においてはこれが多くつくられている。その1つである池田市室町の例を見よう。

室町の購買利用組合設立の経緯はこうである。明治43年2月箕面有馬電気軌道株式会社は大阪－宝塚間の運転を開始した。開業に先立つ前年の秋、同会社は現池田市室町に模範的な郊外住宅地の建設を始める。そこでのセールスポイントは2万7千坪の用地に会社直営の購買利用組合を設け、娯楽・社交機関として倶楽部をつくることにあった。会社直営の購買利用組合を設けるのは「物資の供給を廉価ならしむる」ためである。それは、当時の郊外生活者に共通する悩みである「別荘値段」を打破するためであった。こうして室町在住の組合員の出資金をもとに倶楽部の建物の一階に、食料品、日用雑貨品をはじめ何でも屋式の百貨店がオープンした。経営は室町(の住民)から委嘱された商人に請け負わせた。しかし、「組合員の協力不足か、町の商人の勉強不足か」、やがて組合は閉店の憂目をみるにいたるのであった。[18]

他方、住吉村の場合はどうであったか。先述のようにこれは、用意周到な準備と豊富な財力をバックに、また、富裕階層の支持を得て、結成されたものである。実業界で活躍した行動力のある、いわゆる活動家が設立から事業の運営にいたるまで中心的役割を果たした。しかし、事業が上首尾に運ばれた大きな要因として、このような財力的な裏付けや専任の行動力のある担い手の存在に加えて、行動を支える明確な理念があったことが強調されなければならない。それは賀川のいう協同組合社会の実現にむけてその手段としての灘購買利用組合という発想である。単に物価高を抑えるということではなく、地域社会を良くする一手段として、また、地域の基盤整備をする方策の

一環として、灘購買利用組合が位置づけられたのであった。この購買利用組合は商品を組合員のために代行して買っておく場である、それを組合員が買うことによって彼らは豊かな生活を送ることができる、そういう観点から商品の供給はなされなければならない、このような精神でもって組合活動は続けられたわけである。この点が、購買利用組合が社会の創造をめざす運動にまで発展するか、しないかの分岐点であったと思われる。つまり、購買利用組合の背後にある理念についての相互理解、したがって物資の供給は目的ではなく手段であるという認識の共有、加えてそういう使命に燃えた専任の事業者の存在、さらに、それに応えた住民の十分な対応、住吉村の成功はこれらの条件がすべてクリアされていたことにある、といえよう。

第4節　地域社会の発展・変動過程

支配の交代

　以上、住吉村への移住者によって何がなされた(なされようとした)のかをみてきた。それは、地域に関心を持つ移住者による地域社会の形成・発展に向けての活動・努力であった。1つは、村政への参画を通してであり、他は、灘購買利用組合の結成、参加を通してであった。それらが住吉村にどのように影響や変化をもたらそうとしたのであろうか。それは一口でいえば、村を支える支配構造の地元民から移住者への移行——その兆しがみられる——ということであろう。

　先にみたように住吉村内の各区はフォーマルな伝統的な行政組織をもち、それを中心にした全戸参加の区運営がなされていた。加えてその傘下にある、個別の機能に特化した多くのフォーマルな集団——例えば、青年団(青少年団、女子青年団)、婦人会、衛生組合、消防組など——によって区内生活は支えられていた。他方、インフォーマルな関係もその基本は、組内をはじめ多くのフォーマルな集団内で長年にわたって形成・維持されてきた人間関係を中心になされ、地元民の生活構造はまさに村落内の集団・関係の累積体であった。

つまり、村落という限定された地域の上に人びとの社会関係が封鎖的に集積し、村落外に出るような社会関係はほとんど形成されていなかった、ということである。

そこに移住者が流入してきた。彼らの大半は大阪や神戸へ通勤するビジネスマンで、業種は異なるとはいえ業界団体や社交倶楽部を通して互いに面識のある者同士が多かった。彼らが地元民のとは異なる認知、評価、行動のパターンを持っていたことは確かであろう。しかも、彼らは居住地に関心を示し、居住地の住宅地域としての発展を期待し、そのために全力を尽くそうと考えた。その先頭に立ったのは先の住民類型の(ハ)の人たちであり、彼らは村会議員として村政の改革に取り組み、そして、従来のとは異なる論理で地域をリードしていこうとした。そこで優先されたことは、ボス支配の打破、開かれた人間関係、個別主義・地元主義に代わる相対化された地域の捉え方、利己主義に代わる利他主義的考え方などであった。それが自分たちの居住地を理想的な郊外都市にする最善の方法だと考えたからである。

そして、これらを村政のレベルにおいてではなく一般住民の生活レベルにおいて捉え直したのが灘購買利用組合である。灘購買利用組合は従来の村落組織にはなかった新しい原理にもとづく共同の組識である。灘購買利用組合は地元民と移住者との、あるいは、経済階層の上層とそうでない層との、いわば個人と個人との混在化・生活の共同をねらったものであり、これが大きく展開していくことは従来の考えにもとづく伝統的な組織や関係を徐々に形骸化・空洞化の方向に導くことになる。その意味で灘購買利用組合の結成やその発展は、地元民による支配から移住者による支配へのキッカケないしは移行過程を示すものといえよう。観点をかえれば、それは、住吉村の村落度の程度の低下を、逆に都市度の程度の上昇を意味するものであった。

地域社会の発展・変動過程

明治期以後今日に至るまで継続して大都市の近郊や周辺地域では外部から多くの移住者を迎え入れている。その結果、受け入れ側の地域社会がどのよ

うな過程をたどるかは流入してくる移住者の質(階層、移住先への関心の程度など)、量(時間的な流入者数など)により、また、それぞれの地域社会側の状況(地元民の動向や勢力関係、地域社会の歴史など)により、異なる。しかし、大きくは2つのタイプしかない。1つは今みた住吉村の例のように移住者が地元民にとって代わるケースであり、他は逆に移住者が地元側に同化してゆくケースである。この場合、地元民による支配構造は変わらない。しかし、現実には両極端の間にあって移住者と地元民が混在しつつ緊張関係を孕みながら、新たな支配の原理が模索されているケースが多く観察されるといえよう。

　もっとも、住吉村の場合、移住者は質の点からも、量の点からも他地域と比しやや特異であったといえるかもしれない。先に触れたように、移住者には経済的階層がきわめて高く、また、地域社会への関心度や村政への参加度もきわめて高い人が量的に多かったからである。

　第Ⅰ部では近代化の推進要因としての、また、その結果としての産業化・都市化に伴なう地域社会の変動状況を論じてきた。それは、大都市部における過密化が顕在化するなかで、一方では新興の郊外住宅都市の誕生を、他方では農村部における地域共同体の崩壊や解体現象を示唆するものであった。すなわち、第Ⅰ部では近代日本における新しい地域社会の形成・発展に向けての胎動をみてきたということである。そこでは移住者の視点からの分析であり、さらに住民意識類型からいえば(ハ)[19]の視点に立つ分析であった。

【注】

1) 谷田盛太郎編『住吉村誌』住吉村、昭和21年、492、563－78頁。
2) 同前書、587，592頁。
3) 同前書、586頁。
   京阪神急行電鉄株式会社『京阪神急行電鉄50年史』、昭和34年、18頁。
4) 谷田盛太郎編、前掲書、444頁。
5) 同前書、413頁。
6) 同前書、322－324頁。住吉村はいくつかの「集落(区)」に分かれているとあるが、この「集落」を行政上の組織としてみれば「区」として、住民の生活上の組織としてみれば、「むら」、「大字」として理解される。「本籍人口と流入人口」の項参照。なお、本章でも「村」と「むら」の両者を包含する概念として「村落」を使用する。
7) 同前書、331－332頁。
8) 同前書、333、737頁。
9) 平生釟三郎『平生日記』(甲南大学所蔵)。なお、平生は甲南学園の創設者であり、当時の宅地は、現在、甲南学園同窓会館「平生記念館」となっている。
10) 村会議員についていえば、これは名誉職で、明治22年の定数は12名、各区に割り当てられた議員は、区内で開かれる戸主会で決まることが多かった。その後議員数は大正6年、18名、大正10年、24名と増加するが、これが人口の増加に対応させたものであることはいうまでもない。任期は6年で、3年ごとに半数が改選された。大正14年、等級選挙制は廃止となり普通選挙となる。谷田盛太郎編、前掲書、296頁。
11) 10代を主にどういう地域社会(例えば大都市か農村かなど)で過ごしたかがその人のその後の人生のあり方を左右するのではないか、とする考え方。鈴木広編『コミュニティ・モラールと社会移動の研究』アカデミア出版会、昭和53年、80頁。
12) 鈴木広、同前書、10－11頁。
13) 賀川豊彦全集刊行会編『賀川豊彦全集』キリスト新聞社、昭和38年、537頁。
14) 同前書、266頁。
15) 同前書、298、320－328、498頁。
16) 谷田盛太郎編、前掲書、511頁。
17) 同前書、511頁。これらが今日でも生協活動の基本になっていることは言うまでもない。コープこうべの「定款」第1条はいう、「協同互助の精神に基づき、組合員の生活の文化的、経済的改善向上をはかり、もってあまねく公共の福祉を増進するとともに、

健全なる社会の確立に貢献することを目的とする」と。
18) 木村源三郎編『室町のあゆみ』財団法人室町会、昭和33年、16−19頁。
19) 本章では移住者、地元民というタームを使用したが、以下では移住者と来住層、地元民と地元層とは、それぞれ互換的に使用される。

第II部　地域組織の蓄積性・連続性

第3章

むら規約・地域組織にみる連続性と共同性
―現豊中市域内集落を事例として

　第Ⅰ部では入れ物としての地域社会の変動過程に焦点が当てられていた。それは、いわば、地域社会の近代化の分析であった。この第Ⅱ部ではこうして近代化に向けてスタートした地域社会のその後の100年を追っている。ここでは第Ⅰ部以上に地域生活内部に入り込み、地域組織のあり方を問題としている。時代に合わせた地域組織の変化と、時代を超えて連続している地域組織のダイナミズムのなかに地域生活の共同性を求めるのがここでのねらいである。主たる対象は土着的発想に傾く地元層である。

第1節　明治期のむら規約

本章の目的

　以下は豊中市を事例に、現在、市域を構成している村落内、村落間にみられる日常生活のありようを共同性との関連で考察したものである。まず、明治期のむら規約類の分析をおこない、次いでむら規約的精神が昭和期や平成期においても浸透していることを検証し、さらに、村落生活において不可欠な水の問題を共同性の観点から考え、最後に規約類の特殊ケースとみなされる財産・権利の問題を財産区と関わらせて考える。それらを通して、かたちは変われ明治以後今日まで共同性が維持されていることを実証し、併せて地域組織の一貫性、継続性、連続性を考える。これが本章の目的である。[1]

むら規約とは

　契約が支配する近代社会では、ある特定の限定された具体的行動を通して、人は他人と関係し合う。そこには包括的な人間関係は存在しない。例えば、道

路をつくるという共通の利害のために、そしてその限りにおいてのみ人は他人と共同の関係に入る。これに対し、前近代的な伝統社会(農業社会)では、契約は支配的ではなく、包括的・一般的関係がみなぎっていた。人は生まれたときから死ぬときまで、包括的な人間関係の中に置かれ、初めから共同の関係の中にあり、特定の具体的な行為を通して相互に関係し合うのではない。しかし、こういう包括的な共同の関係にありながらも、特定の事柄には、取り決めのあることが多い。それは「むら規約」と呼ばれ、契約としてではなく、規範として存在する。村(むら)の社会関係が地域内部に限定され、閉鎖的とされる理由はそこにあるともいえる。近代法の支配のもとでは、特定の問題に対して限定的な制裁がなされるが、「むら規約」では、特定の違反に対しても包括的な制裁がなされる場合が多い。むら八分がこれにあたる。

　自治的な「むら規約」が成立する可能性や現実性は、一定の共同性にある、と考えられる。つまり、一定の共同体の存在が「むら規約」を成立させる要因であるといえる。近代産業社会に移行するにつれ、「むら規約」は解体の方向にむかい、また、たとえ存続しても、それは近代国家法的なものに変容していく。それは、江戸時代の構造をもつ村落も、徐々ながら近代国家のそれに適合するように編成されていったからであり、伝統的な村落も、ときとともに変質していくからである。つまり、「むら規約」と共同体の関係を、「むら規約」の存在＝共同体の存在、「むら規約」の国家法化(変質)＝国家に都合のよい共同体への変容、というふうに、対応関係にあるものと理解する。

　さて、規約は何のためにつくられるのであろうか。個々の規約には、村落住民が守るべき約束事と、それに違反した場合の制裁とが記されている。そもそもこれらの規約は、個々の具体的な事柄を守ることを最終の目的としているのであろうか、それとも、「何か」を達成するための手段として、守ることを義務づけているものなのであろうか。後者の場合、「何か」とはどういう最終目標なのであろうか。

　一般的には規約は両方の目的をもっていると考えられよう。そして、この問題は、どういう主体が規約をつくり、それを運用するかにかかっていると

思われる。村落住民全員の合意の形式を踏んでつくられたもの——これはなかなかありえないことだが——で、かつ、具体的な個々の事柄の遵守のみを目的とする規約であっても、時間の経過のなかで、規約の運用(管理)者は、それをさらなる目標を達成する手段として用いることもある。単に倹約を記した規約が、やがては、村落の財政事情の悪化を好転させるため、国家政策の遂行を維持するため、あるいは、村落の団結のためや自律性の保持のため、などと有力者が規約に意味づけをし、村落住民に遵守を迫るなどはその一例であろう。逆に、村落の上層部が村、国を問わず行政への協力という名のもとに——これは、ひいては村落内の支配体制を確立することにつながるのだが——規約をつくることもある。いずれの形式でつくられたものであれ、また、いずれの目的を強く持ったものであれ、明治期の規約を通して、村落の自律性の保持というよりは、団結やそれに基づく共同性のあり方をわれわれは問題にしたい。「規約を通して団結を呼びかけ、それを促進させることができる」、また逆に、「団結しているから規約の趣旨が徹底されやすい」など「むら規約」の特性は、村落の支配層がどのように変わったにせよ、村落の共同性の一面を示しているといえるからである。このように考えて、以下具体的に「むら規約」を町村制施行の前と後との2期に分けて考える。[3]

町村制以前のむら規約[4]

まず、江戸期の伝統的な「むら規約」とあまり遊離していない規約をみよう。

[1] 野畑村規約条例(明治16年)

①賭博の件……違反者は警察に引渡し、放免されたあとも悔い改めない場合は交際をしない。よそ者で違反が発覚すると放逐。見て見ぬふりをした者も同様に放逐される。

②山林や田畑の境界を侵す者に対する処分……罰則に照らして処分する。

③土地開墾、職業に関する件……開墾は周囲の所有者に告示してからすること。隣家や村中の妨害になるようなことは許されない。

④他人入籍の件……たとえ保証人があっても、場合によってはその入籍を許

さないことがある。入籍者に村中の規則を守らせ、速やかに本人の帰依により檀家を定め、祖先の祭りを行わせる。

⑤貧民救助の件……困窮者には有志が慈善金を募り、また、村内の公共の金で救助すること。

⑥他人を誹謗し、栄誉を害する者、不品行者、道徳・風俗を破壊する者は、一村中の体面を汚すことになるため、これを禁じる。

⑦以上を破った者は1か月以上1年以内、村中の使役を課す。他からの入籍者は放出する。罰則は村中の使役。

(83人の署名)

[2]　野畑村会議決書(明治19年)

　これは村会で年会法事規約、婚礼に関する規約、改正日雇い規約などを議決したものである。それらは、本来個人的な事柄であるが、倹約の規則ともかかわって、村内での付き合いをしていくうえで、きわめて大切な取り決めなのである。だから、インフォーマルなことではあるが、それを村会というフォーマルな場で決めておく必要があったのであろう。そして、決めたからには守ることが義務づけられ、行動の規範となったものである。

その一例を「年会法事規約」にみよう。

野畑村年会法事規約

法　事	金　額	法　事	金　額
1年忌	50銭	17年忌	1円50銭
3年忌	75銭	25年忌	2円
7年忌	1円	33年忌	2円50銭
13年忌	1円25銭	50年忌	3円

　これは、各家が法事に際し月当番を通して、役場に貯金として差し出す額を定めたものである。なお、当時のおおよその金銭価値を把握するため、参考資料として同じく村会で議決された、「改正日雇規約」をあげておこう。

野畑村職業別日雇規約

職　業	日　当	職　業	日　当
大　工	18銭	日雇秋　男	10銭
左　官	18銭	日雇　　女	8銭
藁屋根葺	23銭	日雇間　男	7〜8銭
黒　鍬	14銭	日雇　　女	5〜6銭

[3]　原田村盟約規定書(付属倹約法方申合概則)
　　　(明治16年ごろ)
　共同体としての一体性を示していると思われるところを抜粋しておこう。
①年中労働時間が決められている(例えば、夏期は午前4時から午後8時まで)。決められた時間以上の労働は構わないが、労働時間中に就業しないものは罰せられる。
②年中の休日を定め、他に臨時休業をするときは、村吏または委嘱者から通告する。
③労働に関する取り決めのほか、処分される内容が列挙されている。その一例をあげると、農業法に従わないもの、貯蓄法に反するもの、明治16年(1883)の倹約法方を守らないもの、夜10時を過ぎて散歩するもの、戸長や吏員の命令に背くもの、などである。違反すると最終的には村内の交際を絶たれる(一切の共同の救助をしない)。人によっては違反しても免ぜられることがある。他方、定めを守るものは戸長を通して郡長より賞典を受ける。

[4]　原田村貯蓄法方申合規約(明治16年ごろ)
　これは、災害予防のために貯蓄をすることを申し合わせたものである。貯蓄の量に関して麦3升から5升、米5升から1斗の間を各自に任せている。組合をつくり、5人を1組とし、組頭は米麦を売り、その代金を駅逓局に貯金する。この申し合わせの違反者にはすべての村の付き合いが絶たれる、とされている。

以上、この期ではかつての伝統的な「むら規約」からあまり遊離していない規約が多々観察される。地域の全員の発意に基づくものであれ、上層部が権威を保ち、支配を維持するためのものであれ、このような規約は、結果として村落住民の行動を規制し、そうすることによって村落としての共同性・一体性の維持に貢献している。つまり、規約の存在は共同体的生活の持続を示しているものといえよう。もっとも、共同体的規制が強く働きすぎ、国の法律に照らすと違反していると思われる箇所もないではない。ともかくも、むら規約は村落住民が守るべきものとして存在したのであり、守ることを通して、共同体は上層部の支配のもとで維持されていたといえよう。

町村制以後のむら規約[5]
　次に「むら規約」といいながら国家の下請け的機能を果している規約をみよう。

[1] 庄内村衛生組合規約(明治30年ごろか)
　これは、行政村としての組合の規定であるが、このほか、村内の各大字(部落)ごとにさらに組合をつくっている場合が多い。そして大字組合はこれを数区に分け、3～10家で小組合をつくっている。こうした組合の目的は地域内の衛生状態の維持、法定伝染病そのほか伝染性疾患の予防撲滅を期し、公衆衛生思想の普及・啓発を行うことにある。

[2] 桜井谷村大字野畑倹約条例綴(明治29年4月)

第一条　　結婚は各自、次の区別により村中積立金課賦のこと。持参もの一荷につき金4円、小包荷は金1円。披露呼び衆は兄弟近親は家内呼び、その他四隣等は従前とし、家内呼びは二人とし、一人呼びは従前の通りとす。友人呼び及び落索は断然廃止。

第二条　　葬儀は婚儀の呼び衆に準ず。

第三条　　参宮は下向一日だけとす。

第四条　　節句の件(省略)

第五条　　逮夜は二人呼びは一人とし、一人呼びは茶の子にて終わること。

第六条　報恩講は重の内及び夜食はこれを廃止。家内呼びは一人呼びに、一人呼びは従前の通り。

第七条　軍人入営は村中皆これを送るべし。当人無事帰郷の節は酒2斗、米3斗と肴を支弁すべし。

[3] **庄内村大字三屋勤倹貯蓄申合規約**(明治37年)

　これは、日露戦争後生活が苦しくなったので祝い事に際しての贈り物を廃止し、強制貯金を組ごとに行おうと申し合わせたものである。なお、この申し合わせは数年後、三屋村勤倹貯金組合規約(年次不詳だが明治42年[1909]以降)として整備される。それは、毎月10銭以上貯金する義務を組合員に課す、組合長は区長がなる、規約の違反者は除名されることがある、などを定めている。貯金は郵便貯金規則によるところから、規約貯金として国のために協力していることが分かる。国の施策を、共同体の規制を利用して、推し進めた例といえよう。

[4] **中豊島村大字長興寺約定書**(明治36年)

　諸費ノ漸次多額ヲ要スルヤ言ヲマタズ、故ニ之ニ当ルノ策ヲ講ゼザルベカラズ、(中略)
　当大字ニ於ケル旧慣ニ依リ浪費スル経費ヲ節減スルノ目的ヲ以テ左ノ項目(省略)

　これは、節約すべき項目を列挙したものであるが、違反者には制裁を課している。すなわち、主背者より金3円を、従背者より金1円をそれぞれ徴収し、これを大字の収入としている。なお、これに類する規約は平成の時代にも存在する(例えば、生活改善規約など)が、明治期との違いは、今日では違反者に制裁を課すことはないということである。つまり、拘束力の有無が共同性の分岐点であるといえよう。

　なお、町村制施行後、むら(大字)単位でつくられた、倹約を旨とする類の規約はこのほかにも多くみられる。

[5] **庄内村大字三屋風儀矯正組合規約**(明治36年)

　これはむらの賭博の悪弊を矯正することを目的としたもので、71人の署名

からなる。むらを北、中、南の3部に分け、各部に2人ずつの賭博監視員が任命される。組合長や監視員は正当な理由なく辞任できない。賭博監視員から賭博犯の報告を受けたとき組合長は総会を開き、ことの顛末を報告する。賭博者とは3年間その家族を含めて交際を絶つ。それは生活の全領域にわたり、たとえば売買、雇い入れ、賃借の関係が断たれることになる。この制裁を守らない者に対しても賭博者と同一の制裁を課す、としている。賭博が頻繁に横行していたこと、それに対しむらが一体となって取り組んでいたこと、したがって、違反に対する制裁は国法を超える厳しいものであったことが読み取れる。それは、むらの共同性・一体性を保とうとする姿勢にほかならない。

[6] 庄内村大字島田年貢米ニ関スル規約(明治43年)
豊凶ニ不抱減米ヲ申込交談数日ニ渉リ地主一同ノ迷惑其極点ニ達ス、(中略)地主ハ漸次資力欠乏シ国家ニ貢献スル国税ニ不足ヲ告グル虞ナシトセズ、此際将来ヲ慮リ当大字内ニ地所ヲ有スル地主一同協議之上規約ヲ締結ス、

　これは、小作人からの減米の要求に対し地主が団結してことに当たり、同一歩調をとることを申し合わせたものである。

　以上の[1]では衛生状況に関し、行政村－むら(大字)－組が一体となってことに当たっている状況を、[2]では第七条にあるように、国家の方針に協力し、戦時行政に住民を動員する規約を制定し、大字でのつながりの強さを増すことを、[3]と[4]は、日露戦争後の苦しい生活状況に対して倹約の精神でむらが一体となって協力し、違反者に制裁を加えてこの難局を乗りきろうとしている状況を、[5]は倹約のためには風俗を矯正することを、とりわけ賭博者を出さないことを、それぞれ謳ったものである。そして、国の施策に協力する上層部の意向の下部への浸透の強さを示すと同時に、むらの上層部による支配性、共同性の強さの一面をも語っているが、他方、こういったむらのもつ共同体的性格を逆に国が活用したともいえよう。[3]は分に応じた倹約を強いているが、それが一層強調されると、それぞれの層ごとに規約がつくられることになる。[6]はその一例である。

以上、町村制以後の時期になると、「むら規約」は国家法に向かっていることがわかる。しかしながら村落の有力者はこの国家法化した規約を村落支配に利用したのである。つまり「むら規約」は自治的な性格を脱し、国家的な性格を帯びながらも「むら規約」という名のもとに村落の上層部が村落を支配する手段として、活用されたことに変わりはないわけである。共同性の構造は変わっていない、といえよう。

第2節　むら規約的精神のその後の浸透・継承

 以上、農業生産上の共同労働や互助組織が、冠婚葬祭時のみならず平常時の相互扶助に代表される社会生活上の助け合いが、また、それらの別の表現である限定された地域での社会関係の封鎖的累積が、2つに分けた明治期の各期において、どのように営まれているかを、「むら規約」を通してみてきた。「むら規約」とは、共同体のあり方を言い換えたものに過ぎないと考えたからである。次に、「むら規約」的精神がその後の社会においてどのように継承・浸透しているのかについて考える。
 まず、「むら規約」の精神が昭和初期の法令と連続していることから始めよう。

庄内村大字島田農事実行組合[6]

 この農事実行組合は、庄内村の西北に位置し、都会の風潮を受け、人の心がやや軽薄に流される傾向が次第に強くなった昭和5年に、農村の最も尊ぶべき隣保共助の概念を涵養し、共存共栄の実をあげるため、大阪府農務課の指導のもとに設立され、しかも実績をあげている組合である。それは、以下の申し合わせを固く守っているからであるが、これは何も目新しいものではなく、自分たちの両親や祖父母が守ってきたことであり、また、彼らからよく聞かされていたことである。府農会による実行組合の実行申合事項は、表示はしないが18条からなる。

1〜6条は、感謝報恩、敬神崇祖、質実剛健を謳い、明治期の国民精神作興を受けついだものといってよい。銃後の後援に関する7〜8条は、明治期の軍人規約令の精神を受け継いだものと思われ、庄内村は昭和12年勤労奉仕班を設置している。勤労奉仕班とは応召農家の労力欠乏を防ぎ、彼らの生活の安定を目指したもので、この奉仕班は集落ごとに編成され、結果として集落単位の団結を強固なものにした。9〜11条は勤労報国に関する内容を、12〜18条は生活の刷新に関する内容を、それぞれ定めたもので、明治期の倹約令、勤倹力行、隣保共助の精神を引き継いだものと考えてよい。

同じ時期、大阪府による貯蓄の呼びかけもなされているが、これも明治期の「むら規約」の精神と同じ基盤に立ったものといえる。

このように「むら規約」はその形態を変えてはいるが、その精神は昭和初期にも受け継がれていることがわかる。それは、共同体が明治期のままではないにしても、つまり、変質をともないながらも存続していることを示すものである。しかも、行政が共同体を活用し、法令の趣旨の徹底を図っていたことを強調しておきたい。そして、そうした法令の内容は、明治期の先輩がかつてつくった内容とその精神は同じなのである。

さらに注目すべきは、こうした「むら規約」の精神は、規約のほかに組織の中にも組み込まれている、ということである。その一つに岡町区の自治組織(区会議)がある。

岡町区の自治組織(区会議)[7]

岡町区会議は、「本籍タルト寄留者タルトヲ問ワズ岡町区ニ一戸ヲ構エテ居住スルモノ」(2条)からなり、地域居住者を全員網羅しているという意味できわめてオープンな組織体である。その目的は「区ノ自治発達ヲ計リ区民ノ円満ヲ期スル」(4条)ためで、当時(昭和6年)この区会は13の垣内に分かれ、区長以下次のような役員(名誉職)がいた(7条)。区長代理、評議員(垣内の互選)、信徒総代、境界明示員、衛生組合員、消防組員、青年会幹事(25歳以下の青年)、相談委員(町会議員や区の功労者)。

会の運営には資金が必要であるが、そのため、「負担金賦課ハ各所得ニヨリ評議員会ニ於テ決定シ其ノ徴収ハ各評議員ガ月末取纏メ区長又ハ会計掛ヘ納入スルコト」(21条)となっており、昭和初期にも明治期の等級表とあまり異ならない原則で負担金が課されていたことが分かる。しかし、「区内ニ移住者アリタル時ハ評議員ハ負担賦課ノ集会ニ洩ナク報告スルモノトス」(25条)とあるように、この時期の移動はかなり激しかったようで、その分、賦課の算定には困難がともなったことであろう。

　会の主な行事に関しては、「区ノ年中行事及各自ノ冠婚葬祭ハ別ニ定ムル規定」(26条)に基づいてなされ、また、「神事祭典ハ総テ旧慣行ニヨル」(27条)とある。とりわけ「海陸軍ノ送迎ニハ是非参加スルコト」(28条)、加えて「区民中死亡者アリタル時ハ区ノ公事トシテ所属評議員ハ之レニ参与シテ式典ヲ扶クルコト、但シ会葬ハ、名誉職ハ勿論区民一般ハ、可成参列スルコト」(29条)と強い調子で参加を訴えている。なお、それらの違反者に対する制裁は何も規定していないが、それは、そういう時代でなくなってきたことに加えて背く者が皆無だったからと考えられる。例えば、昭和6年の区内の町道の修繕に関して、これは町が支出するのが当然と心得るが、町予算が不足の場合には当区が不足額を補填することも止むを得ないとして、寄付を募っている例にみられるように、万事が区長以下の役員のリーダーシップのもとでなされていると判断されるからである。

　しかし、こうした固い団結は、それ自身プラス面をもつ一方、国家に活用されることにもなる。例えば、昭和13年8月、「国家非常時ニ際シ国民総動員ヲ行ヒ――岡町区ハ左記団体申合セ国防線ノ奉仕ハ軍国精神発揮ノ上ニ於テ尤モ意義深キ義ト存ジ候ニ付テハ出動勤労ニヨリ飛行場完成ニ万分ノ一ノ奉仕ニテモ相成候ハバ区民一同国家的事業ノ――」と岡町区有志、同区の軍友会、消防組、青年団の4団体は、神津村の伊丹飛行場に勤労奉仕の採用方を願い出ている。

　そして、その最たることが昭和16年に到来する。同年、「隣保団結ト万民翼賛ノ本旨ニ則リ町内会ヲ結成スベク当区ヲ3ツニ区画シ、区毎ニ町内会ヲ設

ケ会長、副会長ヲ置キ、連合町内会ト連絡ヲ図リ、又、町内会ハ会ノ目的達成ヲ図ル為メ区域ヲ分チテ隣組ヲ組織シ組長、副組長ヲ置キ是ガ役員選定ヲナスベク努力スルコトニ決定閉会ス」とある。町内会の結成である。その一端を次にみよう。

隣組[8]

　昭和16年当時、豊中市はいくつかの連合町内会に分かれていた。そうした連合町内会の1つに桜井谷連合町内会があった。この連合町内会は9の単位町内会(実際には自治会と呼ばれていたので以下ではそのように表記)に分かれていたが、その1つに野畑区自治会があった。この自治会は17組に分かれており、その1つである野畑区第5組は15戸前後で構成されていた。豊中市からの諸々の情報は、1つはこの隣組による回覧板によって、もう1つは隣組常会と呼ばれる集会によって、それぞれ伝達・統制された。

　以下は、桜井谷連合町内会野畑区自治会第5組の隣組を駆け回った回覧板の一部である。時期は、手許にあった昭和17年1月－4月のものである。なお、／は日時の変更を示している。[9]

　お菓子の配給：砂糖・マッチの切符を持参すること。一人につき10銭。／隣組員の死亡および英霊凱旋のお知らせ。隣組はお参りすること。／卵、みそ、砂糖、マッチ、醤油の販売のお知らせ：事前に申し込みをすること。鍋の希望者は組長まで申し込むこと。／大詔奉載日には国旗を出すこと。／常会の案内：時間、場所のほかに用意するものとして次の3点があげられている。町会費3ヶ月分、塩の切符、貯金。／防空演習のお知らせ：「家に大人がいるように」など細かい指示が記載。／兵隊さんの着物縫い日のお知らせ：日時、場所が指定。／シンガポール陥落であずきの配給。／家庭用綿配給。バケツの配給。／牛肉の配給：切符番号により配給日が異なる。不明なことが多いので組長に問い合わせること。／とうふ・油揚げの配給：番号によって配給日が異なる。／米の特別配給日：申し込みをすること、配給手帳・印持参のこ

と。／報恩講のお知らせ。／卵特別配給：病人のみ。希望者は連合町内会へ連絡をすること。／練炭の配給：今晩中に申し込むこと。／地下足袋、ゴムの配給。／酒の特配：1軒5合。／食パンの特配。／英霊凱旋につきお迎え：於市役所広場。／大東亜戦争完遂翼賛選挙貫徹運動懇談会：たくさん出席のこと。／戦死勇士市葬：於国民学校。ご参列下さい。／家庭用食料品購入票（青物、果物、卵、肉などの切符）：4月になっても以前からの票をそのまま使用する。／赤ちゃんのいる家はそのことをお菓子屋に届けておくこと。／お菓子の配給：13歳以下の子供のある家だけ。／耕地事業見込み地：新田の開墾する見込み地のある人には補助金を出す。／防空用の検査のため揃えておくもの：づきん、もんぺ、めがね、マスク、手袋、水桶1パイ、砂、砂袋20個以上、火おしき（たたき）2本、竹2本、濡れむしろ2枚以上。警察署長・警防団が後日、検査をする。／チフス、赤痢、疫痢の飲み薬の申し込み（注射をしなかった人に対し）。／団子の粉の配給：入り用者は今晩8時に組長宅へ。くじをそれから引く。／千切りと卵の配給：今晩8時に組長宅で配給。

　こうした回覧板の内容は、大きくは、1) 日用品の配給のお知らせ、2) 防空事業、3) 献金、戦死者の葬送、貯蓄、増産などの銃後の護りの徹底、4) 保健・衛生に関する内容、5) 家族構成など各種の調査、に分けられよう。これらを通して、戦時の統制経済、配給経済の実態の一端が理解されるといえよう。と同時に個人の意志とは無関係に隣組に組み入れられざるを得なかった状況も理解されよう。各自は、隣組の中においてしか物の配給、情報の伝達に与れなかったからであり、隣組に組み入れられなければ生活は成り立たなかったからである。強いられたこうした生活の相互扶助は相互監視に、寄付は強制につながり、個人のプライバシーなどは考えるべきことではなかった。しかしそういう状況が近隣との関係を深める方向に作用したことも事実であろう。好むと好まざるとにかかわらず、また、明治期のとは異質とはいえ、共同性を強いられていたわけである。

　最寄りの生活単位としての、戦争に加担していく組織としての、また共同性の担い手としての隣組の様子が理解されたといえよう。戦後、GHQは町内

会を解散させたが、それは、GHQが町内会を戦争に協力した組織と判断したからである。

さらに時代を下った今日の状況を次に見よう。

寺と小曾根連合町会[10)]

　小曾根連合町内会は、小曾根村大字小曾根を中心とする町会の連合組織である。大字小曾根には3つの寺がある。いずれも真宗本願寺派に属し、京都の興正寺の末寺であるが、もとは、2寺は天台宗、1寺は真言宗であった。その昔、火災に遭い旧記・文献類を焼失したこともあるが、いずれも由緒ある寺で、3寺とも境内の広さは450坪前後である。

　3寺は、西福寺、養照寺、常光寺で、それらは、それぞれ、北の寺、中の寺、南の寺とも呼ばれ、互いにきわめて近距離に位置している。これらの寺は、村の教育・学校と深く関わってきた。明治以前においては、常光寺や西福寺の住職が中心となって、読書や算術が教えられていたという。明治7年、大字小曾根に学校(第3番小学)が設けられたが、その場所は西福寺であった。この第3番小学は、明治9年、西福寺から養照寺に移転する。当時の学校は、寺や旧家に間借りすることが多かったが、それは、学校を建てることが、村の財政上、困難であったからである。次善の策として村の中心的な役割を果たしている寺や旧家が活用されたのであった。しかし、養照寺に移転後まもなく、村は、独立した校舎を新築している。これは、豊中市内での最初の独立校舎であった。当時は、役場も同じ棟の中にあったという。

　明治29年から38年まで小曾根尋常小学校(第3番小学は、明治12年、小曾根小学校と、明治19年、小曾根尋常小学校と、それぞれ改称。)の校長を勤めたのは、常光寺の住職であった。同住職は、子弟の育成に努め、子供のために「日曜学校」を開いたりして、お経などを教えていたという。

　さて、時間が経ち創立百周年を迎えた同小学校は、昭和50年、その記念として小冊子を発行しているが、それからも、寺と学校の親密な関係が読みとれる。寺の住職が、PTAの役員として、百周年記念事業実行委員会の役員と

して、活躍していることに加えて、寺と学校の関係を記した内容が多々含まれているからである。

　寺は、単に学校や地域の教育においてのみならず、村落民の多くの生活領域において、また、単に過去の話としてのみならず現在においても、村落民と深くつながっている。その最たることは、地元層の各家は、ほぼいずれかの寺の檀家となっている、ということである。寺と檀家とのつながりが発揮されるのは、いうまでもなく、冠婚葬祭時、とりわけ、葬祭時においてである。寺を核として地元層を中心にまとまっている実態は他の所で触れたので[11]、以下では、日常生活や生産活動のレベルにおいて、こうしたまとまりを一層強固にしている装置としての連合町会にしぼって考えてみよう。

　小曾根連合町会の前身は、昭和22年3月にまで遡る。当時から「おぞね町会」と呼ばれていたが、形式的には日赤の奉仕団としての性格を強く持ったものであった。徳川時代より大字小曾根は70世帯前後といわれてきたが、町会結成のころは150世帯くらいであった。今日では地域内の居住者は1,507世帯、うち、町会加入者は1,115、加入率は約74％である。

　「おぞね町会」内に、昭和37年老人クラブが、昭和41年婦人部がそれぞれ発足し、これにこれまでからある青年団・消防団・子供会の活動を加えると、町内会の活動範囲は定まった観がある。それ以降、総務・青年・防犯・消防・少年・老人・婦人・公民館分館推進の各部を擁する町会活動が展開されていくことになる。そうしたなかで昭和46年、「おぞね町会」は組織替えを迫られる。それは、その頃までに、1つの町会組織で活動をカバーするには流入人口があまりにも増えすぎたことを示すものに他ならない。従来からの町会を連合町会とし、その下に6つの町会を新たに設け、各町会には町会長が、それらを統括する連合町会には連合町会長が、それぞれ置かれることになる。その後さらに町会の編成替えがなされ、今日、連合町会は5町会からなる。

　連合町会の活動は基本的には平成10年においても継続されている。最近の特徴として、青年団活動がきわめて弱くなったこと、それを補うために平成8年から行事協力会が新たに設けられたこと、さらには女性による防火クラブ

と自主防災組織とが阪神・淡路大震災後結成され、消防団の援軍としての活動を始めていることが、それぞれあげられる。時代の変化に合わせて、町会活動は今日も活発になされているといえようか。

　そうした活動の一部は、昭和42年3月20日に創刊され、今日も続いている機関誌「おぞね町会報」に掲載されている。昭和20年代、「おぞね町会」の長はA家のX1が務めていたが、やがて、その子息X2に長は引き継がれる。X2は連合町会長に加えて市会議員の職も長く務めた。やがてB家出身者が連合町会長を、ややあって市会議員を引き継ぐが、平成5年以来X1の孫（X2の子息）がこの両職を引き受けている。町会長の任期は2年だが、再任は妨げないので、連合町会はこれまで地元のこの3人がなったのみである。町会長も地元の人がなることが多かった。実際、昭和40年代の町会報をみると、「ここに住み着いたのは十数年以前、当時は戸数200あまり。全くの田園風景で、小学校は田圃の真ん中にポツンとあった。当時は古くからの人と新しくきた人との交際は少なかった」、そして、「われわれはよそ者と呼ばれていた。」[12] という状態であったので、これ（地元層が町会長を務めること）はいたしかたのないことであった。この状況は、その後改善の方向にあるとはいえ、今日でも「町会のなかは地元の人が多く来住層はなかなか入れない、町会の役員はどうして決めるのか、地元の人が順番になるのか」[13] とささやかれることもある――実際は地元の人は少数派だが、活躍している人という点で、また、まとまりという点で、地元の人が多いと映るのであろう――と町会報は伝え、誤解を解く努力を続けている。その甲斐あって最近では来住層出身の町会長も1年交代とはいえ多くなってきている。

　最後に、連合町会長が結果として兼職している市会議員について一言しておこう。大字小曾根から市会議員を送り出すようになったのは昭和34年以降であるが、それは、市会議員がいないことの悲哀を味わったからである。その昔、中間水路のふたを完成してもらうのに町会長（X1）が180日間も役所に日参しなければならなかった。石にかじりついても議員を出さねばならぬと、このとき多くの小曾根住民は痛感したのだった。議員を出さないと環境（基

盤)の整備という点で遅れをとるからである。実際、議員を送り出して以降、地域の基盤整備は順調に進んでいる。昭和40年代以降はとりわけそうである。それらは、川の改修、小曾根村全域(小曾根・浜・北条・豊南・若竹地区)の浸水対策、それらと関わる農業専用水路改修工事、公共下水道管敷設工事、および、道路拡幅・整備、さらには、学校の新設が順次なされたことが、その都度町会報で報告されていることから判断されよう。

　以上、地元層を中心に来住層をも巻き込んだ連合町会は、地域活動の担い手としての、また、地域の接着剤としての役割を果たすと同時に、市会議員を選出する母体の機能も果たしていることが理解されたといえよう。地域を活性化する装置としての連合町内会は、過去と現在をつなぎ、地域生活に深く入り込んでいる寺のバックアップを受けながら、小曾根住民を支えている、といえよう。

　と同時に明治期の「むら規約的」精神は地域組織レベルにおいても、今日に至るも意識する、しないは別として脈々と流れていることが読み取れたといえよう。

第3節　水をめぐる動き

井戸水と村落生活

　共同性の関わる領域の一つに水の問題がある。[14]

　昭和に入っても小曾根村では、元井戸と呼ばれる天竺川の堤防下のところから出てくる「しばり水」を活用していた。しばり水とは、川底の砂の中を通って濾過されて出てくる水のことで、地元の呼称である。その元井戸の一つは、現在の北条町1丁目2番の堤防下あたりにあり、まず、そこに湧き水をためておく。そこから、若竹池から南に流れてくる水路を利用して、二つ目の元井戸まで運ばれる。この元井戸は、いったん水をためて三つ目の元井戸に送る途中の貯水槽の役目を果たしている。そして、三つ目の元井戸の水は、田んぼの畦に沿って埋めてあった竹筒を通って、北条町3丁目3番の方

に向かってまっすぐに運ばれる。このように天竺川の堤防下から出た湧き水は、そこから、何本かの竹筒につながれて各家に流れてゆく。そして家の近くで分管された筒をくぐって水は最終的に家の中の水かめに到着するのであった。当時大字北条は10世帯程度であったが、彼らの生活は元井戸に連なる竹筒を通して互いに固く結ばれていたのである。このような共同で使う井戸が大字小曾根には6か所あった。井戸のある家もないわけではないが、それでもやはり、飲み水には共同井戸の水が利用されていた。家で掘った井戸には金気があって飲料用には不適だったからである。[15]

　井戸の掃除は毎年8月7日の七日盆の日に行われた。年行司が早目に井戸掃除のことを知らせにくるのが常であった。当日の朝8時ごろ各自が作業の用意をして「柳井戸」に集まった。掃除は昼ごろには終わり、そのあとは、年行司の家で歓談しながら食事をとったものである。こうして、単に井戸替えの場合だけでなく、葬式をはじめ防犯・電灯管理・道路補修・新しく入って来た人の紹介など、何かことがあるごとに井戸の利用者は集まるのであった。この集会は、世間話をする場であると同時に、情報交換の場でもあり、いわば、井戸を仲立ちとする一種の共同体であった。[16]

　昭和24年度の豊中市立教育研究所の事業として取り組まれた全市レベルの調査によると、当時の純世帯数1万8,474戸に対し約1万世帯が何らかの方法で井戸を利用し、9,000世帯が生活上の水は井戸水で十分と回答している。[17] 先の共同の井戸が埋められてしまうのは、昭和40年代の前半であることを合わせ考えると、井戸はつい最近まで活用されていたといえよう。井戸水が廃れるとともに、井戸を契機につくられていた組織も消滅していったのであろうか。一部は残っていると聞く。

　以上、昭和初期の井戸水と村落生活とのかかわりの一端を紹介したが、それはとりもなおさず、明治・大正期に井戸水、ひいては水そのものが、日常生活で果たした役割の重要性（井戸水をめぐる生活連関や井戸水共同体）を示唆するものである。しかし、それを裏付ける資料は手許にはない。

農業用水をめぐる動き[18]

　生活用水と同程度に、また、それ以上に重要なものとして、農業用水がある。これは個々の農家への分割がきわめて困難な資源であるので、水の安定的な確保のために、個々の農家は個別性を超えて、互いに団結して水に関する共同体を構成してきた。とりわけ大量の張り水を必要とする水田耕作では、水の確保が村の死活にかかわる重要な課題であっただけに、どの村もその内部では協力態勢でことにあたり、また、村間にあっては昔から水論(水、とりわけ農業用水に関する争い)が絶えなかったのである。

　すなわち、幕藩体制下の農村社会では、井組、あるいは水利組と呼ばれる用水組合が存在していた。この用水組合は、幕府や藩の支配下にあったが、村を構成する単位として、日常の水利施設の管理・改修や用水の配分などの運営については自治的性格を与えられていた[19]。それは、用水が慢性的に不足気味な状況下にあって、川の上流や下流に位置する村間における水争いを調整し、用水配分の社会秩序を維持するためにも、また、村内の入り組んだ水田に用水を供給するためにも、自治的な水利組織が必要だと為政者が判断したからである。

　明治期になってもこうした用水配分の秩序はしばらく続くが、やがて政府は用水に関わる幾つかの法令を制定する。明治23年の水利組合条例、同29年の河川法、同41年の水利組合法がこれである。こうした法令の制定はどのような結果をもたらしたのであろうか。それは、端的にいえば、近世以前から存在していた農業用水の権利、すなわち、慣行水利権が法的な権利として認められた、ということである。加えて、これまでの用水組合は新たに法人組織としての普通水利組合に組織替えの方向に向かう。もっとも、組織替えをせず、もとの用水組合のままで留まっているケースの方が多かったが。

　そういう状況下でときは流れ、昭和24年を迎える。同年、政府は土地改良法を制定する。これは、農村の土地改良団体としてこれまで存在していた普通水利組合や耕地整理組合などを廃止して、農業にかかわる組織を土地改良区に一本化しようとするものであった。これを契機に以後、全国的に土地改

良区が多数結成され、これが農村の有力な組織となるのであった。もっとも、用水組合のままに留まっていた組合は、この土地改良区の対象にはならなかった。

豊中市の水利状況

さて、平成9年5月現在、豊中市には土地改良区・水利組合に関わる組織として合計26の組織体——22の水利組合と4の土地改良区。以下、これらを組織体と総称する——[20]がある。各組織にはそれぞれに歴史や経緯があるが、それらを逐一個別に考える余裕はないので、以下、前述した一般的な流れを踏まえて、総合的な観点から若干の解説をしておこう。

まず第一に指摘できること、それは、明治期から平成の今日までの連続性がそれら組織体に関してみて取れるということである。それは、明治初年に豊中に存在した41の村のほとんどが今日に至るも単独で、または、明治22年時の村単位で、何らかの水利組織を維持している、ということである。換言すれば、明治期以降、豊中は総体として、多くの流入者を呼び込み、都市化・郊外化・産業化を経験するが、他方では、代々地元に住み続けるいわゆる地付き層が、状況は変わろうとも、先祖から受け継いだ土地を守っているということである。もちろん農地の、宅地や社会的施設などへの転用は、明治期以降、年々増加の一途をたどり、その結果、水を供給するための農地がなくなり、事実上消滅せざるを得なくなった水利組合もないわけではない。しかし多くの組織体は、農地面積を大幅に減少させ、また耕作者を減らしながらも、農業を営々と行っているのである。

もっとも、地域ぐるみの農業に従事していた明治期やそれ以前と、離農者や外部からの流入者を多くかかえる今日とでは組織のあり方は異なったものとなっている。これが第二に指摘すべき点である。すなわち、村ぐるみで農業をしていた明治期は、農業にかかわるこうした水利組合のメンバーと村落生活にかかわるいわゆる部落会のメンバーとが、ほぼ重なっていた。いずれも村落内に代々居を構える家で構成され、そこでの家の移動はほとんど考え

られなかったからである。換言すれば、水利組合は村落のほとんどすべての構成メンバーを組合員とするということであった。豊中市の場合、明治期の法令の制定に合わせて普通水利組合に編成替えをしたものは少なく、ほとんどは旧来の自治的な用水組合のままに留まっていたからである。すなわち、ほとんどの水利組合は、定款のような明示的な組織準則をもたず不文の規律によって自治的に運営されてきたのである。

　しかし、都市化の進展とともに農地が宅地に転用されはじめる。それは、地元層から多くの離農者が現れ始めるということ、外部から多くの流入者を抱え込むということ、を意味していた。これらは、構成メンバーをも含めて水利組合の組織のあり方を変えずにはおかない。昭和30年代や50年代にかなりの水利組合で規約を新設・整備しているのは後述のようにこうした事情によるものと考えられよう。

　加えて第三に指摘すべきことは、こうした都市化の影響は、開発にともなう土砂、および流入者の増加にともなう生活排水の、農業水路への流入という日常的な問題を惹起している、ことである。これについては次項でも述べる。

アンケート調査にみる水利組合

　こうした点を念頭に置いて、以下、平成8年になされたアンケート調査[21)]の結果をもとに、水利組合の現状をみておこう。調査の目的は、市内の水利組合の活動の実態把握、すなわち、水利組合がカバーしている農地や組合員数の時間的変化、それとかかわって水利組合員の資格の状況、などを把握することにあった。26の組織体すべてに郵送され、19通の回答を得た。もっとも、全項目に回答を寄せてくれた組織体は多くはなく、したがって、質問項目によって回答数にはかなりのバラツキがある。

　現在、農業用水でカバーされている農地面積、各組織体の組合員数、およびその時間的変化をまとめると以下のようになる。

　今日各組織体がカバーしている面積はきわめて少ない。農業従事者はいう

におよばず、第一種兼業農家もきわめて少ないことを考えれば、これは当然のことといわねばならない。そのわりには組合員数は多いといえよう。これについては後述する。組合員数の減少は昭和30年代の日本経済の高度成長期

カバーしている面積	組織体の数
5ヘクタール以上	5
5ヘクタール未満	9
組合員数	組織体の数
30名未満	8
30名以上	10
組合員数の時間的変遷	組織体の数
戦前期より大して変わらず	4
昭和30年代より減少	10
昭和50年代より減少	2

と符合していることがわかる。それは、その頃が豊中市の人口の急増期、いわゆる都市化されていく時期であった、ことの証左でもある。

　次に、各組織体の活動について考えよう。定款でみる限りどの組織体の活動も大差はない。ほとんどの組織は「農業用水路（公有水面）、農業用道路（里道）などの管理運営をおこない、農業の生産性の向上、農業構造の改善を図るとともに組合員相互の親睦を図る」ことを目的とする。しかし、「地区の実行組合や自治会のかかえる問題に対し協力解決する」ことを活動の一つに掲げているところもある。農業用水路の維持・管理に関していえば、かつては生活排水や土砂の流入が絶えず、その都度組合員は溝さらえなどの労働を余儀なくされていたが、生活排水については最近は下水道が完備し、その苦労はなくなっている。土砂の流入についても豊中市の下水道部の仕事になっている。しかし、水路と関わる開発工事・建築工事はあとを絶たず、その度ごとに開発業者は水利組合と協議し、その同意をとりつけ、土砂対策やゴミ投棄問題

について万全を期すよう義務づけられている。各組織体は、時代の変化とともにその活動や機能を変化させてはいるが、いささかもその担う役割の重要性を低下させてはいない。単に親睦団体としてだけでなく、地域の動きに目を光らせる役割を担っているのである。

　最後に組合員の資格について考えよう。この点に関しては各組織体の結成された経緯や所有している財産の有無などと大いに関わり、各組織体の独自性が色濃く反映されている。すなわち、一方に「農業を営む組合員をもって構成」されるとする組織体があり、他方の極に、「古くからの村の構成員であれば組合員になれる」、あるいは、「農地なし、農業に従事しなくても資格あり」とする組織体があり、この連続線上の前者よりの極に「水利権を有するものを正組合員、水利権者でなくなったものは組合の承認を得て準組合員となることができる」とする組織体が位置し、後者に近い極に「農業協同組合員をもって組織する」があるといえる。農業協同組合員は、現在では必ずしも農業従事者とは限らないからである。以上、組合員の資格をまとめると以下のようになろう。

①農地の所有(所有権)
②農業従事(耕作権)
③古くからの村落の構成員

　組合員は基本的には上の①、②とりわけ②を有する者ということになるのだが、厳密にそれが遵守されているわけではない。③に関していえば、これが組合員の資格要件になっているのは古くからの村落の構成メンバーとは、農地の所有者・耕作者が含意されているからであり、また、かつて農地を所有、あるいは、耕作していた彼らが、それらの権利を手放した後も、組合員として留まる権利が認められているのは、当該の組識(水利組合)が古くからの構成メンバーだけに認められている権利や財産をもっていることが多いからである。農業をしなくなったからといって、組識に付随している財産や権利を剥奪することに抵抗があるからである。川からの水利権ではなく、所有しているため池から引水している場合は特にそうである。先に見たように耕

作面積が少ないのに組合員が多いのはこうしたことが理由の一つになっているといえよう。このように脱農家のメンバーの存在は、いわゆる古くからの地元層が当該の地域に留まっている証拠であり、また、古くからの財産や権利を媒介に村落上の付き合いが維持されている証拠でもある。

以上、用水組合の流れを汲む水利組合は、古くからの村落の構成メンバーが脱農した後も彼らを組合のメンバーに加え、いわゆる地元同士の付き合い、親睦に寄与している、ことがわかったといえよう。かつてのように強い拘束力はないものの、水利組合を通していわゆる古くからの地元層は何重にもつながったネットワークで結ばれている。それらが共同性の維持に貢献しないはずはないといえよう。次に、普通水利組合の流れを汲む土地改良区の例を小曽根土地改良区を通してみよう。

過去と現在をつなぐもう一つの装置：土地改良区[22]

大正14年、小曽根村の土地所有者は耕地整理組合を組織する。これに参加したものは276名であった。当時、村で土地を所有する戸数がその程度あったのである。以後、総面積180町にわたる大事業が展開されることになる。他方、これより先の明治30年に、小曽根村普通水利組合が設立認可されている。これは現市域内ではめずらしいことであった。村長がこの組合の管理者となり、文字通り村ぐるみで水利組合は運営された。水は村の生死に関わる大問題だからである。そして、こうした水利組合や耕地整理組合の流れは、先述のように、今日、土地改良区として受け継がれている。

土地改良区のメンバーは、平成10年現在、118名で、すべて地元層である。メンバーの資格として、農地をもっていること（所有権）か、あるいは、農地を耕作していること（耕作権）が必須である。明治大正の頃は村で農業に従事しなかったものはごく限られた家であったからほぼ全家が上記の組合に加わっていたといってよい。ところがその後の都市化の進展は土地を流動化させ、その結果今日では、先祖代々の村落の住民であって、かつ地域に居住し続けていても、土地の所有者でなくなったり、あるいは耕作権を放棄したり

すると組合員の資格を失うのである。だからというわけではあるまいが、わずかとはいえ農地を維持している組合員は多く、昭和30年代以降、組合員の数はほとんど変わっていない。

　改良区のメンバーが所有する農地は、昭和46年の71.3ヘクタールから、30年弱を経過した今日では20.4ヘクタールへと大幅に減少している。農地の転用に際しては土地改良区に届け、総会で承認を得なければならないことはいうまでもない。このように、農地は減少しているとはいえ、それでもこのあたりは豊中市の中では、田園地帯の面影を留めている数少ない地区である。豊中市は、平成4年、緑地などすぐれた機能をもつ保全すべき農地を生産緑地に指定する制度を導入した。生産緑地の指定を受けるということは、農地としての適正な管理がなされ、農業が継続してなされなければならないことを意味する。それはとりもなおさず、宅地の造成や都市的施設の建設は一定期間できないことを示すものである。そういう制約があるにもかかわらず、豊中市全体の生産緑地に占める、この地区(小曾根村)の比率はきわめて高いのである。その担い手が土地改良区のメンバーであることはいうまでもない。

　総会は年に1度、4月に開かれる。予算は100万円程度であるが、組合費は徴収しない。それは、土地改良区に財産があるからである。池を売った際の基金に加えて、所有する5つの池のうち2つがそれぞれ、養魚地、釣り堀池として業者に賃貸されているからである。

　この土地改良区のメンバーは、居住地区ごとに農家実行組合を組織している。これは大字単位につくられているもので、いわば、昔のむらの寄り合いである。小曾根農家実行組合、浜農家実行組合、下寺内農家実行組合などがこれである。他所からの来住者層が増えるにつれ、地元層は数的には圧倒的に不利な状況に置かれているのだが、それを十二分にカバーしているのがこの実行組合の団結の強さである。その象徴的なこととして、実行組合は、農業委員、社会福祉協議会、公民館分館委員、保護司、その他市の指定する委員を送り出す選出母体となっていることがあげられる。さらにいえば、こうした団結は組織のもつ財産によって支えられているといえよう。昔ながらの

むら組織が今も生きている所以である。

　以上、地元層を中心に水利組織がしっかりと維持されていることをみてきた。そしてこうした水利組織が地域組織の中核に位置付けられていることもわかった、といえよう。その一端は次節で再度確認される。

第4節　共同体的な名残を留める今日的状況

行政区と財産区

　明治22年の町村制施行にともなって成立した新町村は、国家行政の末端組織でありながら、町村民の生活とはかけはなれた大きな自治体であった。そこで、住民は、もとの旧村(むら)の組織を多く活用した。つまり、これまでのまつりや水利慣行をはじめとする生活に密着した固有の事務や、古くから共有となっている山野などの各種財産の管理・運営は、もとの旧村の組織に基づいてなされることが多かった。この山野は薪や肥料、建築資材などに利用される生活の基盤であったので、これは当然のことであった。すなわち、新町村が行政的には一個の町村となったにもかかわらず、住民の生活は依然としてもとの旧村の組織で営まれた。こうしたことを考慮して、明治政府は旧村を大字(部落)として残し、これを区として新町村の下部組織に組み込んだのである。この区は行政区と呼ばれた。

　さらに明治政府は、町村の一部としての大字(部落)の財産について、部落の権利主体を認めるとともに、部落が固有の管理機関を持ち、市町村の介入を排除して部落財産を管理することのできる、いわゆる財産区有制度を導入した。この財産区は、部落有財産を市町村の一部である部落の財産とみなしたものであるが、他方、この部落有財産を住民の生活共同体である部落の財産、すなわち村民共有の私有財産とみなしている場合もある。さて豊中市の場合、昭和32年度以降の財産区財産処分を整理すると、延べにして70の財産区がその財産を処分していること、処分されたものの多くはため池であったこと、処分後の土地の多くは住宅用地、道路用地としてだが、それ以外に

学校、病院、公園用地としても活用されていること、処分面積の最大は、4万4,495m²(約1万3,460坪)にも達すること、そして、地理的には市の北部に集中していること、などがわかる。これらを時系列的に丹念に分析すれば、豊中市の都市化の過程を示す指標として考えることもできよう。

平成2年現在、さらに延べ44の財産区が存在している。面積にして22ヘクタール弱もある。その多くは溜池と墓地である。各財産区ではかつてのように生活のすべての領域にわたる活動ではないが、溜池や墓地の管理・運営をめぐっての活動が営々となされている。これらがいかに市民生活に連動してうまく活用されていくかが今後に残された大きな課題である。以下、明治期の名残をとどめている、私有財産としての入会財産(部落有財産)の運営例と財産区有財産の処分例をみよう。

小曾根土地改良区での訴訟とむらの精神[23]

小曾根土地改良区での訴訟には、利害の異なる4当事者がかかわっていた。溜池の水利権をもつ小曾根土地改良区、この土地改良区から釣り堀の使用権を認められ、営業を行っている釣り堀業者、釣り客により地域の風紀が乱れ、また、駐車違反などの迷惑が絶えず、釣り堀施設の撤去を要望してやまない地元自治会、そして、釣り堀施設の撤去に反対する釣り愛好家の集まりがこれである。この4者の関係をみると、それは、一方の極に釣り愛好家および彼らに後押しされて営業を続ける釣り堀業者があり、他方の極に釣り堀施設の撤去を願っている地元自治会がおり、両者の間に溜池の水利権をもつ小曾根土地改良区が位置し、釣り堀業者らからは営業許可の更新を、自治会からは営業許可の延長を認めないように求められていた。そして、自治会からは施設撤去の要望書が、愛好家グループからは釣り堀継続の要望書が、それぞれ大阪府に差し出されていた。業者と土地改良区との話し合いの決着はつかず、調停に持ち込まれた。昭和57年から62年にかけてのことであった。ここでの関心は、どのようにこれが決着したのかにあるのではなく、水利権が今日でもなお地域社会と深くかかわっている点にある。

先にみたように小曾根土地改良区のメンバー間のつながりは堅固である。彼らは、かつての生産手段であった水利の装置を今日、つり堀用に維持・活用するなかで、地元層としての精神的なつながりをも維持しているわけである。いわば、「むらの精神」の継承が読み取れるといえよう。もっとも、言うまでもないことだが、これによって、全生活のつながりが図られているわけではない。

長興寺水利組合ボート部[25]

　上記の例は第三者に営業を認めているケースであるが、自ら事業を行っている組合もある。長興寺水利組合がこれで、同組合はボート部を組織し、組合が水利権をもつ池で貸しボートを経営している。事業の運営は組合員の当番制とし、交代で勤務につくことを規約で定めている。組合の運営経費は貸しボートの収益金などの収入でまかなわれ、当番の日当も当然のことながら支給される。主な事業として、貸しボート経営のほか年1回の親睦旅行が規定に定められている。川の水利権ではなく、池の水利権であるということが、また、その池が大都市近辺の服部緑地内という観光地に位置していることが、営業収入をかなりのものにし、それが組合を活性化させている要因である。かつては生産手段を共同利用して、農作業を行ったが、今日では生産手段としてではなく、観光用に共同で活用しているわけである。池のもつ意味は昔とは異なり、池を契機につながる程度も弱くはなっているが、今日でも依然として池は地元層を引き付ける要因であるといえよう。

　同組合では、組合員の新規加入を認めていない。つまり、組合員は1家に1人で、成人した複数の子どもがいても、親の権利を譲渡できるのは1子のみで、残りの子どもには新規の加入を許さないという。組合員の人数を一定に保つためである。ということは、動機は何であれ、地元層が互いに地元層同士を意識する契機は十分にあるといえる。それが、幾分特定の目的を志向したもの(貸しボート経営)であったとしてもである。

庄内村大島鳩恩会[26]

　洲到止村の人たちは、共有財産を役員層の共有名義でかつて保管していたが、昭和15年、名義を合資会社組織に切り替え、その組織の名を「大島鳩恩会」とした。その後、昭和40年、大島鳩恩会所有の土地1反7畝のうち、400坪が府道敷地として買い上げられることになった。この資金をもとに、大島鳩恩会は昭和42年、洲到止八幡宮の再建を会員と地域住民に呼びかけた。「八幡宮御造営趣意書」の前文は次のようにいう。「八幡宮は郷土の守護神として氏子斉しく崇拝申し上げし神様で比類なき立派なお宮であったが、明治39年の神社合祀令により周辺6大字の各神社が合祀され、その数年後に庄内神社が創建された。当時の法令では基本金が4,000円あれば合祀しなくてもよいとのことであり、氏子は一時存置も考えたが、周辺の各大字はすべて八幡宮の合祀に傾いていたので、お付き合いとして庄内神社への移築に踏み切ったのであった。合祀後、むら人は、その跡地に小宮を建て、宮番が毎年交代でお勤めをし、神域を清め、善男善女の参詣の便宜を図り、今日を迎える（中略）」。また、造営の目的・趣旨は次のように述べられている。「①今回、先祖伝来の所有地が府道の敷地として買収され、まとまった資金が入るにつき、これを有意義に活用するため。②庄内神社に合祀の際、われわれの先輩はその保持を熱望したが、止むなく合祀した心情を察し、この精神を復活させることは後輩としての義務だと考えるから」。

　趣意書通りに八幡宮は造営され、また、昭和43年には供養塔も建立された。その供養塔は、「明治100年」を記念して、「むら」の全祖先の御霊を1ヶ所に納め、その冥福を祈り、追善供養をするためのものであった。われわれはここにも「むらの精神」をかぎとることができる。なお、合資会社大島鳩恩会は商法上組織替えをし、平成2年に株式会社大島豊紘会と、同5年にはさらに株式会社大島鳩恩会と名称変更を行った。

　昭和15年当時、80戸の家で形成された会ではあるが、平成6年現在、76戸を保っている。戸数の減少が少ないのは大阪大都市圏内に位置するからであり、戸数の増加がみられないのは一家に権利者は1人と定めているからで

ある。八幡宮の造営には、地元自治会にも呼びかけ、地域住民の協力を仰いだ。したがって、祭りなどの地域行事には多くの地域住民（来住層）の参加が見込まれている。平成9年末現在、それぞれ180戸、250戸の会員を擁する2つの自治会があり、地元民はこのいずれかに属している。しかし、宮番の制度は、11組に分かれた76戸の地元層に任され、各組が1年単位で宮の掃除や祭りの当番を受け持っている。したがって、地元層には11年に1度当番が回ってくる。加えて地元民同士のつながりとして、財産の賃貸収入を配当として分配される会合が年に1度開かれる。この株主総会は、昔風にいえば、寄り合いである。このようにみてくると、ここにも、宮当番や株主総会を契機にむらの共同性・一体性の一面を垣間見ることができよう。そして、その一体性を支えているものは、先祖伝来の土地なのである。生活のスタイルは変わっても、「むらの精神」はある程度引き継がれているといえるであろう。

熊野田村通称「二の切池」処分問題[27]

　豊中市は、「二の切池」とよばれる約3万平方メートル強の池沼を府の計画緑地用地として譲渡してほしい旨の要請を大阪府から受ける。豊中市議会は、昭和56年3月、財産区有財産であるこの通称「二の切池」を公用廃止し、大阪府に売却処分することに決定、これを受けて、財産区有財産の管理者である豊中市長は大阪府知事と土地売買契約を締結した。

　この売買契約とは別に、両者は、次のような覚え書きを取り交わした。

　　豊中市は「二の切池」の水利権を放棄する。
　　大阪府は「二の切池」を利用する農地が存続する間は水の利用を認める。
　　大阪府が「二の切池」を埋め立てる場合には豊中市と協議する。

　この契約を取り結ぶにあたって豊中市がクリアしなければならない2つのハードルがあった。第1は、実質の用益権者である水利組合との話し合い・説得、第2は、当該地域の利益代表である自治会との話し合い、である。

　前者に関しては、水利組合側からすれば、この池は形式的には豊中市の財産区に組み入れられているが、実質は村（熊野田村）のもの、村人の共有財産

なのである。この地は、この地に代々住む者が受け継いできた生活・生産上の財産であり、村人が多年にわたって利用・補修・管理してきた汗の結晶なのである。しかし、大阪市と近接していることもあってこの辺り一帯の都市化の進展はめざましく、農地はほとんどが宅地や都市的利用に供せられるようになっていった。これは、今日ではかつてほどには農業従事者がいないことを、つまり、池がカバーすべき農地がきわめて少なくなってきたことを、それにひきかえ水路などを含めてその維持・管理が重荷になってきていることを意味する。そういう状況ではあっても、先祖から受け継いでいる池を自分たちの代に売却してしまうことにためらい、後ろめたさを感じるものが多く、カンカンガクガクの議論がなされたことは想像に難くない。

　豊中市は、こういう事情をかかえる実質の用益権者である水利組合と話し合いを続け、最終的に、水利組合から市宛に「財産区有財産の公用廃止ならびに処分申請書」を提出させることに成功したのである。そこには、埋め立てる際には水利組合と協議の上、5,000平米は有水面のまま存置する旨を記した文言が、処分する土地の地目・面積・所在地、処分金額、処分先、処分金額の配分方とともに、明記されている。つまり、いわゆる水利権による水利補償の優先実施を条件として協議が整い、大阪府に処分することに決定した旨が記載されているわけである。

　後者の地域の代表である自治会との話し合いに関しては、これは何の問題もなく話し合いは進み、市は、先のまったく同様の「財産区有財産の公用廃止ならびに処分申請書」を自治会（正式には4つの単位自治会からなる連合自治会）からも受け取ったのである。これも、上とまったく同主旨のものであった。

　この2つの処分申請書をもって、いわゆる地元の同意が得られたとして、市（市長）は、先述のように、市議会に同意を求めた上、大阪府と当該土地の処分の契約をしたのであった。

　以上の手続きは、どの都市でも大同小異であろうが、整理をかねて繰り返しいえば、上のような財産区有財産上の旧慣使用権を廃止する場合、旧慣使

用者(水利組合)の同意と当該地域内住民(自治会)の同意を得ることが先決である。そしてこれを見届けた上で議会の議決を得る、ということになる。問題となりそうな旧慣使用者の同意にあたっては、残存農地の実態調査や水利調査をおこなう、水利権者が耕作を希望する場合には、水利確保のための水利施設の補修工事について協議する、水利権者が耕作を放棄する(水利権を放棄する)場合には金銭補償について協議する、ことと豊中市は定めている。処分金のうち、2割相当額は自治体に寄付することになっている。今回の場合、耕作を希望するものには深井戸施設で対応することになり、売却金の2割は市に寄付され、残りの8割のうち、1／4は水利補償費に充てられ、3／4は財産区積立金として市の管理に任された。この積立金の使われかたは、1)財産区の住民の福祉を増進するものであること、2)市町村との一体性を損なうものでないこと、に合致するものでなければならない。財産区有財産の処分は単に旧慣使用者だけでなく、当該地域の全住民が関わらなければならないからである。

　以上、私有財産としての入会財産と財産区有財産の事例をみてきた。小曾根、長興寺、大島鳩恩会の場合は前者と、熊野田の場合は後者と、それぞれ強くかかわりを持っている。いずれもがそれらをとおして地域と深く関わっていることがわかる。[28]

第5節　明治の精神は生きている

　以上大雑把ではあったが、明治期以降今日にいたる豊中の地域社会の変遷過程を、共同性に焦点をあててみてきた。
　成熟した都市化社会の状況にありながら、「むら規約」やそれと関わる組織を通してみる限り、地域社会の団結や共同性の一端は、変質をともないながらも維持されていることが理解される。つまり、全体社会が産業化の方向にあるなかで、地域社会住民はその変動過程に適応しつつもかつての共同性を保持してきた。少なくともわれわれはその一端をかぎとることができた、と

考える。

　共同性がみられるのはどうしてであろうか。それは、そこに共同性を支える装置が残存しているからである。その装置とは、かつての村落生活の維持に不可欠であった諸々のむら組織のことである。それらは、私有財産としての入会財産に関わる組織であり、農業に必須の水利組合であり、そして、村落生活に関わる諸々の組織である。地域住民は、かつては、こうした組織にほぼ全員が加入していた。そして、そうした組織が規約に裏打ちされたものであったことはいうまでもない。

　ところが、時間の経過とともに全体社会の都市化・産業化の影響で農業従事者は大幅に減少する。それとともに各組識のメンバーも減少する。しかし、組識は決して消滅はしない。少なくとも当該の地域社会が豊中市のように大都市圏に立地している場合はそうである。加えて、少なくともその組識が何らかの権利・旧慣・財産と関わっている限りはそうである。

　なぜならば、そこでは通勤兼業が可能であるからであり、農地がきわめて高い財産価値・交換価値を持ち出したからであり、それにともなって、諸々の既得権益がモノをいいだしたからである。土地（地元）に留まって趣味程度の農地を持ち続ける限り先祖から受け継いだ農業組識のメンバーの権利が、そしてそれに付随している諸々の財産に関わる権利が保証されるからである。彼らは仕事を求めて他所に移動する必要はないし、また、本格的な農業をするため他所に移る人は少なかった。他所で農業をするには一から諸々の関係をつくり始めなければならないからである。

　以上を換言すれば、地元層は財産と関わる組織を中心にまとまっている、本格的な農業はしないもののかつてのむら組織は維持されている、そして明治期に意図された共同性と同じとはいえないが、地元層が財産や権利を守るという点で互いに協力・団結・共同している、といえよう。

　そして、地元層がしっかりと団結を保っている地域では、先にみた小曾根のように連合自治会が、来住層をも巻き込んで活発に活動を展開しているのであり、また、熊野田のように地元の連合自治会と協力して財産区有財産の

有効利用が図られているのである。

　明治期の精神が生きているといえようか。といってもわれわれは、住民の全生活・生産をコントロールするような明治期に認められた村落共同体的なものが認められるといっているのではない。時代にマッチした共同性がみられる、ということである。生活の一部の共同ということである。どういう一部かは、そして、その共同の強さは、地域によって異なるであろう。それは、地域の共同の強さが、それを裏打ちしている既得権益が、そして、地元層の当該地域に対する愛着が異なるからである。それが地域の独自性、個性というものであろうか。

【注】

1) 山本剛郎「明治期における豊中のむら」、豊中市市史編纂委員会編『新修豊中市史』第9巻、平成11年、106-207頁。

2) 本章でも「村」と「むら」とを区別している。前者で、市制町村制以後の行政村を、後者で市制町村制以前の村(旧村)や、以後の行政村内の集落を、それぞれ意図している。なお、「むら」は「大字」、「部落」などと互換的に用いられる。また、「村落」を「むら」と「村」の両方を含意する概念として使用した。また、「むら規約」、「むら八分」、「むらの精神」は、「むら」で統一した。また、現豊中市内の地域を指して例えば、小曽根村という場合、厳密には旧小曽根村とすべきだが、小曽根村で統一した。

3) 山中永之祐氏の分類に従った。山中永之祐『日本近代国家の形成と村規約』木鐸社、昭和50年

4) 山本剛郎、前掲論文、189-191頁。

5) 同前論文、191-194頁。

6) 同前論文、194-195頁。

7) 同前論文、195-196頁。
豊中市立教育研究所『岡町区会議録』、平成5年。

8) 豊中市立教育研究所『戦時中隣組の記録』、平成4年。

9) 同前書、5-14頁。ここでは4月で打ち切ったが、同前書には昭和18年11月20日までの記録が残されている。

10) 山本剛郎「豊中市域内の昔の村と今のむら」、『奈良女子大学社会学論集 第6号』、平成11年、208-211頁。

11) 同前論文、207—08頁。

12) おぞね町会報15号、昭和46年4月15日

13) おぞね町会報66号、平成9年1月1日。

14) 山本剛郎「明治期における豊中のむら」、前掲書、175-176頁。

15) 豊中市立教育研究所『水とくらし』、平成6年、29、34頁。

16) 同前書、27頁。

17) 同前書、83～84頁。

18) 山本剛郎、前掲論文、179-182頁。

19) 玉城哲、旗手勲、今村奈良臣『水利の社会構造』東大出版会、昭和59年、93-94頁。

20) 土地改良区は圃場整備などをするために大阪府の許可を得てつくられた、法人組織であるが、水利組合は先述のようにかつての用水組合などの流れを生む任意団体である。
21) 豊中市市史編纂委員会事務局の協力のもと郵送法で実施した。
22) 山本剛郎「豊中市域内の昔の村と今のむら」、前掲書、211-212頁。
23) 山本剛郎「明治期における豊中のむら」、前掲書、200-202頁。
24) 個々人の意志は純粋にその個人の意志だけでなく、遠き過去からの計り知れない多くの人につながっている個人意志なのである。ここにわれわれは、時代時代の個人を縦にも横にも貫いている一個の精神の存在を認めないわけにはいかない。この精神を鈴木榮太郎は「むらの精神」と名づけたのである。これは、生活のあらゆる方面にわたる体系的な行動の原理であり、行動を方向づける規範である。鈴木榮太郎著作集Ⅰ、未来社、昭和43年、106-107頁。
25) 山本剛郎、前掲論文、202-203頁。
26) 同前論文、203-205頁。
27) 豊中市の資料による。
28) もっとも、小曾根、長興寺のケースについては断定しかねる側面もあるのだが。

第4章

地域社会の変貌過程
— 宝塚市長谷むらを中心に

第1節　宝塚新都市開発構想

本章の目的

　宝塚市は、土地利用の現況からして、南部地域、南部周辺地域そして北部地域に3分される。市域の半分をしめる北部地域は豊かな自然に恵まれた地域であり、その全域は市街化調整区域に、さらにその一部の地域は農業振興地域に、それぞれ指定されている。そうしたなか、市街化調整区域に指定されている北部地域を宝塚新都市開発構想のもとで開発する計画が一方で進んでいる。この新都市開発構想は、「広域機能と連携した都市づくり」、「豊かな自然と共生したまちづくり」、「アメニティの高い生活環境づくり」、「住・職・遊をあわせもつ複合機能都市づくり」を理念とし、新都市建設の意義を次のように謳っている。「宝塚新都市(仮称)は、産業の高度化、国際化など新しい時代に対応する高次の研究、新産業形成の拠点に相応しい新しい都市機能を具備した都市である」、「宝塚新都市は、阪神北部地域の拠点と位置づけられ、阪神南部地域との機能分担を図り、阪神地域全体の都市の高度化と一体化の向上に貢献する」、「自然との共生など新しいライフスタイルに対応する先導的な生活環境空間を創出し、21世紀に相応しい都市の構築をめざす」[1]。

　この開発計画を時系列的に整理すると表4-1のようになる。

　さて表4-1には、計画に要する用地のうちすでに1060ヘクタールが取得された、とある[2]。どういう経緯を経てこれらの用地を行政は取得したのであろうか。地元側からすれば、どういう取り組みや手続きを経て用地の売却に踏み切ったのであろうか。逆に考えれば、これら用地はこれまでどのように維

表 4-1 開発計画の経緯

昭和	45年5月	宝塚市北部地域開発構想の発表(宝塚市)。
昭和	60年3月	宝塚市北部地域開発整備基本計画の策定(宝塚市)。
平成	1年7月	宝塚市北部地域開発計画に県の参画が決定。
	9月	地元に北部地域整備対策協議会発足。
	2年8月	宝塚新都市(仮称)開発構想の発表(県策定)。
	9月	宝塚新都市(仮称)開発構想の地元説明会。
	4年6月	地元自治会から開発への総論賛成の意向の表明。
	5年3月	宝塚新都市(仮称)開発基本計画の提示(県策定)。対象面積4,500ヘクタール、開発整備地区1,561ヘクタール、計画人口3万5千人。
	4月	宝塚新都市(仮称)開発基本計画の地元の自治会への説明会(宝塚市)。
	9年2月	2月末までの用地取得状況：1,269筆、1,060ヘクタール。開発整備地区全体の68％に相当。

[出所] 宝塚市の資料より作成。

持されてきたのか、という問題でもある。ということは、この用地の売却問題は当該地域のこれまでの村落生活と大きく関っている問題であり、だから、村落生活のあり方を歴史的に振り返って考える必要のあることを意味しているといえよう。

　本章の目的は、宝塚新都市開発構想の渦中にある宝塚北部地域を構成している各村落の生活実態を分析するなかで、生活の共同性や地域組織のあり方、それらの時間的変化、ひいてはその連続性・継続性を検証することである。1)まず、宝塚新都市開発構想との関連で生じた土地問題——つまり、1,060ヘクタールの用地取得にいたる過程——を概観する(本節)。2)次いで、宝塚北部地域を構成している西谷村の各むら[3]における生活行動の一例を、長谷むらを通して考え、宝塚北部地域の共同性や地域組織の継続性・蓄積性を検証する(第

2—第4節)。長谷むらで今日も活きているむら規約や部落有財産に関する資料は本質的には1)の問題と関っているからである。

部落有財産

かつてはほとんどの村落には村落住民共有の土地があった。しかも、この共有地なしには村落での生活は不可能に近かった。つまり、共有地を軸に村落共同体が維持されていたわけである。この共有地は村落住民の入会地として明治以前から長年にわたって存続してきたものであった。共有地は入会財産であり、部落有財産であった。明治政府は、この共有地をどのように処理しようとしたのであろうか。

市制町村制(明治22年)の施行以前においては、一般的にはこれを公共財産と見ず、村民共有の私有財産とみなす傾向が強かった。したがって、官有地編入を免れた入会財産たる村持山は民有地とされた。明治11年の3新法においても入会財産は私有財産として扱われていた。

ところが、明治22年1月、政府は、従来農民の協議に任せていた入会財産を私有財産ではなく、公共財産として扱うことにする旨の省令・通牒を発した。これに対し農民の抵抗は激しかった。この抵抗が原因で町村合併が実現しなくなることを危惧した政府は、財産区有制度を導入した。これは、町村の一部としての部落(大字)の財産について、部落の権利主体性を承認し、且つ部落が固有の管理機関をもち、市町村の介入を排除して部落財産の管理をすることができる制度である。これは、一種の妥協の産物であり、また、町村制本来の主旨とは矛盾する政策であった。[4]

その後、明治43年、政府は、部落有林野を市町村有林野に統一する、いわゆる部落有林野統一政策を展開する。当初は無償・無条件統一が試みられたが、農民の執拗な抵抗の前に、大正8年、政府は方針を緩和し、条件付統一——形式市町村有、実質部落有——が多くの地域でなされた。

戦後、町村合併を促進するために制定された町村合併促進法は、合併に際し財産を新市町に移転したくない市町村——その財産は部落有統一を経てその

市町村のものとなったのであるが——については、新しくその市町村単位の財産区——新財産区——をつくることができる道を開いた。

　以上のような経過をたどる入会財産は、今日、次のように整理分類することができるであろう[5]。
①旧町村制下で入会財産としての実質をのこしたままみずからを法形式的に財産区有財産に転化させ、部落有林野統一政策には反対し統一を拒否し、明治の町村制以来今日まで財産区としての形態を維持しているもの(実質入会、形式旧財産区)。
②旧町村制が制定されても財産区有財産に転化させず、実質、形態とも変化のないまま、部落有財産と称され、部落有林野統一に際しても統一されず、故に現在においても部落有であるもの(純粋入会)。
③部落有林野統一政策には反対したが、市町村有になることを拒否しえず、形式的には市町村有になったが、入会財産として実質を残すという妥協を強いられた。当時市町村有となったものが、実態はそのままで戦後の町村合併に際し、新財産区有に切り換えられたもの(実質入会、形式新財産区)。
④部落有林野統一政策の過程で、あるいはその後の変化で、実質的に入会権が解体し、入会財産でなくなり、公有財産に転化したもの(純粋財産区)。

　さて、宝塚北部地域は、かつての西谷村の各むらで構成され、各むらは単独でまたは共有でかなりの財産を所有・維持している。それらは上の②に該当するものが多い。そのように判断するのは、2つの時点で次のような資料が残っているからである。1つは明治22年の町村制施行時における、西谷村のうち上佐曽利村から兵庫県知事に宛てたお伺い書である。それはいう。「今般町村制失効ニ付テハ右旧村ニ係ル共有財産別紙之通有之然処従来之慣行ニ依リ元上佐曽利村限リ所有之権利ヲ保存シ使用致度候間何分之御指令被成下度此段上申候也[6]」。知事より、同年5月31日許可がおりた。2つは、戦後の町村合併時の宝塚市と西谷村との間でなされた次のようなやりとりである。イ)当時、自立出来るなら合併せず、現状維持でよいと考える西谷村民は多かった。彼らの危惧は、部落有の山林がどうなるか、という点にあった。最終的

に、西谷村から宝塚市へ合併条件の提示(昭和30年2月)をする際、この点が強く申入れられた。「部落有財産(玉瀬、境野、大原野、切畑ほか)については、所有権を何ら侵害しないこと」。ロ)それに対する市からの回答(3月)は次のとおりである。「御提示になりました合併条件に就ては全面的に了承致し誠意を以て実施致します」。

部落会と自治会[8]

　宝塚新都市開発構想は、阪神間全域に影響の及ぶ開発計画であり、また宝塚北部地域を構成するむら社会の将来にも大きく関わる計画である。しかし、以下では開発計画そのものの考察ではなく、共有地の売却という点に絞って分析を進める。これがもっとも地域組織のあり方(存在形態)や地域組織の継続性に迫れると思うからである。

　北部地域には10のむらがあり、それぞれは、部落会と呼ばれる昔ながらの寄り合いを持っている。この部落会は、当然代々この地に居を構える、いわゆる地元層の家々で構成されている。

　この組織とは別に、地域住民で構成するいわゆる自治会がある。これは、宝塚市が全市的に組織化を奨励している町内会のことで、地元層と来住層との混成部隊である。この自治会は各むらに1つというわけではなく、13に分かれている。昔からあるむらのうち戸数の多いむらは自治会が分割されているからであり、また、来住者が中心となって独立に自治会がつくられている場合もあるからである。要するに西谷村の範域には10の部落会と13の自治会とがある、ということである。冒頭の表4-1内でみられる「地元」、「地元説明会」の「地元」は、いずれもこの13の自治会のことである。もっとも今回の問題に関しては部落会の意向が強く反映されているのだが、その部落会は財産の処分・管理に関する規約および組織を持っている。むらによってその呼び方はまちまちであるが、それらは例えば次のようである：総有財産組合、財産管理組合、財産権利者会、財産管理会。これらの組織体は部落会と構成メンバーはほぼ一致しているが、組織は別である。土地を売却したのはこの組

織体である。行政に売却するまでにどの組織も全体集会を何度も持ったのであった。そして、最終的に売却決議をした。市との契約に際しての書類には集会の決議として、たとえば、F財産権利者会の場合「全員出席のもと、出席者全員の賛成による」、「保存資産のうち約7割を売却に協力」などと記されている。「自分たちの意思はともかく行政には協力せねばなるまい」ということなのである。各むらでの集会の結果をまとめると表4-2のようになる。こうして手放した土地は、先祖から受け継いだものであり、先祖の汗と涙と労苦の結晶であり、むらの歴史そのものなのであり、むらの結合のシンボルでもある。先にみたように、昭和30年の宝塚市への合併に際しても部落有財産として先輩たちが守ってきた財産である。そして、繰り返しいえば、この財産が、それを守る心意気が、むらの団結を支える基盤なのである。それらは自分たちが上の代から預かり受けたように、下の代に引き渡すべきものだった。

　ここで次節以降の分析の中心となる長谷むらと新都市開発構想との関わりについて一言しておこう。同むらでこの開発構想に関わる土地は約0.7ヘクタールにすぎなかった。しかも、その大部分は個人所有か、複数の個人の共同所有――総数にして20名弱――によるもので、部落有はきわめてわずかであった。むらの寄り合いでは部落有に関しては直ちに「協力」に傾いたが、加えて、その際、個人所有や共同所有の土地の場合にも、行政に協力しようと申し合わせをしていたという。

　そういう点からすれば、新都市開発構想は西谷村の各むらに、共有地の売却に伴うむらの変動をもたらしていると言えよう。つまり、阪神圏という巨視的な立場からの好都合は、西谷村という微視的立場からすると不都合を伴なう、ということなのである。

　以下ではこうした共有地の問題をも含めて村落生活全般にわたって繰り広げられている、日常生活レベルでの行動や組織のありかたを、先述のように長谷むらに限定して歴史的に考える。村落生活の継続性に迫れると考えるからである。

表 4-2　集会の状況

出席率 \ 売却決議	賛成 全員	賛成 大多数	計
9割以上	4	5	9
全員	5	0	5
計	9	5	14

集落名	出席率	売却決議（賛成）	保有資産の何割に相当するか
A	9割以上 全員	出席者全員 同上	2回の集会を併せて8割
B	9割以上	同上	4割
C	同上	同上	1割
D	同上	同上	5割
E	同上	大多数	3割
F	全員 同上 同上	全員 同上 同上	3回を併せて7割
G	9割以上 同上 同上 同上	大多数 同上 同上 同上	4回を併せて3割
H	全員	全員	1%

[出所] 宝塚市および各むらの資料より作成。

第2節　明治期の長谷のむら規約と部落有財産

明治期のむら規約[9)]

　現存する長谷のむら規約類を作成年代順に列挙すると、次のようになる。
①長谷節約規約(明治23年から3ヵ年)　1～25条(56名が署名)。
②長谷・芝辻新田風俗改良規約書(明治30年4月)　1～11条(長谷村では人民総代9名、芝辻新田では4名の署名)。
③長谷村・芝辻新田合併契約書(明治35年改正)　1～12条(60名が署名。賭博の禁止が中心)。
④長谷村集会同盟規約(明治36年4月改正)　1～22条、付則1～4条(60名が署名)。
⑤道路維持規約　1～6条。
⑥長谷村村法(明治43年4月)　1～22条(これまで個々に存在していた規約を、集大成してまとめあげたのがこの法である。村協議委員の署名〈人数は不明〉)。

むら規約と部落有財産

　以上より、長谷むらでは村落生活を円滑に進めるために各種の規約類を設け、むら内の一体性・共同性の保持に努めてきたことがわかる。
　ところでこうした明治期の各種規約には部落有財産の資格についての記載は見当たらない。当然のことなのでその必要がないからなのであろう。むらの務めを果たし、他家から1戸前と認められている家が、ここでいう当然の有資格者である。そして、それ以外の者には財産の権利は一切与えられない。財産の有資格者だけでむら組織を構成するわけだからである。しかし、資格者が常に財産の権利を有するかといえばそうではない。義務を履行しない家には、「村中持」よりの配分に与かることが出来なかった。たとえば、禁止されている賭博を行うと「村中持ヨリ獲ル収益金、村中持山林原野割口配当等ハ壱ヶ年以上五ヶ年間没収ス」(先の②長谷村・芝辻新田風俗改良規約書3条)。同様に義務とされているが故に、集会への度重なる欠席にも厳しい措置が採

られる。「過怠金ノ外数年分配スル草山ヲ没収シ尚村中持ヨリ得ル収益金ヲ分配セス」(先の④長谷村集会同盟規約17条)。そして、「村役員会ノ決議ニ対シ不服ヲ唱フルコトヲ得サルモノトス」(先の⑥村法10条)。以上からわかるように、日常生活・共同生活に直接関わる制裁が、共有財産の剥奪や交際の断絶という厳しい形式でなされていたのである。

こうした明治期のむら規約の伝統は今日も生き続けている。これがここでの議論の出発点である。どう生き続けているのかを次にみよう。「部落有財産についての定め[10]」がこれである。昭和30年1月につくられたこの定めは、明治期のものを受けて昭和25年になされた申し合わせを9条に明文化したもので、そこには46名の署名がある。これらが代々長谷を構成する家々である。西谷村の宝塚市への合併が眼前のこととなり、それまでの申し合わせを明文化しておく必要から定められたものと思われる。

この「部落有財産についての定め」は昭和55年3月に改訂される。11条よりなる改正された定めを表4-3に記しておこう[11]。むら人の生活連関の様子を垣間見ることができると思うからである。なお、言うまでもないことであるが、以下での部落有財産とは村民共有の私有財産としての部落有財産のことである。

明治期の規約と昭和30年の定めとの相違点

両者の主な相違点は、後者にあっては違反者や義務不履行者に対する制裁措置を設けていない、ということである。交際の断絶は国法に外れることであり、また、明治期の禁止事項たる賭博を行う風潮は昭和30年当時は全くなくなっており敢えて設ける必要はなかった、また、集会への欠席に関しては、これに制裁を加えることは難しくなってきたと、考えられるからである。これは、長谷のひいては西谷村の外部社会との交流が密になりつつあることの一例と言えよう。

表 4-3　部落有財産についての定め

第1条（部落有財産の定義）　この定めにいう部落有財産とは神社、寺院、境内地、部落が管理する田畑、宅地、建物、山林、原野、溜池、河川、道路敷等（法人または個人名義を含む）とする。

第2条（部落有財産保存の意義）　部落有財産は、部落の維持経営を容易ならしめるため、部落の先覚者が保存育成されたものであり、われわれもまたこの精神を継承し維持管理することを確認する。

第3条（部落有財産に対する権利義務）　長谷部落内に本籍および住居（生活の本拠）を有し、部落の各種慣習の仕来りおよび諸行事の義務を履行した者が長谷部落有財産に対する権利を有する。

　2　各種慣習の仕来りおよび諸行事とは次に掲げるものをいう。
　　　部落協議費の負担。神社、寺院の修理。植林の手入れ、伐採の出役。溜池、河川、道路の改修築の無償日役。御宮当番その他一切の諸行事。

　3　新たに長谷部落に住居を構える者が、部落有財産の準権利を取得しようとするときは、部落有財産を時価に見積もり、権利者1戸分相当金額を拠出し、権利者全員の承認を得なければならない。

　4　前項に依り準権利者となった者は、以後、本条第2項の義務を負うものとする。

第4条（部落有財産に対する権利者）　権利者は次に掲げる者とし、新たに加入することはできない。総計46名（氏名省略）。

　2　前項に掲げた者以外は、すべて準権利者とする。

第5条（部落有財産より生じる収入金の処理）　部落有財産は長谷土地有限会社に管理を委託するものとし、それから生じた収入金は、第2条の精神を尊重して毎年これを公表し、部落の経費に充てるものとし、なお余剰があるときは、権利者の同意を得てその一部を配分することができる。

第6条（余剰金の配分）　前条による配分は、権利者に対し平等とする。

　2　第4条第1項に掲げる者以外の者に対する配分は、その都度年限その他を勘案し、権利者全員の承認を得て行なうことができる。

> 第7条（権利の喪失および復活）　権利者が転出したときは、転出と同時に部落有財産に対する総ての権利を喪失する。
> 　2　権利者が転出後、再び帰住したときは、転出期間に相当する期間、第3条第2項に定める義務を履行した後、権利者全員の承認を得て権利を復活することができる。
> 第8条（権利の継承）　権利者は、権利を継承させようとする後継者（直系卑属に限る）を適当な時期に届け出るものとする。ただし、その数は1名を超えることはできない。
> 　2　前項の届出があったときは、権利者に諮り適当と認めたときはこれを承認する。
> 第9条（書類の整備）　省略
> 第10条（その他）　省略
> 第11条　この定めは昭和55年3月30日権利者の承認を得て決定し、同日から施行する。
>
> 付則　1　昭和30年1月26日施行の『部落有財産についての定め』は、昭和55年3月30日以降その効力を失う。

[出所]　長谷むらの資料より作成。

昭和30年の定めと昭和55年の定めとの相違点

　さて、この唯一の相違点は権利者の資格に関してである。昭和30年時で「長谷に本籍を有し、定住30年以上に達し、慣習・行事等の義務を履行した者で、権利を有する者から承認を得た」場合に資格は生ずるとされていた。したがって、それらの条件が充たされれば、権利者になれるわけで、そこには人数制限はなかった。ところが、昭和55年時には、先述のように次のように変化する。「権利者は、次に揚げる者とし、新たに加入することはできない。」(4条)、「権利の後継者は1名の直系卑属に限る」(8条)と。昭和30年時の方が門戸は開放的であったといえる。

このような資格制限は、その間に生じた都市的生活様式の浸透、脱農化、部落有財産評価の使用価値から交換価値への変化の結果であろう。

昭和30年当時、都市的生活様式の長谷への浸透はあまり進んでおらず、共有山からの収穫物はむら生活に不可欠であり、入会山を利用することに大きな意味があった。そして、むら内で1戸前として認められた家はどこも、入会山の財産を利用する権利を平等に持っていた。しかも、その権利の継承者は1人に限られていたわけではなく、複数の分家をだすことも可能であった。が、農業中心の当時、むら内での耕地面積などを考えると後継者は自然に一人に絞られた。ところが、自動車の普及・周辺道路網の整備は、大都市周辺に位置しているという生態学的要因とともに、多くの家での専業から兼業を経ての脱農傾向・自宅通勤・非農業的職業従事者のむら内居住、をそれぞれ可能とした。これは、部落有財産の権利の継承者が複数いる家があり得る、ということを意味する。そこで、そういうことが起きないように4条、8条を設けて後継者を限定したのである。

資格制限を設けた第2の理由はこうである。電化製品・ガスの普及など都市的生活様式の浸透は、入会山の使用価値を軽減させ、他方、徐々に周辺に拡がった開発の手は、代わって土地そのものの値打ちを高め、土地を金に換算して評価させる状況を生んだ。部落有財産評価の使用価値から交換価値への変化である。権利者が無制限に増えると——状況としては増加傾向にある——団結が緩み、統制が取れなくなることがある、権利者当たりの配分額は減少する。資格制限を設けることになるのはこのためである。そして、金銭の管理・運営のために設立されたのが法人組織たる長谷土地有限会社なのである。「部落有財産は長谷土地有限会社に管理を委託する」（5条）。任意の団体である入会集団ではそれが出来ないからである。

長谷土地有限会社の設立

これは昭和46年に制定、昭和54年に一部改正されたものだが、先の「部落有財産についての定め」の5条に関連する箇所のみを表4-4に記しておこう。[12]

表 4-4　長谷土地有限会社の定款

第３条（目的）　当会社は次の事業を営むことを目的とする。
　　　　　１　長谷部落共有土地の管理
　　　　　２　前記の付帯関連する一切の事業
第７条（社員の氏名住所および出資口数）　省略
第８条（社員加入）　社員総会において新たに社員を加入させることができる。
　　　　社員総会の許可なくして社員の地位を他に譲渡することはできない。
　　　　社員が死亡したときは社員総会においてその継承人を決定する。
第１２条（決議の方法）　社員総会の決議は、議決権を有する者の３分の２以
　　　　上の出席のもとで、出席者の過半数をもってこれを決する。
第１４条（議決権）各社員は出資１口につき壱個の議決権を有する。
第２２条（信託契約履行）　長谷部落民との信託契約による支払いの履行を優先
　　　　するものとする。
第２５条　本定款に規定しない事項はすべて有限会社その他の法令の定めると
　　　　ころによるものとする。
　　　　以上、長谷土地有限会社設立のためこの定款を作成し、各社員が次に
　　　　記名捺印する。（氏名省略）

　　　　昭和 46 年 5 月 11 日
　　　　昭和 54 年 5 月 31 日（定款一部変更）

［出所］長谷むらの資料より作成。

　なお、設立の経緯に関しては、送電用の鉄塔建設のため、関西電力にむらの総有地の一部を売却せざる得なくなり、その売却代金の処理・管理のため、法人組織を必要としたからである、と言われている。社員の資格に関しては特に規定はなく、第７条に社員の住所・氏名が記載されているだけである。しかし、その氏名は「定め」に記載の氏名と同一である。つまり、社員は「定め」を遵守する、長谷に住居を構える、昔からの家の継承者で、「定め」の権利者

と同一人である。そして第8条にあるように、社員の名義変更には総会の許可が必要なのである。

部落有財産の土地有限会社への委託

　部落有財産を土地有限会社の管理下におくことによって、どのような変化が生じたのであろうか、少し考えてみよう。先ず第1に指摘すべきことは、部落有財産の場合、権利者は直系卑属の後継者をしかるべき時に決めておかねばならなかったが、土地有限会社の場合には継承者をあらかじめ特定しておく必要はなかった、ということである。もっとも、平成11年に会社の定款が「定め」のように改正され、継承者に関しては両者に差異はなくなったが。第2に構成員の資格、権利の得喪などに関しては、部落有財産の有資格者で構成される入会集団では、それらは当該集団の慣習的規範、自立的・自主的判断によって決められていた。しかし、土地有限会社になると、すべては商法（有限会社法を含む。以下同じ。）に則ってつくられた定款にしたがって決められる。第3に管理・運営に関しては、入会集団は村寄り合いを中心とする管理機構によって、有限会社は商法によって決められた管理機構によって、それぞれ管理・運営がなされる。前者は1人ひとりが管理主体の一員であり、構成員と管理機構とは別個のものではない。したがって、入会財産に対し自分たちの財産として係わりを持つ意識が強い。しかし後者の場合、それは、近代的法人形態をとっており、商法の制約を受け、それに則って議せられるのである。前者は全員一致主義、後者は多数決主義によることは言うまでもない。

　以上、両者にかなり差異が認められる。それは、端的にいえば、かつての「むら規約」的なものから、新しい法体系に則った規約への変化である。このことは、むらの財産は自分たちのもの——先祖から受け継いだ——という意識を希薄にし、開発・利便性・経済合理性などの観点から財産を評価する方向に向かわせることになる。それを避ける一手段として、社員はむらに古くから居住する家同士が互いに認めあった者という風に規約を設け、全くの部外者の加入を排除している、と言えよう。

さて、財産に関する考え方、とりわけ、権利者の資格についての考え方が時間とともに動いていること、しかも、その動きが都市的・経済的・資本主義的方向へ向かっていることをみてきたが、財産や共有地の維持・管理に関わる規約は、時代の変化に適応しつつも今日まで長谷住民の日常生活にしっかり根を下していることが確認できたと考える。次に組織についても同じように検証してみよう。その前に長谷の揺れ動く変化をみておこう。

第3節　むら社会の変化[13]

鶴見台住宅地の建設[14]

　昭和43年、部外の宅地造成会社は、権利者の所有する長谷むら内の山林を買収し、そこに鶴見台と呼ばれる住宅地を建設すべく宅地の造成にとりかかり、翌昭和44年宅地販売を開始した。しかし、宅地購入者にとって不幸なことが相次いで2件発生した。一つは昭和45年、市がこのあたり一帯を市街化調整区域に指定したことである。それは、そこに住宅を建設できないこと(宅地化不可)を意味する。二つは昭和47年、造成会社が倒産したことである。それは、造成地が不完全なままで終ったことを意味する。その頃までに二つの期に分けられて販売された、約140区画は完売していた、という。

　昭和48年、鶴見台住宅地の完成報告会がもたれた。これは、造成業者が倒産しているので、住宅地の管理人——地元責任者・長谷の権利者——が中心となり、分譲地の購入者に呼びかけたものであった。それは、居住者が一人もいない段階——当時4戸が建築中であった。なお、土地の購入時期により、家を建築できる会員とできない会員とがいた——での変則的な自治会の発足に発展した。道路工事——私道を市道に編入するための工事——、土地関係工事——区画の整備、土砂崩れ・流出の防止——、水道関係工事、そして電気関係工事など不備・不完全なものばかりであったが、造成業者がいない状況では現状をもって完成とせざるを得ず、土地購入者は、住宅団地の完成をめざして団結するよりほかに方法はなかった、からである。すなわち、先の二つの予期

せぬ出来事が見ず知らずの人たちに会を組織せしめ、公道化(宅地化)にむけて市や県への運動を展開させることになる。そして、その甲斐があって市街化調整区域に対する規制を事実上この鶴見台地区に限り一時期解除させることに成功したのであった。その詳細は他に譲り、ここではその運動の過程で生じた長谷むらとの関わりについて、若干、考えてみることにしよう。

上述したように運動の成果として、市街化調整区域に対する規制がこの地区において一時期解除されたが、それには一定の条件がついていた。それは、地元の水利組合の承諾を得る、というものであった。鶴見台居住者の生活排水は、農業用排水路を経て長谷川へ流出するようになっていた。居住者が少ない段階では何の問題も生じないであろうが、居住者の増加とともに長谷むらにとってこの生活排水が大きな問題となってくる。昭和54年、長谷部落会は、専用排水路を新設するようにとの申入れを鶴見台自治会に行い、それに対する確約が得られないことには、水利組合では家屋新築の承認を与えることが出来ない、との見解を示した。鶴見台の居住者のなかには、この問題は造成業者と長谷部落会との間で解決されているはずの問題ではないか、との意見が強くあったが、役員会は協議の末、長谷部落会とは対立関係に立たないとの方針を打ち出した。そして、最終的に両自治会は協定書を締結するに至る。

排水問題と並んで長谷むらにとって大きな問題は、鶴見台の分譲地から田畑に流れ出る土砂の問題であった。先の報告会で、今後の土砂の流出などの防止は土地所有者が管理・保全することと決められていたので、土砂の田畑への流出に対する長谷むらからの苦情は土地所有者が誠意をもって対応せねばならなかった。鶴見台居住者は宅地に石積みをしているので土砂が流出することはないが、非居住者の間ではそれをしていないケースが多く、長谷部落会からこの点に関する苦情が鶴見台自治会に多く持ち込まれた。その都度鶴見台自治会は会員に通知を出すなど苦しい対応を強いられた。

このように昭和40年代に入って長谷むらに開発の波が押し寄せ、その一角は宅地化され、それに伴って外部から多くの転入者を迎え入れた。そして、そ

の過程において、生活排水や土砂の田畑への流入の問題が生じたが、両組織（自治会と部落会）は本質的には協調・友好関係の維持・促進を優先させながら事態の解決をはかった、と言える。

　宅地開発と並行して再開発事業——圃場整備——も早くから計画はされながら、それが実行に移されるのは昭和50年代後半になってからのことである。

圃場整備[15)]

　圃場整備とは、農地の区画整理を中心に行いつつ、これと関連のある用水路、排水路、農道、暗渠排水などを総合的に整備する事業のことである。これらを行うことによって、従来各地に分散していた圃場が集団化されるので、また、1区画の圃場の広さが大きくなるので機械の導入が一層有効になり、加えて圃場は1枚ごとに農道、用・排水路に面することになるので、隣の圃場とは無関係に水の出し入れが可能となる。

　これは、市街地再開発事業と同じく関係権利者の事業への同意を得ることから始まる。市街地再開発事業の場合には建物をつくるわけであるから、権利の変換がなされるのだが、圃場整備の場合には建物の建設は伴わず、土地の交換つまり換地処分がなされるだけである。水路や農道を新規に設けるので、それに要する土地は全員の拠出による。これは共同減歩と呼ばれる。長谷の場合、約30ヘクタールの農地——全農地の95％に相当——が整備され、水路・農道を拡張・新設したが、最終的には農地は減少しなかった。それは公簿と実測との差異によるもので、前者の方が狭いからである。これは、どの地域にもみられた先人の生活の知恵の結果であるといえよう。

　圃場の整備に関する計画は、昭和38年、同54年と過去2度なされ、そして昭和58年に実施に踏み切ることになる。3度目に実行することになった理由は、①長谷には今日専業農家はおらず、大部分の兼業農家は機械を活用した農作業を行っている。機械を能率よく活用するためには、土地の区画が広くなければならない、②さらに、各農家の所有する農地が1ケ所に集団化されると便利である、③その他として県の補助率が高い、周辺集落と統一行動

を採る、などによる。この事業に反対するものはいなかった。長谷の土地所有者——1人を除いて全員が部落有財産の権利者——は全員、周辺の西谷村の大原野東部、中部の各むらの権利者とともに西谷中央土地改良区を結成した。長谷内21の字の整備は平成3年完了した。この圃場整備事業に伴ってなされた水利事業について次に考えてみよう。

水利の一本化[16]

　従来、長谷の水利は長谷川水系(大池)と猿山川水系(猿山新池)の2本に大別され、前者の長谷川水系には12個の井と池が、後者の猿山川水系には6個の井がつながっていた。これらに加えてさらに個人による所有・管理の池が多数あった。水は各井から予め決められている田に流れ込み、各井から受水する田の所有者ごとに共同組合がつくられていた。したがって共同組識は井の数だけあった。そして、圃場整備以前の段階では各自は各小字に分散して田をもっていた。ということは各自はいくつもの共同組織に加入していることになる。各自がその一員である共同組織のメンバーは同じではなく、少しずつ重なりながら全むら人をカバーしている。むらは多くの細かい水利組識の連合体であった。

　整備後はどのようになったのであろうか。利用する2つの水系は同じであるが、前者では6個の、後者では5個の井(溝)が活用され、残りは廃止となった。ポンプアップしたり、またどちらの水系からでも田に引水することができるようにしたからである。そして、これらをむらで管理する方針を採用したのである。加えて、整備の際、かなりの農地を溜池に転用し、これをもともと在る個人所有の池とともにむら人全体の利用に供するようにした。つまり、個人所有はこれを認めながら、利用権はむら人共有とする、そしてむらで水利組識を管理しよう、というわけである。これが水利の一本化である。

　先に水は隣の田を通らずに流れるので自由に他人を気にせず仕事ができる、といったがこれは他人との共同関係が無くなったことを意味するものではない。むら人の協力関係は圃場の整備を契機に以前に比し、増加しているとい

える。1つは上でみた水利のむらによる管理であり、その最たることは、51名のメンバーが行う水路の掃除である。他はこれからみる新農耕組合の結成である。

新農耕組合[17]

　これは、長谷の土地改良区のメンバーが農業の振興と農業経営の改善を目指して、昭和58年に結成した組合である。その目的は、農用地をいかに有効利用するかにあり、そのため長谷地区農用地利用規定を設け、作付地の集団化、農作業の受・委託、機械・施設の共同利用、農作業の共同化を謳っている。これは、いわば、圃場の整備の受け皿である。これが上手く機能しないことには、圃場の整備、ひいては水利の1本化は絵に描いた餅になってしまう、といえよう。

　平成3年当時を振り返ってみよう。圃場の整備がなされた30ヘクタールのうち、3割は減反の転作を強いられ、9ヘクタールのうち、3分の2は各自に割り当て、3分の1を共同化で処理していた。この共同化は、新農耕組合の10名（隣保ごとに2名）の役員によってなされていた。彼らは定職を持っているので、全員が同時に作業をすることはなかったが、ローテーションを組んで連絡を頻繁にとり、各自に課された役割をこなしていた。夏は大豆、冬は小麦を植えつけるのが、ここでのカレンダーであった。収穫時には組合員全員が手伝う取り決めになっている。組合のメンバーが特に寄ることはないが、何かあれば、部落会の折に相談をすることになっていた。

　基本的にこのパターンは平成12年においても維持されている。現在のメンバーは41名である。そのなかに農業に専念している20代の青年がいることは心強いと長谷の長老はいう。

まとめ

　以上、長谷を例に村落生活の動く実態をみてきた。こうした動きの延長上に冒頭でみた宝塚新都市構想が位置付けられることはいうまでもない。そう

したなかでの長谷のむら組織、むら行事を最後にみよう。

第4節　むら組織とむら行事[18]

部落有財産の権利者と無権利者

　昭和33年当時、「定め」に記載されている権利者は46家であった。その他に4分の1の権利を持つ家が5家、2分の1の権利を持つ家が3家、さらに権利者で餞別を受け他出した家が1家あった。昭和55年の改正された「定め」に記載の権利者は46家、準権利者が5家であった。彼らが第1節で見たような共有地の権利を有する家である。昭和33年と昭和55年の権利者数はたまたま同数だが、そこには若干の動きがある。昭和33年当時の権利者のうち5家は他出、4分の1の権利者のうち2家は他出、2家は準権利者に、1家は権利者になった。2分の1権利者3家は全家が権利者となった。新たに昭和55年に準権利者になった家が3家、うち2家はむら内の家の分家である。昭和55年に権利を得た1家は、昭和33年餞別を得て他出した家が帰村し、再度権利を復活させたものである。41家は昭和33年以降不動の権利者である。以上をまとめると表4-5のようになる。平成12年現在、46名の権利者に準権利者5名を加えた計51名がいわゆるむらの諸々の行事に携わる家々の長ということになる。これが部落会の構成メンバーである。

表4-5　権利者の異動

昭和55年＼昭和33年	権利	2分の1権利者	4分の1権利者	無権利者	他出者	計
権利者	41	3	1	0	1	46
準権利者	0	0	2	3	0	5
他出者	5	0	2	0	0	7
計	46	3	5	3	1	58

[出所]　長谷むらの資料より作成。

次に無権利者に関して、その来住時期をしらべると、昭和40年代以前の来住6家は、長谷に来住以来基本的には鉄工業を営んでいる。彼らは一族で兄弟・親戚関係にある。一族の長の家では農地を持ち、先述の新農耕組合のメンバーでもある。それ以外の昭和40年代以降の来住層で農地を所有する家はない。彼らは、権利者の誰かと知り合いであり、そのツテで来住・定住している。ある家は他出家の後に居を構え、ある家は権利者の斡旋で新築した。少ないとはいえ転入世帯は増加の傾向にある。ときが経ち、平成12年現在21戸の来住層がいる。

むら組織

　これら来住層（無権利者）は上の地元層（権利者）と対等の資格で自治会を構成する。現在72戸から成る。この下部組織として6区に分けられた隣保組織がある。

　先述のように自治会とは別に権利者だけで組織する部落会もある。部落会一般については先に触れたので、以下、長谷の場合についてみてみよう。部落会のまわりには多くの専門の領域に特化した次のような組織がある。農会、消防団、氏子・檀家総代、公民館運営委員会がこれである。組織を構成しているわけではないが、次のような数名からなる委員もいる：衛生委員、池番、環境委員、生活改善委員、道路委員、時間励行委員。それらと明治期の規約との関係をみてみよう。

　衛生委員——衛生関係項目（村法に多々あり）
　環境委員——山林保護委員（村法10条）
　生活改善委員——風俗改良規約・節倹規約
　道路委員——道路維持規約
　時間励行委員——集会同盟規約
　神社・檀家総代——氏神当番

　それらのほとんどは明治期の規約を引き継いだものである。明治の精神が色濃く残っていると言えようか。しかも、それらは平成12年の今日において

もなお、部落会メンバーの、あるいは自治会メンバーの地域生活に影響を与えている。自治会メンバーを含むそうした一つに生活改善に関する申し合わせがある。

昭和　49 年　生活改善に関する申し合わせ(長谷自治会)
　　　　51 年　ムダを省く運動に協力(西谷地区自治会連合会と西谷婦人会による)
　　　　56 年　申し合わせ(公民館運営委員会、婦人会、生活改善委員)
　　　　63 年　生活改善に関する申し合わせ(長谷自治会、公民館運営委員会)
　　　　　　　上棟式・結婚・出産のお祝い、お祝い返し、葬式時の供花・僧侶の食事・手伝いのこころづけ、初盆・法事・逮夜について。
平成　 8 年　さらに細かく規定を定めている(省略)。

　以上は、申し合わせの必要性を認識してはいるが、守ることの難しさを示すものであろう。もっともこれは豊かさの別言なのだが。

むらの労働・行事

　部落有財産についての「定め」の第 3 条にむら仕事のことが記載されている。「溜池、河川、道路の改修」については、今日、これは行政主導でなされているので、あえてこれを行なう必要性はないのだが、先の道路委員を中心に自治会のメンバーにも呼びかけて、定期的になされている。「植林や伐採」についても環境委員が音頭をとって下草刈りや草むしりを年 2 回定期的におこなっている。これは部落会のメンバー 51 名だけで行うことになっている。植林は過去 5 年続け、いま一段落の状態にあるという。権利者は「定め」にあるように義務をはたさなければならないのである。

　各種の講に関しては、伊勢講と庚申講は続いているが、高野講、愛宕講、金毘羅講、念仏講などは休講にして長くなるという。恒常的な勤めに出る者が増える、外出の機会や外部との接触の機会が増えるなどのため、講員の集まりがよくなく、講を寄せることにしたからである。しかし、いくつかに統一

してでも何とか存続しているのである。他方、今日もっとも活発に機能しているのは、葬式時の合力組織としての墓講である[19]。なお、この講は毎年8月の7日前後の日曜日に行っている。

まとめ

　以上、長谷むらにおける明治期以降の村落組織や日常生活(行動)のあり方をみてきたが、われわれは、そこにかなりの継続性を読み取ることができたと考える。そして強調されるべきは、これらは長谷以外の西谷村の各むらにも大なり小なり妥当する、ということである。

　これらを要約的に言えば、長谷ひいては西谷村では、時代の流れに適応しつつも規約類を中心に村落生活が維持されている、その底流では『財産に関する定め』(規約)が強くその威力を発揮している、そしてそれを通して、生活の共同性、組織の連続性、継続性が図られている、ということである。

第5節　結びにかえて

　以上、長谷むらに代表される西谷村は、対内的には伝統行事や共同生活を維持する工夫を続ける一方、対外的には大都市圏内に立地する数少ない開発されるべき拠点の一つとして、都市化の変動を受けている地域でもある。

　先にみたように西谷村は、その全域は市街化調整区域に、さらにその一部の地域は農業振興地域に、それぞれ指定されている。農業振興地域とはいいながら、狭隘な農地のため農業経営の生産性は低く、専業農家はかなり前から皆無に等しい。しかし、農業に関わる組織や日々の生活に関わる旧来からのむら組織は、いまも存続し、それなりの力を持っている。水利組合や新耕作組合や部落会などはその典型例である。つまり、かつての生業としての農業は活発ではないが、農業を円滑におこなうために設けられてきたむら組織やその仕組みの本質は強固に保持されている。こうした組織の保持、たとえば、新耕作組合の結成や水利の一本化は、農業の活性化のためということ

よりも、むら組織、むら生活の共同化のシンボルとしての意義の方が大きいかも知れない。逆説的ながら、住民の職業構造が多様化の方向にあるからこそ、住民の求心性を高めるものとしての存在意義があるといえよう。本来は生産活動のための組織ではあるが、それが生活のために支持(維持)されているわけである。そして、そうした組織を通して、生活の共同、むら社会の団結・一体性が継承されている、ということである。もちろん、共同性、団結性、一体性などの内実は往時とは異なる。時代の変化に適応させて維持存続を図っているからである。しかし、その精神はしっかりと受け継がれている。「むらの精神」が維持されている所以である。

そして、特筆すべきは、そうした精神が部落有財産によって支えられている、ということである。すなわち、宝塚北部地域においては名称は異なれ『部落有財産に関する定め』が機能している。それらはもちろん今日と江戸期、明治期、昭和期とでは異なる。しかも、財産のもつ意味も今日と過去とでは異なる。しかし、時間を通して言えることは、そうした財産を維持し、また、そのための規約を時代に合わせて変更させつつ遵守しているということである。ここに組織のもつ連続性を見ることができる。それは、過去と現在ということだけでなく、現在と将来とのつながりを見とおすものでもある。要約すれば、財産があるかぎりそれを管理運営する規約が必要であり、さらにはそのためには組織が存続せざるを得ず、結果として団結・一体性が保持されるというわけである。

しかし、最近この「むらの精神」を揺るがす状況が生じてきた。先述の2つ目の縛りである市街化調整区域の制限をはずし、この地を宝塚新都市開発構想のもとで開発しようとする計画がこれである。くり返しになるが、つぎの1点に絞って述べておこう。

「平成9年2月 用地買収状況1,060ヘクタール」に関してである。これは、むらの団結、一体性を揺るがしかねない共有地の売却問題を浮上させた。カンカンガクガクの議論の末、各むらは開発整備地区内の共有地の売却に同意したのであった。もっとも多いむらでは保有財産の約8割を、少な

いむらでは1％程度を「協力」（売却）したという。「協力」にみられるこのような差は、むら人の反対表明の強さによるものではなく、整備地区内の保有財産の多寡である。

　保有する共有財産の大小がむらの団結や一体性の強弱を必ずしも決めるものではないが、かといってまったく無関係でもない。実際そうしたことに配慮した行動が多々見られる。たとえば、保有財産の7割を「協力」せざる得なかったFむらでは、売却金(協力金)の一部はこれを権利者に分配し、残りは、地区内であれ、地区外であれ手頃な土地・共有山を求めるべく奔走している。[20] 新たなむらの団結のシンボルを求めてのことである。シンボル的なものが少なくなると、あるいはなくなると組織の緩みが加速することをこれまでの生活の経験から熟知しているからなのであろう。「むらの精神」の一端がかぎ取れようというものである。

　われわれがこの第Ⅱ部で強調したいことは、まさにこれである。農業は衰退の一途にあるなか、昔からのむら組織が維持され、生活の共同、むら(地域)社会の一体性が図られている、そういう地域が案外多いということである。とりわけ部落有財産を有する大都市近郊の地域においてはそうである。そのメカニズムについては、触れてきたところである。長谷むらを含む北部地域の場合、計画は始まったばかりである。これからどのような方向に向かうのか、それに伴ってむら組織やむらの生活のどういう側面や領域がどのように変化するのか、あるいはしないのか、今後を注意深く見守っていきたい。

【注】

1) 兵庫県都市住宅部新都市建設課の資料、および宝塚市の関連資料による。

2) 宝塚市職員の話しではこの計画は阪神・淡路大震災後、景気の動向ともあいまって若干の見直しを迫られ、その進度はおくれている。もっとも、平成12年現在、用地の買収は8割を超えているという。

3) 本章でも「村」と「むら」とを区別している。前者で、市制町村制以後の行政村を、後者で市制町村制以前の村(旧村)や以後の行政村内の集落を、それぞれ意図している。また、「村落」を「村」と「むら」の両者を含意する用語として使用している。宝塚市に合併されたかつての旧村は、例えば、「旧西谷村」と表記されるべきだが、「西谷村」と表記した。なお、むら規約、むらの精神については「むら」で統一。

4) 渡辺洋三編著『入会と財産区』勁草書房、昭和49年、12-13頁。

5) 同前書、19-20頁。

6) 宝塚市『宝塚市史第3巻』、昭和54年、284頁、566-567頁。

7) 宝塚市『宝塚市史第6巻』、昭和54年、574-575頁。西谷村会は昭和30年3月合併を決議。同区域は宝塚市に編入される。

8) 地元の資料による。

9) 宝塚市市史編纂室および長谷むらの資料より。

10) 長谷むらの資料および宝塚市『宝塚市史第3巻』、534-536頁。

11) 長谷むらの資料より。
「定め」はその後平成7年1月改定されたがその主な点は以下のとおりである。
1)諸行事に出役しない権利者や準権利者から過怠金を徴収すること(第3条5)。
2)後継者を直系卑属から「継承者は、非継承者の配偶者、または二親等以内の血族、およびその配偶者」に変更(第8条1)。
3)準権利者の氏名を明記(省略)。

12) 長谷むらの資料より。
定款は、本文(120頁)にも記したが、平成11年に社員の継承者を、平成7年1月に改訂された「定め」の第8条1のように変更している。「定め」の権利者の資格と有限会社の社員の資格とを連動させるためである(注11参照)。

13) 平成3年になされた聞き取り調査にその後の追跡調査結果を加えたものである。

14) 鶴見台自治会『鶴見台のあゆみ』、昭和58年。

15) 平成12年現在、基本的には平成3年当時と変わっていない。

16) 平成12年現在、基本的には平成3年当時と変わっていない。

17) 組合はかなり活性化されていると聞く。

18) 平成3年になされた聞き取り調査にその後の追跡調査結果を加えたものである。
ここでも基本的には以前のものが踏襲されていることがわかる。

19) ある墓講で不幸がでると、喪家を除く全講員が葬儀を一切取り仕切る。葬儀委員長は講員の誰かが務める。

20) 平成12年9月になされた聞き取り調査によると適当な物件がみつかった。
長谷むらの前坂定義氏にはたいへんお世話になった。同氏に感謝申し上げます。

第5章

市街地再開発事業と地域組織の見直し
―宝塚市 I 村を事例として

第1節　S駅前地区市街地再開発事業

市街地再開発事業の目的・必要性

　市街地再開発事業(以下、本文中は再開発事業と略称)とは都市開発法に基づき、市街地の土地の合理的かつ健全な高度利用と都市機能の更新を図るためになされる、建築物、建築敷地そして公共施設の整備に関する事業などをいう。すなわち、それは、一定の区域内の混在した街の利用形態を改善するため、密集した建物の取壊し・その敷地の整備・新たな建物の建築、を行い、従前の土地所有者や借地権者に対し整備された敷地の所有権、施設建築物の一部の区分所有とこれに見合う地上権、を与えようとする事業で、従前の土地建物についての権利を新しい土地建物についての権利に変換しながら、建物の共同化・立体化と公共施設の整備を一体として行うものである。

　このような事業が必要となるのは、都市の既成市街地において狭隘な木造低層建築物の密集・住工の混在・社会資本の整備の立ち遅れなどにより残存している劣悪な市街地を除去するためであり、また、敷地の細分化によるミニ開発・中層建築物のバラ建ちなどにより再生産される不良な市街地の進行を食い止めるためであり、さらには、地域によっては居住環境の悪化による火災・震災などの危険をなくすためである。

市街地再開発事業の手順

　このような再開発事業はどのような手順でなされるのであろうか。組合施行の場合、それは大要次のようになる。

事業の発意－基本計画の作成－事業計画案の検討－基本的合意形成－都市計画決定－再開発組合設立－権利変換計画の決定－土地・建物の明渡し－工事－工事完了公告－清算

以上を組織形成の観点から整理すると表 5-1 のようになろう。

表 5-1　市街地再開発事業における組織形成

	地元側	行政側
①発起人の合意による協議会（研究会）の段階	・各種団体との話し合い ・研究部会設置 ・各種の調査、研究、啓蒙活動 ・専門家への協力要請 ・自治体との連絡調整 ・基本計画の策定、区域の検討	・広報・啓蒙活動 ・基礎資料準備 ・基本計画用資料の作成 ・基本計画策定助言 ・全面協力
②準備組合の段階	・部会設置：財務、権利変換、建設、総務、補償、管理、運営など ・詳細な調査：管理や生活にかかわる内容 ・事業計画案作成 ・同意書の作成 ・組合設立認可申請 ・都市計画決定	・準備組合と各種の協議 ・県、国などとの連絡調整 ・都市計画決定
③本組合の段階	・権利者ごとに役員を決定 ・総会あるいは総代会の設置 ・権利変換：総会の議決、審査委員の過半数の同意 ・権利の変換に伴う登記、土地建物の明渡し	・組合設立認可（県知事）

［出所］宝塚市役所の資料より作成。

本章の目的

　本章の目的は、再開発事業に対する地域社会の取り組みや対応の仕方を、地域社会内に存続しているむら組織の観点から考えることである。すなわち、以下では宝塚市内 S 駅周辺地区に位置する I 村を対象とするが、それは、昭

和30年代以降の都市化の進展によって揺らいできた生活のありようを再開発事業を契機に見なおす姿勢が垣間みられる、と考えるからである。そして、何がむら的な組織や関係の修復・存続に資する要因なのかを考えるヒントを与えてくれると思うからである。それは地域の活性化を考える一助にもなろう。[1]

S駅周辺の状況

　S駅周辺地区は、市制・町村制以前には、I村と呼ばれていたが、明治22年、同村を含む周辺4村は合併をしてR村となる。昭和29年、R村は宝塚町（昭和26年成立）と合併、宝塚市が誕生（当時の人口は4万、現在は20万）し、今日に至っている。宝塚市が大阪都市圏の20km圏内にあることはいうまでもない。

　タクシーやバスの発着場がある関係上、また市庁舎が駅前のR村役場に置かれていたこともあり、S駅周辺は人の往来が絶えず、商店は賑わいを見せていた。しかし、街路は狭く、歩道はあるとは言えず、交通事故や火災時の心配が常に付きまとっていた。また、駅周辺は営業面積がきわめて狭い店舗が全体の7割を越える、小商店の密集する商住混合地域でもあった。再開発事業を行う必然性がここにあったわけである。

　他方、駅周辺地区にはマンション・文化住宅も林立し、来住層が多く、平成2年現在自治会が6つあった。I村の家々はかつての村当時の組織を維持している。[2] このあたりの土地の多くは彼らの所有になる。それを取り仕切っているのがI土地株式会社である。I土地株式会社はI住民が大正6年に結成した、共有地の管理会社である、と同時にI村の社会的な寄り合い的機関でもある。再開発時にこの会社が大きな役割を演じることになる。

第2節　市街地再開発事業の経過

　再開発事業の経過を年表風にまとめると表5-2のようになる。

先にみた手順を沿って、事業が進められたことがわかる。以下、組織の形成という観点からやや詳細に見ることにしよう。

表 5-2　S 駅前地区における市街地再開発事業の経過

昭和 36 年	宝塚市、区画整理事業を発表。 I 土地株式会社、商店会反対。
昭和 44 年	宝塚市、南口駅で市街地再開発事業に着手。
昭和 47 年	市、S 駅前地区商業診断実施。
昭和 48 年	市、S 駅周辺地区再開発基本計画作成。
昭和 49 年	S 駅前地区市街地再開発研究会発足。 隣駅で市街地再開発事業完成。
昭和 52 年	S 駅前地区市街地再開発協議会発足〔2 月〕。 S 駅前地区市街地再開発促進組合発足〔4 月〕。
昭和 53 年	事業区域確定。
昭和 55 年	都市計画決定。
昭和 56 年	市街地再開発組合発足。事業計画決定。
昭和 57 年	仮設店舗工事開始。
昭和 58 年	仮設店舗オープン。権利変換計画認可。 除去工事開始。
昭和 59 年	公共施設工事開始。第 1 棟建築工事開始。
昭和 60 年	第 2 棟建築工事開始。
昭和 62 年	建築工事完成。オープン。
昭和 63 年	公共施設工事完了。

〔出所〕宝塚市役所および市街地再開発組合の資料より作成。

S駅前地区市街地再開発研究会（昭和49年－52年）[3]

　この研究会の目的は、"S駅前地区の関係権利者の共同の利益と地区の健全な繁栄を期すため、当地区再開発の具体化の是非に関する研究を行う"ことにあった。そして、この目的に沿って"再開発事業に関する知識の習得、地

区の商業・交通・住環境に関する研究、再開発事業のモデルの試算、広報活動、見学会・説明会の実施"など多岐にわたる事業が計画された。この会が結成されたのは、S駅を挟む両駅に集客力のある商店（街）——一方の隣駅では再開発事業が完了、他方の隣駅には大型スーパーが進出——が相次いで形成され、当駅前地区が周辺から取り残されるのではないかとの危機感からであった。

駅前地区の権利者87名のうち63名がこれに参加した（参加率は72％）。そのうちI住民が15人（24％）、うち2名は団体の代表者（I土地株式会社、伊勢講）であった。なお、権利者87名の内訳は土地所有者8名、借地権利者27名、借家権利者52名であり、土地所有者は大部分がI住民であった。

表5-3　研究会の活動状況

	昭和49年度	昭和50年度	昭和51年度	計
総会	2	1	1	4
総務部会［役員会］	12	13	16	41
商業専門部会		4	7	11
調整専門部会		4	7	11
広報部会		1	3	4
その他	2	1	9	12
小計	16	24	43	83
ニュース発行	1	5	11	17
レポート発行			6	6
アンケート調査など	1	5	2	8
小計	2	10	19	31
総計	18	34	62	114

［出所］S駅前地区再開発研究会編『再開発研究総集編』、昭和52年。

研究会のメンバーは総務、商業、調整、広報の4部会のどれかに所属し、かなり頻繁に会合を開き、また、設立の趣旨に沿って研究会ニュースの発行、事業計画案の作成、再開発に関するアンケート調査の実施など多岐にわたる活

動を行った。それらをまとめると表5-3の通りである。会長がⅠ土地株式会社の社長であったことが、会のまとまりを良くし、精力的な活動をなさしめた、といえる。

　研究会は昭和52年、発展的に解消され、市街地再開発協議会(同年2月)、市街地再開発促進組合(同年4月)に引き継がれる。再開発事業に賛成の者が地区内の82％にも達することが、研究会がおこなったアンケート調査の結果判明したからである。

S駅前地区市街地再開発促進組合（昭和52年－56年）[4]

　市街地再開発促進組合(以下、促進組合と略称)は組織されたもののⅠ土地株式会社は不参加を表明し、同社の社長は促進組合長就任の要請を断る。促進組合では多数決の原理が採用され、商業者の意向が組合により強く反映されるのではないか、と危惧したからである。しかし、Ⅰ土地株式会社は再開発事業に無関心だったのではなかった。むしろ、当初の不参加は商業者への一種の牽制でもあった、と思われる。会社内部に再開発審議会を組織し、再開発事業に関する研究・討議を重ねているからである。そしてⅠ土地株式会社はその間、株主総会で株主は会社の決定に従うことを申し合わせている。これは極めてきつい拘束であるが、これに表立って背く者はいなかった。他方、宝塚市との話し合いは何度か続けられ、昭和56年2月、最終的に市の斡旋を受け入れ——その理由は不明だが——、Ⅰ土地株式会社は市街地再開発組合の設立に同意を示し、ここに再開発事業は軌道にのる。

　Ⅰ住民ぬきの組合の状況はどのようであったであろうか。促進組合員は総務・総括、財務・会計、建設、権利調整、管理運営の部会のどれかに所属し、また、権利者別、商売の業種別、居住地域のブロック別の懇談会を開催し、再開発事業の啓蒙・情報交換をきめ細かくおこなった。とりわけ、各ブロック内に5－10人単位の班を設け、その責任者を総代として、彼に促進組合の役員と一般組合員との仲介の役割を担わせた。役員は市役所やコーディネーターと連絡をとり外部機関との調整に精力を注ぐと共に促進組合員の結束を

図るため広報活動を活発に展開した。なお、先の研究会は駅前のごくかぎられた地域を対象としていたが、促進組合がカバーする地域は、これより広く、したがって権利関係者の数は研究会の比ではなく、それだけ組織運営は難しかった。

彼らの発行したニュースつまり、"街づくり(昭和52年5月－53年4月)"、"栄える街づくり(昭和54年5月－56年10月)"の中からその間の興味深いニュースを挙げると次の通りである。

昭和54年6月： 組合加入率・都市計画決定の要望書の署名率がそれぞれ70％、80％。
昭和55年9月： 周辺各種団体との懇談会をこの頃開催。
昭和56年2月： Ｉ土地株式会社が市街地再開発組合設立に同意。
　　　　　　： 権利者220名中190名が同意（同意率86％）
昭和56年6月： 再開発事業に反対する意見書（商業者の一部から大企業優先の再開発事業になっている旨の批判書）が提出された。

市街地再開発組合(昭和56年－63年)[5]

役員にＩ土地株式会社関係者を加え、促進組合当時の各部は総務建設部、財務資金計画部、権利変換補償部、商業経営管理部に改組され、事業は最終段階に入る。日常的には一方で反対する権利者の説得を続けると同時に他方で、周辺住民との話し合いを宝塚市を介して頻繁にもった。例えば、Ｓ駅前地区再開発隣接地域住民会から市街地再開発組合(以下、再開発組合と略称)に次のような要望書が出された。それは、再開発事業により周辺に影響が及ぶ事項については付近住民と協議を行い・同意を取りつけること、再開発事業中の防犯・火災・交通安全・生活環境の保全に配慮すること、建設・工事計画を詳細に呈示すること、隣接商店の活性化維持のために協力すること、など生活全般にわたるものであった。これに対し再開発組合は文書で市長に次のように回答している(昭和58年7月)。すなわち、"市・警察・関係機関

表 5-4　再開発組合員の動向

```
土地所有者      36名
　権利変換者    21      うち I 住民 14（67%）
　地区外転出    15      うち I 住民  5（33%）
借地権者        58名
　権利変換者    38      うち I 住民  5（13%）
　地区外転出    20      うち I 住民  3（15%）
借家権者       139名    うち I 住民  2（ 1%）
```

[出所]宝塚市S駅前地区市街地再開発組合『栄える街づくり』平成1年。

と協議の上施行する"、"迷惑にならないような方策を検討する"、"説明会で十分に説明する"、と。要望する側も回答する側も元々は同じ近隣の住民であり、また一部の熱心な住民は両者に属するということもあり、どちらかといえば抽象的なやりとりで終っている感が強い。

しかし、昭和59年10月になされた説明会では、すでに工事が始まっていること、また相手が直接の施工者・監督者ということもあってか、具体的な話し合いが持たれている。その際、再開発組合員が住民の立場で、"工事のため地下水路が遮断されるのか田に水をいれてもすぐ吸い上げられ困る"、"工事排水は上水のみを放流することとし、その際水利組合に連絡を"、"水門の量が半分になった"など水の問題に苦言を呈している点が注目される。その他、電波障害、日照権、風害が問題とされたが、それらも先と同じく再開発組合員からの提起である。これは、再開発組合員だから再開発事業に熱意があるということではなく、現在地に長く居住することからくる、地域への関心の高さの結果だと思われる。先の要望書にしても来住層はどちらかといえば無関心で、再開発組合員であるI住民の方が積極的であった。すなわち、隣接地域住民会でもI住民が支えてきたわけである。

さて、権利変換計画認可決定時の組合員（昭和58年）の動向を次にみておこ

表 5-5　市街地再開発組合の役員

昭和56年（組合設立時）		
理事長	1名	
副理事長	3名	（1）
理事	26名	（7）
監事	3名	（2）
計	33名	（10）
		30％
昭和58年		
理事長	1名	
副理事長	3名	（1）
常務理事	1名	
理事	19名	（5）
監事	3名	（2）
計	27名	（8）
		30％
昭和60年		
理事長	1名	
副理事長	3名	（1）
常務理事	8名	（0）
理事	13名	（6）
監事	3名	（2）
計	28名	（9）
		32％

（注）カッコ内はⅠ住民を示す。
［出所］表5-4と同じ。

う。Ⅰ住民に注目してまとめると、表5-4の通りである。

土地所有者で権利変換をしたⅠ住民14名のうち12名は個人所有分、残りは団体所有の代表者であった。先述のように団体所有のうち、1つはⅠ土地株式会社、他は伊勢講（K講として後述）である。個人所有であれ、団体の代表者であれ、土地を店舗用に賃貸しているケースが殆どである。地区外転出を希望した5人のⅠ住民は彼らの土地をいずれも住居として利用してきたが、これを機会に駅前地区を出て代替住宅地を周辺に求めたのである。

全権利者の中で土地所有者の占める割合は小さいものの、地積の観点から彼らの意向はこれを無視できるものではなかった。とりわけⅠ土地株式会社が所有している土地が再開発事業区域内に占める割合は極めて高く、したがって彼らが再開発事業に賛成しなければこの事業は成立しえなかったのである。再開発事業の可否はⅠ土地株式会社の意向にかかっていたわけで、促進組合時代の役員が、宝塚市の斡旋を受けて一日も早いⅠ土地株式会社の賛成の意思表示を願っていたのも頷けるところである。

最後に3時点にわたる再開発組合の役員をまとめると表5-5のようになる。役員の任期は1年で、権利関係者ごとに選出される。つまり、土地所有者、借

地権者、借家権者はそれぞれ自らの代表を10名選ぶことになっている。昭和56年の場合にはⅠ住民は土地所有者の代表として10名中7名が、また借地権者として3名がそれぞれ選ばれた。Ⅰ住民で借家権者はきわめて少ないこともあって、その代表は選ばれていない。以後、2度改選が行われたが、いずれの場合もおおむね同じ程度の比率でⅠ住民の役員が選出されている。なお、土地所有者の代表としてⅠ土地株式会社が毎回選ばれたが、役職上社長が役員として加わった。これは、大きな意味を持っていたことと思われる。Ⅰ住民で直接自らの土地・建物に関わる権利者は1/3程度であるが、間接的にはⅠ土地株式会社の株主（土地所有者）として全員が再開発事業に関わっているわけであり、株主総会での自らの意思が社長を介して再開発組合に反映されるからである。

　こうして再開発事業は無事終ったのである。以下、再開発事業をキッカケに、昭和30年代以降なし崩し的に続いている村落生活の緩みにタガをはめようとする動きについて考えるが、その前にⅠ村の村落構造に触れておこう。

第3節　Ⅰ村の村落構造と変貌過程

Ⅰ村の家々[6]

　明治20年の戸籍簿によると、当時Ⅰ村は88の家から構成されていた。もっとも、11の家は他出・排家で抹消されており、居住家は77であった。このうち、18家は寄留者、一時滞在者、神社・寺関係者であった。残り59家が一戸前の家として互いに認め合い、いわゆる村付き合いをしている家であった。

　59家を姓別にみると、YB姓11、TN姓18、BD姓14、TY姓5、FJ姓3、OK姓2、TJ姓・ST姓・TU姓・MM姓・YS姓・MY姓各1である。YB姓11家の間には2家間で本家・分家の関係が認められ、10系統に分かれる。TN姓18家についても明瞭に本家・分家関係にあると判断できる家があり、それらを1家と数えると、TN家は16の系統に分類できる。同様に、BD姓14は13の系統に、TY姓5は2系統に、FJ姓3およびOK姓2はそれぞれ1系統

に集約できる。ここでの考察の対象はこれら59家のうち現存する家である。

さて、その後、YB姓では1家が他出し、今日総計25家が9系統に分枝している。同様に今日、TN姓では7家が他出し、9系統に分枝した家が総計23、BD姓では6家が他出し7系統の家が総計13存在する。TY姓では1家が他出し2系統10家が、FJ姓では8家が、TJ姓・ST姓・MM姓では各2家が、OK姓(1家は他出)・TU姓では各1家が、それぞれI村域内に居住している。YS、MY家は他出し、合計すると現存するのは87の家(厳密には世帯)ということになる。ここで注目されるべきは、明治期に比し家数は増加しているということである。

古い老人はともかく若い人の間では系譜関係が明確に認知されているとは言い難いことを考えると系譜観念はそれほど強くはない。今日の生活において本家と分家の間に支配と服従、権威と従属という上下の関係は全く見られず、また、たとえば正月礼、盆礼などが行われることはなく、儀礼的な付き合いにおいても本家・分家の上下関係が顕著にみられることは全くない、といってよいからである。今日が都市化・産業化された状況にあるからそうなったのではなく、明治期においても、本家の権威的支配とそれに対する分家の従属、本家の庇護とそれに対する分家の奉仕、というような関係はみられなかった、ようである。そのように話す古老が多数いるからであり、また、後述の大正期における共有山の代表名義を株式会社組織に変更することは、本家・分家という厳しい上下関係の下では不可能であったと思われるからである。

さらに、かなり自由に村内婚がなされていることも、I村に大きな階級差がないことを示すと同時に本家・分家関係のフラットな関係を物語るものといえよう。知り得たかぎりの婚姻例をもとに家間の関係をみると、26の家が何らかの繋がりを持ち、また別の3家で繋がったケースも2例観察される。もし正確な婚姻関係図が長期にわたって得られれば村は完全に1つに繋がるであろう。

人口の流入[7]

　彼らは、その後の都市化の進展によって移り住んだ来住層とともに自治会を組織している。この自治会は、平成2年の時点で850世帯から成る大規模なもので17の組に、組はさらに班に分かれていた。I自治会の自慢は会館を所有していることである。これは、I土地株式会社の所有地に市の補助を得て建てられたものである。したがって、この会館は自治会長(これまで会長職はI住民で占められている)のほか、次のような昔からある組織の長を運営委員として管理・運営されている。すなわち、I土地株式会社の代表者2名、農業生産組合長(農会長)、農事実行組合長、水利組合長、神社総代(宮講代表者)。これらがふるくからの主たる集団であり、そこでの行事も彼らを中心になされてきた(いる)ことは言うまでもない。

　なお、自治会はI土地株式会社、老人会、婦人会と連絡をとり、葬祭簡素化協議会を結成し、"葬祭簡素化の申合せ"を行っている。葬祭が年々派手になることを懸念し、費用の節減を目的に作られたこの申し合わせはかなり細かく守るべき事項を定めている：祭壇の費用、僧侶の人数など。この申し合わせはI土地株式会社の役員が言い出して設けられたものであった。この問題はI土地株式会社の株主総会で何度も議題にしながら持ち越されてきたものであり、だからこそ、自治会の名のもとに申し合わせよう、としたのであった。しかし、申し合わせはなされたものの、I住民にとっては、昔からの経緯があり、それらはなかなか守りにくいものであるという。昔ながらの家意識や付き合い上の慣行は近代的な再開発事業が成功裏に終ったあとも引き継がれていると言える。

I土地株式会社[8]

　創設の経緯からはじめよう。I村には約44町歩の共有の村山があったが、明治初年には53名の村民に均等に分けられ登記がなされていたという。しかし、明治15年頃、10名の名義人のもとに登記の変更がなされ、管理・運営は当時のI村の役員に任された。ところが、10名の名義人による登記では長

年の経過のうちに、実際の所有者と登記上の所有者との関係が不明確になる、との懸念が一部の者から出され、苦心の結果、大正7年、株式組織に変更されたのであった。

設立当初の会社の資本金は6万円。57名のⅠ村の一戸前の戸主に50円の株を約21株渡すのと引換えに、Ⅰ土地株式会社は村山を得たのであった。実際の現金の動きはなかった。

会社の定款に株主は"大正6年1月以前より引き続きR村内Ⅰ村に居住し一戸を構えたる戸主に限る"とある。それは、後述のお塔の行事を経験した者であることを暗黙に示している。会社は"不動産を取得し賃貸その他の収益をなすを目的とする"が、単に経済行為をするだけでなく、いわばⅠ村のフォーマルな社会的機関としても機能していた。だから、株主の資格に次のような制限——お塔の行事の経験者、大正6年以前からのⅠ村内居住者、戸主——を設けているわけである。彼らがⅠ村域で村付き合いをしながら日常生活を続けるにはⅠ土地株式会社の株主でなければならないのである。

Ⅰ土地株式会社は昭和36年(区画整理反対)、昭和49年(研究会発足)、昭和52年(再開発促進組合不参加)、昭和56年(再開発組合参加)と駅前の変動期に重要な役割を演じてきた。決定は総会でなされるが、定款によれば、株主は"1株につき1個の決議権を有す"。会社設立当初は皆同数の株を所有していたが、村外に他出する者からの株の買い受けなどを通して、持ち株に多寡が生じ始める。これは、大株主の意向がⅠ住民の意思として尊重されることが起こりうることを示すものである。しかし、これまでそのようなことはなく、持ち株に関係なく株主は同等の発言権を有してきた。Ⅰ土地株式会社はⅠ村のフォーマルな社会的機関である、といわれる所以がここにある。しかし、定款が守られないことに不満を抱く株主もいないわけではない。"規則はあってないようなもの"で慣行が優先されるかと思うと、ある場合には規則を新たに設け、それにしたがってことが運ばれたりするからである。そしていずれの方針を採用するかはその時々のⅠ住民の意向によるわけであるが、それが優柔不断にすぎるというわけである。

"駅前は自分たちで支えている"、"駅前を衰退させないことは代々ここに住む者の務め"、"Ｉ土地株式会社の反対で再開発事業が失敗したと思われるのは心外"、"お塔の行事は先祖のため、子孫のため"などに代表されるように地域活性化の主体は自分たちをおいて他にはいないという自負をＩ住民の多くは持っている。地域の担い手としてのこの自負が商業者との対抗関係を生み、株主の団結をもたらし、再開発事業を首尾よくなさしめたのである。

財産管理精算委員会[9]

　Ｉ村は大正期の初年に2度、昭和21年に1度、国および県から土地の無償払下げを受けた。それらの土地は、"独立して一戸を構える家"の共有地と認識されたが、登記は数人の当時のむらの世話人名義でなされた。この世話人名義の土地を全員の名義に戻そうという目的で、つまり共有地の権利者と登記名義人とを一致させることを目的に訴訟がなされた。昭和47年のことである。これは原告・被告ともＩ住民で、両者に事前に了解のついている奇妙な訴訟であった。それもそのはず、裁判に詳しい人のアドバイスに基づく訴訟だったからである。裁判所が両者の主張を加味した上で和解を勧告したのは当然のことであった。

　"独立して一戸を構える家"やその子孫は訴状に記載通りの持分の土地の権利を得たが、それをすべてＩ土地株式会社に売却した。Ｉ土地株式会社が駅前に多くの土地を所有しているのはこのためである。会社は購入金を長期の年賦でＩ住民に支払っている。会社から年賦を受け取る委員会が財産管理精算委員会であり、年賦が終了するまでこの委員会は存続することになっており、平成12年現在も続いている。毎年Ｉ土地株式会社の株主総会終了後、財産管理精算委員会が開かれＩ住民に持分に応じて年賦金が配分される。

　この委員会のメンバーは次の条件を満たさなければならない。すなわち、大正6年1月以前よりＩ村に居住し一戸を構える戸主(またはその子孫)であること、Ｉ土地株式会社の株主であること、である。精算委員会は、株の取得時期により持分に5段階の差をつけている規約を設けたが、それは次のよ

うな考えに基づく。つまり、古くからの株主はそれだけ長くＩ住民としての義務を果たしている、義務を多く果たしているものはそれだけ多く権利を有する、と。Ｉ村は度々洪水に見舞われ、その都度Ｉ住民は労力を提供してきたが、やがて水路が変更されるに及んでかつて整備した川周辺の土地が不用になり、それが無償払下げられたのである。だからこの土地は先祖の賦役・義務の結果なのである。

　なお、昭和25-6年頃、財産管理委員会なる組織が設けられ、払下げられた土地の管理運営はこの委員会のもとでなされたことがあった。これはＩ土地株式会社とは別組織であるが、両者のメンバーはほとんど重複しており、会社の役員が委員会の役員を昭和40年代前半頃まで兼任していた。しかし、両組織のメンバーにズレが見られ始めた昭和40年代中頃、委員会は会社とは別個に役員を選ぶようになった。そしてややあって、先にみたように名義人と権利者とを一致させる運動を展開したのであった。

お塔の行事

　お塔の行事の由来はこうである。信心深いＩ住民は、六甲の山々に鳴りひびく雷、大雨による洪水、さらには度重なる村の被害は塩尾寺で憤死した豪族の霊のせいであると信じ、その霊をなぐさめるために、この行事は始まったと言い伝えられている。つまり、お塔の行事は神仏の加護のもとでのむらの繁栄を願ったものである。

　先に触れたようにこのお塔の行事を経験していない者はＩ土地株式会社の株主にはなれない。もっとも、次の宮講の場合と同じくそのことがＩ土地株式会社の定款に明記されているわけではない。定款の９条は次のように規定しているだけである。すなわち"株主は取締役会の承認を経るに非ざればその持株を売買または譲渡することを得ず"と。しかし取締役会ひいては総会ではＩ村での各種習慣や諸行事の義務を履行した者のみがＩ村内の共有財産に対する権利を有すると認識されている、つまり、お塔の行事の経験者のみが株主になる資格を持つということが暗黙の了解として遵守されてきている

のである。これは、Ｉ住民にとっては当然のことであるので、成文化する必要がなかったからである。

　お塔の行事の順序を次に記しておこう。

1. １月８日の本行事に備え、前年12月４日、お塔者４人の家族が武庫山にでむき、当日米を蒸すために使用される薪木（くぬぎの木）を用意する。今日はガスの火付けに用いるくぬぎの葉を少々集める程度である。また、水道使用以前時には１月４日、当番家の井戸替えをし、８日まで使用禁止とした。

2. １月８日本行事開始。８日、朝の一番水にて、米を８升洗い、夜蒸すまで釜につけておく。なお、この米は４家が２升ずつ持ち寄るのが本来だが、そうすると米にむらができるのでまとめて当番が用意する。次いで、ツツジの箸を７人分、新調のゴザを１枚用意する。ゴザは清盛の時用いられる。

3. この米の水洗いは男親の仕事である。加えて清盛用具、神具を洗うこと、大升４個、底板８枚を前夜より水に浸しておくこと、Ｉ土地株式会社社長に８日20時頃来てもらうよう事前に連絡をしておくこと等も男親の仕事である。料理はその頃までに完了し、女子は当家から離れるように段取りするのも男親の務めである。

4. お塔者の氏名、生年月日を社長は半紙に書く。これは、Ｈ寺、氏神、Ｅ寺に、清盛や箸とともに持参するためである。お塔者の祝膳にも各自の名札を付けておく。

5. 清盛を蒸す時刻は21－22時。これに２時間を要す。釜に火をつけた後、社長、お塔者の男親の順に入浴。風呂から上がる時、冷水を浴びる。その後、社長は塩で家の四隅を清める。

6. 清盛は社長の指揮のもとで、７つ作る（Ｈ寺、氏神、Ｅ寺、４人分）。散米を小皿に盛り、おかずとしてにしめ、くろまめ、小魚等を用意する。散米一握りを半紙に包んでおく。

7. 清盛、氏名等を書き込んだ紙きれ、お札（額は時代に応じて変えればよく、４人で決める場合が多い）を持ってＨ寺、氏神へ男親は出かける。２人ずつ

2ヵ所に分かれ参ることもあれば4人が一緒に2ヵ所に参ることもある。途中の茶所に小皿2個をお供えする。その間、社長は留守番をし、4人の祝膳の準備をする。男親は帰途子供とその母親を連れて帰る。

8. 儀式は3－4時の間に行う。社長の挨拶に始まり、祝いの言葉で式は終わる。その後、E寺に9人全員で参拝する。これには約1時間を要する。
9. 帰宅後、全員で朝食をする。その後、社長は帰宅。後始末をして、お塔者達も帰宅する。
10. 翌9日、お塔者達は社長宅に狭箱持参で挨拶に出かける。社長はこれを次年度のお塔者達に引き継ぐため預かり置く。
11. 11日、社長宅に前年の土地会社の総会で決定された来年のお塔者達が集まり、その代表者を決める。また今年済んだばかりのお塔者達も加わり、引継ぎを行う。
12. なお、お塔者の主役は幼稚園から小学校2年生程度の男児であるが、該当者がいない場合には、I土地株式会社の役員が代理で先の自治会館にて行うことになっている。

しかし、このお塔の行事も昭和40年代以降活発ではなくなっている。[10]

宮講 [11]

1. 建松中連飾之儀は当番の者罷出立会之事
2. 氏神境内掃除前々より致し来たり候に付当番の者罷出掃除可致事
3. 礼の節双方当番の者まかり出て拝殿相開き掃除致すべき事
4. 式日御神酒之儀は御膳棚に備え両方講元に於いて頂戴可致事
5. 石燈籠灯明前々より当番の者毎月一日夕方に献燈致し来たり候間其元殿も同様に致し候事
6. 祭礼かかげ燈之儀古来より献燈致し来たり候間今後立会にて献燈致すべき事
7. 当村氏神伊和志豆社皆普通請建修繕並びに拝殿畳表換託事入費の儀は今後改正致し村中家別割を以て致すべき事

8. 拝殿の鍵は今まで通り貴元にて保管される事

　以上は明治14年、これまでの宮講（旧講という）とその後新たに組織された宮講（新講という）との間に交わされた約定書である。1－7は前者から後者への従来の慣例の告知であり、8は後者から前者への依頼である。これまで宮講は俗に旧講26人衆といわれ、YB姓とBD姓のみから成る26家でなされてきた。この時期になって両姓以外の家がどうして新たに講を組織したかについては不明であるが、ともかく戸長が間に入って上のような約束が成立し、I住民が1つの宮講を組織したのである。新講はTN姓15、TY姓4、OK姓3、FJ・YS姓各2、MM・ST・TU・TJ・MY各姓1の合計31家からなる。これらは先にみた明治20年の戸籍と概ね一致している。

　I土地株式会社の株主は大正6年以前から継続して村内に居住する家の戸主と規定したが、それは暗黙には宮講——新であれ、旧であれ——のメンバーでなければならない、ことを意味している。

　以後、活発に活動を展開してきたが、昭和も40年代になると、その勢いはかつてほどではなくなっている。

伊勢講・高野講[12]

　I村には5組の伊勢講があり、かつてはI住民はそのどれかに加入していた。どういう原理が働いてグループ分けがなされたのかは不明である。講が始められた時期や各家のその当時の状況が把握できないからである。文久3年に5講が合同で伊勢参りをしたという記録が残されているが、これが現存する最古の記録である。

　以下、5講のうちの1つK講について考えてみよう。この講はTY姓3、BD姓3、YB姓1、TN姓1の計8家で始まった。明治23年、講田を購入、以後少しずつ買い増しを続け、3ヶ所に合計1,098.21平米を所有する。登録はその都度同じ3名の名義でなされていた。そして、田の耕作、養鯉池、埋め立てによる宅地という風に時代にあった活用を行い、今日に至る。次節で再開発事業との関連で再度取り上げる。

次に高野講に移ろう。

　明治 14 年の高野講田に関する記録によると、この年武庫川に大洪水があり、講田は土砂で埋まり、そのため講田普請のため 10 家から延べ 38 人が人夫として駆り出された。高野講は 10 家(YB・TN・BD の各姓 2、TJ・MM・YS・MY の各姓 1)から成り、講田を 8 畝強所有していた(YB、TJ、MM の 3 人の名義で登録)。明治年間には講田を YS 家に、大正 3 年からは TN 家に、昭和 2 年からは MM 家にそれぞれ小作させ、得られた年貢を財源に講が開かれ、若干の配当がなされてきた。年貢に関していえば、大正3年の場合、7畝に付1石の約束がなされていた。但し不作の時には割り引くとある。昭和 13 年は不作で 8 斗、金にして 35 円 42 銭であった。昭和 34 年頃には収入となる年貢代金が 875 円、支出となる税が 690 円、以後両者の差はますます縮小し持ち出しが多くなり、遂に昭和 38 年講田を売却し、講活動は消滅したのである。なお、売却代金は必要経費を除いた残りのうちかなりを離作料として講員でもあり、小作人でもあった MM に支払い、残りの大部分は講員(MM をも含む)に分配し、一部は共同で貯金をし、親睦旅行に活用している。なお、MY、BD は明治末に、YS は大正初期にそれぞれ他出し、平成 2 年現在での村内在住は 7 家の子孫である。売却していなければ、再開発事業を契機に先の K 講のように組織の見直し・再評価がなされたことはまちがいないところであろう。

農会(農業生産組合)・農事実行組合

　農会は、明治32年公布の農会法により農事の改良・発達を図る目的で設立された農民の団体で、帝国農会をトップに、府県農会、市町村農会とヒエラルヒカルに全国レベルで組織された団体である。農会は昭和18年には農業会と改組され、さらに農業会は昭和22年の農業協同組合法の制定により、発展的に農業協同組合に改組され、今日に至る。他方、市町村内の大字レベル単位では農事実行組合が組織されていたが、これは、共同販売・共同労働などを目的とする団体で農民たちの自発的な申し合わせにより設立された組織で

ある。これは、時には納税の督励や風紀の改善など社会的な機能を担うなど、農民の日常生活と密着した機能を多々果たしてきた。

　農会のメンバーも、農事実行組合のメンバーも、もともとは、代々Ⅰ村に居住し、土地株式会社の株を所有する農家により構成されていた。少なくとも都市化が本格化する昭和30年代前半まではそうであった。かつての農会の流れを汲む、つまり、農業に従事している者からなる農業生産組合は、平成2年時点で27戸にまでそのメンバーを減らしている。彼らは平均すると1反程度の農地を耕作しているに過ぎず、自家消費用の野菜を中心に米を少々作っている。平成2年に田植えをした農家は数戸で、作り手は60－70代の当主または隠居の高齢者である。この農業生産組合は、小さな湧水の権利を持ち、これまで農業用にこれを活用してきたが、再開発事業後は、建設されたビルの中水道としてこの水が活用されることになる。その結果、年間かなりの賃貸料が見込まれることになり、開店休業状態にあった農業生産組合は活気づいており、親睦旅行が定期的に計画されている。総会は、次の農事実行組合と同じ日になされる。[13]

　農事実行組合の方は、日常的な社会的機能を併せ持っているため、農業を止めても組合に留まる人が多く、したがってそのメンバーは減っていない。この組合は、戦後、宝塚市から払い下げを受けた灌漑用の池を隣村と共同で管理している。もっとも離農者が続出した結果、農業用水は潤沢すぎるほどである。他方、多くの移住者の流入は、水不足の懸念を市当局に抱かせ、今日、余水は市の予備水源地として活用されている。市から得る権利料や借地料は相当なもので、実行組合の活動は活発とはいえないが、財源は豊かである。[14]こちらでも親睦旅行がなされている。総会の日程は生産組合と同じ日に設定されている。

　以上、生活構造が多様化されようとも、財政上の基盤がしっかりしていることが、その活動はともかく組織の維持、メンバーの確保につながっていると言えようか。

I 水利組合[15]

 I 村には M 川と S 川の 2 つの水源があった。前者から I 農家の必要量の 4 割を、後者からその 6 割をまかなっていたといわれている。

 M 川・井堰組合・水利組合：前者の M 川に関しては、I 村内に引き込まれた溝はさらに隣接する 2 村に流れ込むように工夫されていた。現在、これら 3 村が共同で水利権をもち、井堰組合（I 村ではこれを水利組合という）を組織している。今日では 3 村による農業用水としての利用は少なく、そのため宝塚市が市民の飲料水の補助として活用している。すなわち、井堰組合は市と賃貸契約を結び、そこで得た補償料は 3 村の組合で 3 等分されている。この水利組合では水路の清掃以外に大した仕事はないものの、財政は豊かである。

 S 川の掛かり：かつては M 川の掛かりの組合とは別にこの S 川の水利組合も組織されていた。田の位置により使用できる水源が決まっていたからである。田を一箇所に集中して所有している家は少なく、多くの家は田を各地に分散所有していたので、両方の水利組合に入っている家が大部分であった。しかし、水をあまり必要としない最近では 2 つの水利組合は 1 つに統合されている。

 現在水を利用している者だけが水利組合の権利を持つという考え方と、かつて利用していた I 住民は誰でも組合の権利を持っているという考え方の 2 つがむら内にはあり、平成 2 年現在では後者が大勢を占めていた。

I 土地株式会社と集団加入

 以上、むら内には水利組合、農会や講など生活・生産に関わる数多くの集団が存在していることをみてきた。しかし、それらの集団のメンバーになるためには I 土地株式会社の株式を取得せねばならない。株主の資格を得てはじめてそれらの集団への加入が承認される仕組みになっているからである。現株主の先代や先々代の時代における株式の取得はこれら集団の構成員になるための手段であった。農業関係の集団に加入できないことには、また、各種の講のメンバーになれないことには、むら内で農業生産を円滑におこなう

ことは難しく、したがって、むら内で一戸前の家としての承認を得ることができなかったからである。換言すれば、むら内で順調な生活を送るためには各種集団の成員にならねばならず、そのためには株式の取得が不可欠だったのである。株主が一家に一名、しかも戸主に定められているのはそのためである。I土地株式会社の総会で村落生活全般が話し合われる所以がここにある。同会社はむらの唯一の地縁集団なのである。したがって、株主数とこれら集団の構成員数とは基本的には一致していた。

さて、時間的経過のなかで、株式の取得時期と集団加入との対応関係がどのように変化しているのかを整理すると表5-6のとおりである。[16] 株式の取得時期が新しくなるにつれて、つまり、権利の大きさが小さい者ほど集団加入への比率が減少していることがわかる。すなわち、財産管理精算委員会での権利の大きさが10である株主——大正6年以前からの居住者——のなかでも、農会をはじめ他の集団に加入していない者(脱退者)がいないわけではないが、他の権利者に比べると彼らの集団定着状況はきわめて高い。他方、財産管理

表5-6 講・農業団体加入者と財産管理精算委員会の権利の関係

	宮講		伊勢講		愛宕講		農事実行組合		農会		総計
権利10	51	(1)	47	(5)	43	(9)	51	(1)	22	(30)	52
権利7	8	(2)	5	(5)	6	(4)	10	(0)	2	(8)	10
権利5	1	(4)	0	(5)	1	(4)	5	(0)	1	(4)	5
権利3	1	(2)	0	(3)	0	(3)	2	(1)	1	(2)	3
権利1	1	(2)	0	(3)	2	(1)	0	(3)	0	(3)	3
権利0	0	(15)	0	(15)	0	(15)	0	(15)	1	(14)	15
総計	62	(26)	52	(36)	52	(36)	68	(20)	27	(61)	88

(注)カッコ内は未加入者を示す。
　　大正6年以前の居住者　　　　　　　　　　　10の権利付与
　　大正8年—昭和19年に株を取得した者　　　　7の権利付与
　　昭和20年—29年に株を取得した者　　　　　　5の権利付与
　　昭和30年—39年に株を取得した者　　　　　　3の権利付与
　　昭和40年—49年に株を取得した者　　　　　　1の権利付与
[出所] I土地株式会社およびI村の資料より。

委員会での権利の大きさが3以下の者、つまり、昭和30年代以降に株主になった者21名のうち、農事実行組合への加入者は2名、また、講については、宮講と愛宕講への参加者はそれぞれ2名、伊勢講の場合は皆無である。このように株式の取得と集団加入との対応関係が薄くなってきているがこれはどうしてなのであろうか。

　それは、都市化の進展がむら内にも押し寄せ、専業農家の減少、第二種兼業農家や脱農の増大、ひいては職業の多様化が、当然のように考えられるようになったからである。つまりは、農業のウエイトの低下が農業と関わる集団の担う役割や意味の低下を招き、それが、既存の株主にあっては脱退を、新規の株主にあっては未加入を当然と心得る風潮を生んでいったからである。そしてそれらが、こんどはむら行事の中核にあった宮講への不加入やお塔の行事への不参加を当然とする雰囲気を醸し出していったのである。加えて既存の株主が新株主のそうした行動を黙認したからである。それは農業集落としてのまとまりを弱めていくことにほかならない。それはむら社会の多様化の始まりでもあり、当然のこととして、むら内の各種集団に対する凝集性を弱化させずにはおかなかった。

　つまり、昭和30年代以降に権利を獲得した株主にとっては、株主の資格を得て農業関係の集団に加入すると同時に講の構成員になるという、生活・生産上の必然性はなくなったのである。これが、株主とむら内各種集団への加入との間にみられる乖離を生み出した要因である。農業中心の時代にはむら人は農業上の権利を獲得するために株式を譲り受けた。しかし、都市化の進展とともに株式は農業から離れ、一人歩きを始める。換言すれば、Ｉ土地株式会社の株主とＩ村内の各種集団への所属とは有機的な関連を持たなくなってきたということである。それは、Ｉ村内で果たすべき株主としての役割が疎かにされる、最優先されるべきむら内の諸行事への参加が二の次にされる、ということである。それらは具体的には、これまで断片的に触れてきたことだが、宮講、お塔の行事への不参加や軽視、住居の移転——それはむらの範囲の問題と関わる——などに代表されるものである。土地株式会社の役員たちは

こうした状況を何とか打開できないものかと長年思案してきた。こうした折りに再開発事業が浮上したのであった。

第4節　結びにかえて

市街地再開発事業と伊勢講

　先述のK講を再開発事業の動きとの関わりで捉えると以下のようになる。[17]
K講所有の土地は全て再開発事業の計画区域内に位置していた。先に見た研究会のメンバーとしての伊勢講とはK講のことである。I土地株式会社の株主総会の決定を受けて講としての態度も自然に決まった。昭和56年のことである。従前の安い地代と従後の高額の地代・家賃・保証金を比較すると再開発事業に反対する強い理由は見当たらない。当初8家で始めた講であったが、この頃にはその家数は16に増加していた。同様に当初の3名の名義人は、この頃には12人の相続人に膨れ上がっていた。登記上はそうであれ、実際上、土地は講の財産であり、講員の共同所有なのである。しかし、都市再開発法によると、物件の権利確定については実体の如何を問わず登記簿上の所有関係で確定される。

　K講では、講員ではない人に大きな権利が移行してしまう不都合を無くし、実質的な所有者である講員の権利を確保するため、委任の終了による所有権の移転という方法を採用した。具体的にいえば、代表名義人を選び、その者の名で登記をあらためて行い、そして、代表名義人と他の講員との間には委任契約を交わすというものである。その委任契約書には、資産の所有権に関する登記をある個人の名で行うことを講員全員が承認・委託したこと、その個人はこれを承諾した旨が、それぞれ記されている。

　委任契約を結んだあと、講員は新たに規約を作成した。そこには、講の資産が明記され、講の総有資産の登記を1名の代表名で行うこと、この代表名義人は講運営の代表者とは限らない（兼ねても構わないが）こと、講員の資格は当該講員の相続人のうち1名のみに継承されること、継承者がいない場合

その講員の資格は消滅すること、講員の資格はこれを譲渡できないことが明確に述べられている。

"相互扶助の精神をもって講員同士の親睦をはかることを目的"に、毎年1月11日に定例総会を開催し、いわば講員のこころの拠り所である筈の会であったが、再開発事業の結果、かつてとは異なる論理で会が運営されることになる。元来3家の先祖が講田を購入したのだから、後に加入した者には権利がない、認めても均等にするのはおかしい、などの意見があったようであるが、これなどはその典型であろう。

それはともかく再開発事業を契機に伊勢講への関心が高まってきたことは事実である。再開発事業の全体像がおぼろげながら明らかになるにつれ、講員であることのメリットがはっきりしてきたからである。講員の加入を抑える規約を設けているK講や加入の希望が殺到した別の伊勢講の例はこのことを如実に示している。

組織の見直し：むらの対応

そういう雰囲気が感じ取れるなか、むら組織の見直しを決定的なものにすべくＩ土地株式会社の役員たちは、会社のもつ力（求心力）を利用しようとした。次のように考えたからである。再開発事業の区域内にＩ土地株式会社所有の土地——それはＩ村民の共有地だが——が多く含まれているので、しかも地価は再開発事業を契機に上昇しているので、また、Ｉ住民はその多くが株主であるので、Ｉ土地株式会社への関心が高まらないはずはない、と。それは、土地株式会社の株の値打ちが再開発事業の高まりとともに上昇しているからである。

Ｉ土地株式会社の株の値打ちが再認識されているいまをおいて、軽視されてきていたお塔の行事の見直しの風潮に警鐘を鳴らすチャンスはない。宮講についても、昭和30年代の都市化の進展以降、講への未加入・加入者の不参加がなし崩し的に黙認され、それが当然との考えが幅を利かせている。これでいいのだろうか。こうした傾向はこれを絶ち切れないまでも、つまり、昔

の状況に戻すことは無理としても、こうした点について話し合える絶好の機会である。先人のおかげで恵まれた今日があるのではないのか、それは互いにしきたりや規則を守ってきたからではなのか、これまでいろいろな行事をおこなってきたが、それはＩ村の繁栄を願い、たたりなどを避けるためではなかったのか、と。皆の関心が高まっているいまこそがタガの緩みを引き締める好機である。むら組織の崩れていく状況を苦々しく思っていた土地株式会社の役員たちは、このように考えたのであった。それは、土地株式会社への関心の高まりを背景に、むら組織の見直しを図ろうという考えである。繰り返し言えば、具体的には、①風化しつつある義務の見直し──宮講やお塔の行事への積極的参加──加えて、②むらの範域の問題でもある。

①に関しては、現実的にいえば、これは時代に逆行する内容をも含んでおり、皆の賛同を得られるものではない。とりわけ、農会などの農業関連の集団についてはそうである。そうした集団からの脱退は、脱農化の進んでいる状況下ではある意味では当然である。たとえ、脱退はしなくても、参加は容易ではない。要は、通勤労働がいかに常態になろうとも、むら行事には一定の配慮が必要だという認識・意識の問題なのである。忙しいから参加できないのを当然と心得るのではなく、同じ休むにしてもそれなりの態度を示そうというわけである。いわば意識改革の問題である。そしてこれは次の②の問題と関わってくる。

②に関してはこれは、大局的には株主の資格の第一条件である「Ｉ村内居住」の「Ｉ村内とは」どこまでを指すのか、という問題である。これは、古くからあるたいへん難しい、結論のでにくい問題である。むらはどこまでを指すのか。厳密にはＩ村の市街地なのであろうが、もう少し広く考えて市制町村制時のＲ村の範域を指すのか、あるいはさらにひろげて宝塚市内、そしてもっと広く諸行事に参加するのに支障のない範囲とするのか、などである。文字通り昔風に狭く考える人は少ないが、かといって最遠をどこまでとするかとなると意見の一致は見出せない。カンカンガクガクの議論の末、多様な意見を踏まえて各自が最終的に判断すれば良いということで落ち着く。これ

も、いわば物理的な観点からの地元ではなく、意識のレベルでの地元を重視したものである。こういうことが議論されること自体が、Ｉ住民の意識や組織を盛り上げることに役立ってくるはずである。そしてそれは、非農家が多い地区でありながら、家を存続させることにつながっているといえる。

　再開発事業は古い建物を壊し、新しいビルを建て直すことである。それは同時にそこに存在していた組織や関係を変えてしまうことでもある。Ｉ村の場合はどうであったか。そこでは、新しいビルを建てかえることによって、逆に昔の関係の再点検や見直し、ひいてはそれらの保持・強化につなげようと試みていた、と考えることができる。[18]

　以上第Ⅱ部では、第Ⅰ部でみたような変動過程を大なり小なり経験した地域社会のその後を追いかけたものである。もっとも、第Ⅰ部では地域社会を明治期の視点から、また、移住者(来住層)の視点から捉えたとすれば、この第Ⅱ部ではそれを今日の視点から、また、地元層の視点から捉えたものである。つまり、100年の経過の中での地域組織の継続性・連続性や生活の共同性が強調される一方で、それらの時代状況への適応性が強調された。そして、併せてそうした組織のもつ今日的意義についても考察してきたところである。住民意識類型からすれば、地元層ということになろうか。

【注】

1) 本稿は平成1年—2年になされた調査報告であるが、その後の追跡調査によって得られた情報を随時補った。

2) 本章でも「村」と「むら」とを区別している。前者で、市制町村制以後の行政村を、後者で市制町村制以前の村(旧村)や以後の行政村内の集落を示している。なお、「村」と「むら」の両方を含意する概念として「村落」を使用している。また、本文中の村名について、厳密には旧I村とすべきところもあるが、地元の人たちの言い方に倣ってI村で統一した。

3) 聞き取りおよび以下の資料による。

S駅前地区再開発研究会編『再開発研究総集編』、昭和52年。

4) 聞き取りで得た資料とともに以下の文献を参考にした。

S市街地再開発促進組合『街づくり』、昭和52年。
S市街地再開発促進組合『栄える街づくり』、昭和54－56年。
S市街地再開発促進組合『私たちの栄える街づくり』、昭和54年。

5) 聞き取りで得た資料とともに以下の文献を参考にした。

宝塚市・S駅前地区市街地再開発組合『栄える街づくり』、平成1年。
S駅前地区市街地再開発組合『S再開発ニュース』、昭和56－59年。
S駅前地区市街地再開発組合『私たちの栄える街づくり』、昭和57年。

6) 聞き取りによる。この項の聞き取りは平成1－2年のものだが、基本的にはその後の大きな変化はない。

7) この項の記述は平成1－2年のものである。自治会の世帯数は変化しているであろうが、本章の文脈からしてその影響はないと考える。

8) I土地株式会社の資料による。

9) I土地株式会社の資料による。

10) お塔の行事の順序は、I村の長老田中和作氏のメモによる(平成2年)。なお、平成12年9月の聞き取りによれば、子供の数の減少のため、ここしばらくはI土地株式会社の役員が中心となって行事をおこない、4年に1度従来の方式で関係当事者の参加を得ているという。

11) I土地株式会社の資料および田中和作氏による。

12) 活発に活動をしている愛宕講もあるのだが、今回は省略した。

13) 以上は平成2年時点での報告である。平成12年現在でも会は基本的には踏襲されているという。

14) これは平成2年時点での報告だが、平成12年現在、農事実行組合は若干精彩を欠いているという。

15) かつての農業集落の名残を留める水利組合や農業生産組合は、農業従事者を減少させはしたものの、その組織を堅持している。賃貸料などの財政的基盤が安定しているだけにその組織は盤石である。もっとも、この両組織は平成12年現在、合体して一本化されているが、隣村と共同で組織している水利組合は従来通りである。

16) Ⅰ土地株式会社の資料による。これは平成2年当時のものである。今日、こうした新しい資料は得られない。なお、集計は田中和作氏に負うている。同氏に感謝申し上げます。

17) Ⅰ土地株式会社資料、および、K講メンバーの資料による。

18) 平成12年の時点においてもこうした考え方は基本的には活きている。しかし、Ⅰ土地株式会社の社長によれば、「全体的に『奉仕の精神』がゆるんでいる。これは如何ともしがたい」。

第Ⅲ部　地域住民の合意形成を求めて

―異常時における生活の共同を求めて

第6章

市街地再開発事業と住民の合意形成
―アンケート調査と街づくりニュース等を中心に

　地元層を念頭に置いた分析を進めた第Ⅱ部では、地域住民を互いに結びつけている絆が大なり小なり認められ、そうした絆が、時代に適応しながらも、生活の共同に、組織の連続性にいかに貢献しているかを問題としたのであった。この第Ⅲ部は地域住民同士の絆をあまり持たない来住層を中心とする大都市周辺での、あるキッカケをめぐって生ずる生活の共同に焦点をあてたものである。

第1節　市街地再開発事業に向けての取り組み

目的と方法

　ここでの目的は、街づくりや地域の活性化の一環としての市街地再開発事業(以下、再開発事業と表記)に向けての取り組みがいかなる過程を経て最終的な合意を得、実行に移されるに至るのか、を考察・分析することにある。それは、合意形成の難しさを考えることでもある。

　この目的を達成するため、われわれは次の方法によって資料を収集した。すなわち、われわれは、再開発事業に現在取り組んでいる、あるいは既に取り組みを終えた地域の当事者に、あらかじめ標準化された質問紙を配布し、自計式で回答を求めた。地域の当事者とは、行政担当者、コンサルタント、地元の組合関係者のことで、どの地域の場合にもこの三者から回答を得ることを心がけた。三者間のズレを考えることも目的の一つとしたからである[1]。なお、調査対象地域の一覧は表6-1の通りである。

表 6-1　調査地域一覧

	行政担当者	コンサルタント	地元の組合関係者
逆瀬川駅前地区	○	○	○
国鉄伊丹	○	○	○
北条駅周辺	○	○	○
姫路駅南地区	○		
姫路駅西地区	○		
茨木市元町地区		○	
JR住吉駅南地区		○	○
布施駅北口	○		○

　得られた回答をもとに、再開発事業に至る合意形成のメカニズムを明らかにするため、以下の順序で分析を進める。1)再開発事業に向けての取り組みを時間的順序を追って整理する(第1節－第3節)、2)再開発事業に賛同する人たちの発行する街づくりニュースと反対する立場に立つ人たちの訴えるニュースとが比較的そろっている地域の事例研究(第4節－第5節)、3)それらを踏まえて合意形成のあり方を考える(第6節)。

準備組合以前の研究会の段階[2]

①研究会開催のキッカケ

　再開発事業に向けての組織上の流れは、大要、第5章の表5-1に沿っている。以下、研究会(協議会、勉強会といわれることもあるが、ここでは研究会と表記する)は本節で、準備組合は第2節で、本組合は第3節で論ずることにする。

　研究会は、大別すると、行政主導で組織されるケースと、地元の商業者が地元住民に呼びかけてつくるケースとに分けられる。事例的には前者が圧倒

的に多い。行政がこの会に関心を示す最大の理由は、行政がこのような研究会を、最終的には地域の再開発事業につながる都市政策の一環として位置づけているからである。つまり、行政は研究会を、商店街の近代化・活性化、商業機能の低下の回復に加えて、広場や道路などの地域整備につながる第一歩として考えている、からである。

　もっとも、行政主導、地元主導という風に単純・明瞭に区別できるものではなく、両ケースが相互に関連していることはいうまでもない。地元からの度重なる陳情や熱心な相談が行政を動かすからであり、また、行政の熱意や行政からバックアップが得られる（のではないか）という感触が地元の内発的な研究会づくりに拍車をかけるからである。したがって、行政、地元の相互作用のなかで、ある場合には行政主導として、ある場合には地元主導として分類されるとはいえ、両者の区別は大して意味をなすものではない。要は、いかに強力であろうとも、一方からの呼びかけだけでは、研究会は組織されない、ということであり、両者からの互いの働きかけが、会成立の不可欠の要件である、ということである。

　しかし、研究会成立のキッカケがいずれであれ、一度、会が成立すると行政の会に対する取り組みは、きわめて熱心である。その関わり方は、大別すると互いに関連している次の三つに分けられる。第1は職員の研究会への派遣であり、第2は財政的援助であり、第3は情報の提供である。大部分の場合、この三種類を備えているといえる。典型的にモデル化していえば、職員は、リーダーシップを発揮して研究会の運営に参加し、当該地域の資料の提供、多様なアンケート調査や研究の指導や助言、事業についての啓蒙活動・先進地視察の計画などをおこない、今後の事業に必須の情報を提供し、それらに要する財政的な援助をも時にはおこなう。行政がそのように熱心なのは、当該地域で事業を展開することが、当該地域は言うに及ばず当該市や市民の生活・産業上の発展につながると、判断するからである。

②研究会の構成メンバーと会の活発度

　研究会の構成メンバーは、大きくは、行政、地元の既存組織の役員、およ

び関係権利者(土地所有者、借地人、借家人)とからなる。行政とは、再開発事業や都市計画を担当する部署から派遣された、市の意向を心得ている職員のことである。後二者の場合、該当者が全員参加するということではなく、会の趣旨や目的に関心をもつ人ということである。一般的にいえば、権利者で、かつ、地元の既存組織の役員が参加するケースが多い。地元のこの既存組織に関していえば、商店会などに代表される商業団体と、自治会・町内会に代表される地域団体とに分けられる。いずれの団体であれ、当該地区の団体に限定している場合と、当該地区を含めたより大きな連合組織の長をも加えている場合とがある。

　研究会の事務局は行政が担当し、会の役員は地元の既存組織の役員で構成されることが多い。二種類の組織のうち、商業系の組織がリーダーシップを発揮することが多いとはいえ、町内会組織が会をリードしていく場合もある。両組織が協調関係にある場合もあるが、一般的には両組織に意見の相違・利害関係の対立がある。もっとも、この段階ではまだ、それらは潜在下にある場合が多い。

　このように一度結成されると研究会は行政主導で運営され、したがって、会そのものはきわめて活発で、各種説明会、懇談会、研究発表会などが頻繁に開催される。しかし、地元住民の意気込みはあまり感じられない。役員はともかく、メンバーの多くは受け身であり、行政、コンサルタントの熱意にほだされてついていく感を拭いきれない。そうしたなか、メンバーを能動的に駆り立てる要因として、リーダーの存在、市による開発計画や商業診断など具体的な資料の提示、があげられる。後者は、研究会での内容が一般的・抽象的な事柄から、具体的な事柄に移るにつれて、関係者は研究会やそこでの話し合いを自分のこととして考えるようになることから、理解されよう。前者は、人望の厚い、信頼感のあるリーダーが再開発事業には不可欠であることを意味している。リーダーへの不信感から事業反対を唱えた事例は枚挙にいとまがない。生活者個々人の問題、当該地域の課題、そして、地域社会全体と個人や当該地域との関連、を考えうる視野の広い利他的な思考法ので

きる人がリーダーとして求められている。研究会のリーダーが、そのまま準備組合ひいては本組合のリーダーに移行することが多いことを考えると、最初とはいえ研究会のリーダーにどういう人を選ぶかが、その後の事業の展開を左右するといっても差し支えない。役員の選出が慎重でなければならない所以である。

　構成メンバーの人数に関していえば、10名程度の小規模のものから100名を超える大規模のものまでかなり幅がある。それは、展開しようとする事業の範囲と深く関わっている。事業の範囲についていえば、これは、当初はかなり広い範囲を想定し、徐々に限定していく方が、その逆の過程を踏む場合よりも地元の合意は得られやすいと考えられる。それは、広範囲を想定し、その範囲内のあらゆる地域組織の役員をメンバーに取り込み、彼らの多様な意見や考えを個人の立場から、また、地域組織の役員の立場から、取り組むべき課題に対する予断や偏見の入り込む余地の少ない時期に披瀝しあい、多様な意見のなかから合意形成にむけてある方向を見いだしていく努力をする方が面倒なようでも後にしこりを残さないと、考えるからである。そうすることによって、「一部の人たちが勝手に事業を進めている」という、後になってよく出てくる批判をかわすことができると考えられる。もっとも、あまり範囲が広すぎるとまとまりが難しいことは否めないが。

　さて、研究会の内容が、街づくり一般や再開発事業一般に終始していた段階から徐々に具体性を帯びた話題——たとえば、事業計画案の提示など——に移行するにつれ、それまで総論賛成として一括されていた人たちのなかから全面的に賛成、条件付き賛成、条件付き反対、反対が徐々に明確になる。とりわけ、後二者の場合、もともと再開発事業一般に疑心暗鬼であった人とより密な連絡をとりあうようになる。しかし、この段階での彼らの反対理由を集約することは難しく、したがって、行動や運動が一本化されることは、まだ、ない。反対の方向を向いている人たちは、研究会が事業の展開を想定している当該区域内に先行投資をおこなおうとする行動派から、役員に対する不信感から反対を唱える者、当分は模様眺めを決め込む者まで多様である。

しかし、もっと情報を知りたいという形で賛成に傾く者が数の上では多い。それは、研究会当初の受け身の状況から事業を自分のこととして受けとめ始めた証左であろう。このエネルギーが研究会を発展的に解消させ、準備組合の結成に向かわせることになる。より詳細な内容を具体的に検討するには研究会には制約がありすぎるからである。

第2節　準備組合の段階[3]

準備組合結成のキッカケ

　街づくり一般、再開発事業一般の研究・啓蒙活動から、「われわれのこの地区での再開発事業」というより具体的な内容へと話しが進むにつれ、関係権利者への説明会、彼らとの勉強会がきめ細かくなされ、そうしたなかで事業に対する理解が徐々に深められ、こうして再開発事業に向けて合意を得る努力が一歩一歩、功を奏していくのである。そうした努力が報われたと判断する目安は、「住む町が良くなるならという総論的な賛成が得られた」、「権利者が各自の権利の変換の具体的な内容を知りたがっている」、「アンケート調査をした結果、一定数以上の賛同が得られた」、「仮店舗用の跡地が確保されたことに好意的な態度がみられると判断された」などである。

　上述のように多くの賛同が得られたことに加えて、事業をおこない得る見通しが立ったと判断されたことが準備組合結成の理由である。すなわち、事業の実現に向けて、具体的な検討——たとえば、事業計画の策定、保留床の処分、資金面の援助を得るべくデヴェロッパーの選定——をするのが準備組合結成の主目的であるが、そうしたことができる環境が整ってきたと、研究会の役員が判断できるようになってきたことが、準備組合結成のキッカケである。[4]要約すれば、住民の理解が得られたと判断され、且つ、事業の実現可能性が高くなったと認識された時点で準備組合は結成されることになる。

　権利者が個別に資産を売却することに規制をかけるためには都市計画決定、本組合の結成が不可欠であるが、その前過程として準備組合は位置づけられ

るのである。準備組合の結成はいわば、抽象的段階から具体的段階への第一歩である。多くの地域で準備組合結成後に問題がこじれることがあるが、それは、結成時の判断の甘さ、認識のズレによる。

　こうして、多くの研究会は、発展的に準備組合に再組織され、そこにおいて事業化に向けて事業計画案を作成し、都市計画決定を受けるための本格的な努力を続けることになる。なお、既存組織の準備組合結成に対する態度に関しては、おおむね賛成ないしは、協力の姿勢が、多くの場合、みてとれる。この時期、組織が一丸となって反対することはないが、他方、個別的に反対の意思表示が先鋭化してくるのもこの頃からである。準備組合が正式に発足することによって反対層も組織化に向かおうとするからである。どういう層が反対に回るのであろうか。また、その理由は何なのであろうか。この点を少し考えてみよう。そうすることが、認識のズレを理解することにつながると考えるからである。

反対者層とその理由

　以下で問題とする認識上のズレは、地元関係者のなかでみられるそれについてである[5]。まずは組織化されない状況における反対者の言い分を聞こう。

　反対者の属性はこれだと一概にはいえないが、いくつかの属性に分けて考えてみよう。

　①権利者別

　　土地所有者：事業が自己に不利に展開するのではないかとの判断にもとづいての反対である。つまり、商業に対する先行き不安感からである。また土地利用は自分一人でおこなうべきで共同化には反対という考えの人もこの中にはいる。

　　ＡＡＡタイプの人：これは、自分の土地に自分用の家屋や店舗をもっている人のことで、建物の保全がよく、再開発事業の必要性を感じない人である。この人たちには、自分の土地に自分の建物を建てることが出来なくなることに対する不満が強い。これはとりわけ高齢者に多い。他方もとも

と、土地や建物を高度利用している人にとっては、再開発事業によって自分の持ち分が減るのではないか、大型店舗がキーテナントとして進出することにより、自分の店舗が圧迫されるのではないか、という不安から反対を唱える、場合もある。

　借家人(権者)：この人たちの主な反対理由は、将来に対する経済的不安、生活再建への不安からの反対である。

②年齢別

　高齢者：投資することに対する経済的不安から反対をするケースが多い。とりわけ、家業の継承者がいない場合はそうである。

③職業別

　知識階層：特定の職業つまり商業従事者のために一定の公費が使用されることに疑問を感じる人たちである。

　地域外への勤務者：地区外への勤務者にとって、商店会の近代化は自分たちの生活に関係がない。

　一部商業者：人間関係のもつれによる主導権争いから共同化に反対をすることがある。

以上を整理すると、反対する理由として、まず、経済上の不安が挙げられる。これはさらに、将来の生活に対する不安と、これまでの既得権益が守られなくなるのではないかという不満とに細分される。これは不安感・不満感を払拭できれば反対は解消されるということである。そして、これがホンネであるかぎりことは、それほど困難ではない。次いで注目を引くのは、土地利用は自分一人で行う、事業の必要性を認めない、商業従事者のために公費を使用するのはいかがなものか、などに代表されるように信条として反対する立場である。これは非常にめんどうな反対理由である。タテマエで語られていることが多いからである。第3は、事業は自分と直接関わりがないという無関心の立場である。この冷やかな態度はやがて何かのキッカケで反対に転化するおそれを秘めている。これは上の第2の変形とも考えられ、当事者の本心がどこにあるのか推し量りかねることが多い。

ここで、留意しておくべき重要なことは、以上の理由は互いに関連しているということ、また、各理由の裏に何かが隠されていることを念頭に入れておかねばならない、ということである。述べられた理由がホンネの場合もタテマエの場合もあり、加えてどこまでがホンネで、どこからがタテマエなのかが不分明だからである。しかし、それを見極めることは至難のわざといえよう。こうした点の手がかりを得るためには、できるだけ多く接触を保ち、当事者の当該地域に対する知識・感情・関与のあり方に、また、家族関係・近隣関係のあり方や居住歴に、探りを入れることが大切であろう。
　以上のような理由で反対を唱える人たちは具体的にどのような行動に出るのであろうか。

反対運動

　反対運動は、これを反対者の側から見ると、個人でおこなう場合と、組織を通してなされる場合とに、また、運動の向けられる矛先・対象に注目すると、準備組合に対してなされる場合と、関係権利者個人に向けられている場合と、そして行政体や外部の関係組織体に向けられる場合とに大別される。以上をまとめると表6-2のようになる。

反対者への対応

　行政や準備組合の役員やコンサルタントは、反対者から接触することを拒否されている場合が多いけれども、彼らに要請されることは、こうした反対者とできるだけコンタクトをとること、ラポールを保つことである。そうするキッカケとなるのが資料の配布である。たとえば、反対者の要求する資料を届けるなかで、相手の信条を察し理解を示しつつ、組合側の真意をも汲み取ってもらう努力を重ねるなどはその一例である。そうすることによって、互いの誠意と誠意のぶつかりあいのなかで信頼関係をつくることが必要なのである。それがやがて、時には対話のできる関係をつくることになる。そうした場合の話し合いに際しての基本は、再開発事業一般の重要性を相手に理

表6-2　反対運動

運動の対象＼運動の主体	個人	組織
準備組合	・質問状や要望書の提出 ・ヒアリングや説明会のボイコットの通知 ・反対である旨のパンフレットの作成、配布	・組織的な活動をするため見直す会などの会の結成 ・ヒアリングや説明会のボイコットを通知 ・パンフレットの作成、配布 ・質問状や要望書の提出、話し合いの要求・拒否
関係権利者	・個別オルグ（反対するように根回しをする） ・土地所有者の場合、借地権者に嫌がらせや、借地料の値上げをする ・ヒアリングやボイコットを呼びかける ・反対である旨のパンフレットの作成、配布	・組織への加入の呼びかけ ・組織のニュースやパンフレットの作成、配布 ・個別オルグ（反対するように根回しする） ・再開発事業に反対する勉強会への誘い
行政体・当該地域外の関係組織体	・反対している旨の通知 ・要望書や陳情書の提出	・要望書や陳情書 ・理解を求めるパンフレットの提出 ・配付・話し合いの要求

解してもらったうえで当該地域での再開発事業の必要性を訴えることに尽きる。

　以上の反対を乗り越えた場合にのみ次の段階に進む。もっとも、その段階に踏み込めないケースの方が多いのだが。

第3節　都市計画決定、本組合結成に向けて[6]

どういうことがキッカケでそうなるのか

　準備組合役員は、コンサルタントや行政から得た指導や助言をもとに、また、組合員の意見を取り入れながら、土地利用計画案・事業計画案をつくる

と同時に資金計画を煮詰め、権利の変換の試案を提示し、それらに対する組合員のおおかたの賛同を得、さらには保留床の処分の見通しを立てる、という風な一連の作業を続ける。こうして具体的な成果をあげる一方、彼らは再開発事業が商店街の活性化、土地の有効利用という点でいかに有用であるかを、また、再開発事業による街づくりが当該地域にとってベストであるかを説き、法定組合にしないことには民間のバラバラな土地買い上げを規制できないことを強調する。

　準備組合が関係権利者に向けておこなうこうした過程(努力)そのものが、実は、準備組合から本組合への移行に必要な条件整備なのである。そして、それは、とりもなおさず、事業の実現可能性がほとんど満足されたと行政側に判断させ、都市計画決定を決断させる客観的な条件整備でもある。

　準備組合は一方では組合員を念頭に、他方では行政を念頭に、同じ活動を展開するのだが、前者では本組合への移行が、後者では都市計画決定が、目指されている。この2つは、いわばコインの表裏の関係にあるといえようか。時間的な先後関係からいえば、都市計画決定がなされた後に本組合の設立がなされるのである。

　かくして本組合を設立するための前段階であった準備組合は法人格をもった本組合に発展的に解消することになる。[7]

反対者のその後の対応

　大勢としては、準備組合から本組合に向かうが、事業はなかなか一筋縄でいくものではない。一部には反対の意思表示がより鮮明となるからである。それは、個別になされる場合もあれば、組織化される場合もある。前者については、本項で、後者については次項で扱う。

　さて、この時期(準備組合から本組合にいたるかなり幅のある時期)、反対する理由は先の場合より、より個別具体的となる。その一例を、コンサルタントらによる具体的な検討策・対応策とともに示しておこう。

①借家を継続して賃貸したいが、再開発事業後の賃貸は高くて出来そうにな

い。経済的に不安である。──従後の借家条件の提示、経営指標の具体的検討。
②地区外に転出する場合、現在と同じ条件の物件があるか、その場合新規の顧客の確保に年数を要し、その間の経済的負担が大きい。──条件に合う代替物件を誠意をもって探す。
③行政に対する不満、不信が強く、行政から受けた被害者意識が抜けない。──誠実な態度で接することによって、行政不信をぬぐい去る努力をする。
④現居住地は亡夫からの相続物件で土地に対する愛着があり、立ち退きには応じられない。──心情を察しつつ再開発地区の状況を説明し、理解を求める。
⑤商売の業種が再開発ビルへの入居になじまない。──地区外転出を提案。希望代替地を探す。従前資産と同条件の代替資産の取得を目指す。
⑥街はきれいになるが、再開発事業は個人の負担や犠牲の上になり立っている。──個人負担が大きくならないように補償金を出す。再開発事業に対する理解を求める。
⑦宗教法人の敷地(寺)が共有地となるので、住職・檀家一同が再開発事業に反対。──土地の取得に加えて、寺の新築、仏具の新調に要する費用を考慮に入れた代替地の斡旋。と同時に再開発事業の必要性について理解を求める。
⑧高齢で、長期間同一物件に居住しているので家賃は安い。しかし、従後の物件は大変高い。従前の資産額が少なので、新ビルの購入資金はなく、融資を受けることは出来ない。──アパート(市営住宅)の斡旋を行う。
⑨商業上の環境評価は主観的評価と客観的評価とがおおむね一致するが、居住という観点からの評価は両者で一致しないことが多い。住めば都で、客観的にはいかに悪くとも主観的には良いと考える人が多い。

　どれもこれも身につまされる内容である。もっとも、「これだ」との特定は避けるが、ここにもタテマエの理由とホンネの理由とが交錯している印象をもつ。何度も話しあうなかで、接点らしきものを見いだしていくしか方法はない。その際、反対者のメンツを壊さない努力が要請され、誠意ある対応がなされなければならない、ことはいうまでもない。

再開発事業を考える会

　数的には反対者は減少傾向にあるとはいえ、質的には行動が先鋭化する場合がある。それは、個々の不満をより高次の社会的な理由に束ねる努力が重ねられた結果である。それには当然リーダーの存在が不可欠であるが。

　そうしたものの一つ、考える会を取りあげてみよう。考える会の再開発事業一般に対する態度は、「建て前として賛成」、「反対ではない」、「反対すべきものではない」に要約される。それは、再開発事業を通して、「地域が活性化される、基盤整備がなされる」ことに反対する理由はあり得ないからである。

　ではどういう時に会は反対をするのか。それは、「地域のためにならない、地域の活性化・基盤整備につながらないと判断されるとき」であり、「手続きが非民主的で、一部の者のみで運営され、社会的弱者の切り捨てにつながっていると考えられるとき」である。これは、表向きのタテマエとしての理由であり、多くの賛同を得やすい理由である。他方、上の理由の裏にベールで包まれたホンネの反対理由が隠されている。それは、地域によって、また、反対する人の属性によって異なったものであるが、具体的には「跡継ぎがいない」、「金がかかりすぎる」、「商売がうまくいっているので、共同利用には反対」など個人的な理由によるものが多い。しかし、これが表にでることはまずない。[8]

　さて、彼らにどのように接すればよいのであろうか。基本的には先の個人的な場合と同じだが、先の場合より困難を伴う。要点のみを記しておこう。

　1) タテマエとしての反対理由を打ち破る理屈を用意してもあまり意味がない。真の反対理由はホンネの部分に潜んでいるからである。

　2) 逆に言えばホンネの反対理由をタテマエとしての反対理由に転化させて反対している場合が多いので、ホンネの反対理由をかぎとる努力が大切。

　3) 一般にはホンネの理由とタテマエの理由との間に関連がないので、一方から他方を推し量ることは不可能に近い。話し合いの場を何度ももつなかで、フト漏らす言葉の端々からホンネをかぎ取るしかない。

4) その意味で、話し合いの機会を持つことと、反対者の個別的な属性(地域に対する愛着や認識や使命感や家族構成など)を調べることが大切である、と考える。

これを乗り越えた準備組合のみが都市計画決定を得、本組合を形成し、事業が実現される運びとなる。

以下、Z市の事例を通して再開発事業に向けての取り組みをみよう。

第4節　街づくりニュースにみるM町再開発事業の経過[9]

以下、街づくりニュースをもとに再開発事業に対する住民の対応を追ってみよう。まずはニュースの内容を記し、次に必要な場合にはそれに対するコメントを『』を付して記すことにする。

第1号(平成2年5月)

平成2年5月24日、M町A地区開発協議会が開かれ、引き続きM町地区再開発準備組合の設立総会が開催。関係権利者115名のうち80名が参加。ここに、平成1年4月設立のM町A地区開発協議会は解散。

『Z市も参加組合員として参画。再開発ビル内に公益施設の導入を図り、かつ、都市機能の充実のためホテル、百貨店をこの機会に誘致したいとの市長の設立総会での挨拶は、市のこの事業に対する取り組みの熱意を示すものとして注目された。もっとも、これは後に、「見直す会」を結成させる大きな要因の1つともなった。また設立総会に先立つ5月11日の全国紙は、某百貨店が再開発に意欲を示している旨の報道を、協議会にも百貨店にも取材しないまま憶測でおこなった旨を街づくりニュースは報じているが、これは、当地での事業が多方面に関心を持たれていることを示すものであるが、他方、この報道をめぐって協議会のメンバーに動揺があったことも事実である。なお、開発協議会や再開発準備組合の設立の経緯については後述の街づくりニュース第5号でも論じられる。』

第3号（平成2年8月）

　再開発事業の基本は、生活の再建、地域を時代にあった街につくり替えることにある。そのためには共同で有効利用を図ること（共同建て替え＝共同化）が必要である、ことが強調されている。共同化のメリットとして次の点が指摘されている。①土地の高度利用：不整形な土地をまとめて合理的に活用できる。階段、便所、柱などの施設が共用なので有効面積が増す。②資産の有効活用：大きなテナントが来るので、また、良好な建物になるので賃貸分譲もできる。③優遇措置：たとえば、補助金や融資が比較的楽にでき、事業費が安くなる。

　他方、共同化のデメリットとして次の点が指摘されている。①先祖代々の土地が他人と共有になる。②一定の規則のもとで建物が管理される。③完成までに時間を要する。

『個別の対応と共同化（再開発事業）による対応とを事業推進中と事業完成後とに分けてそれぞれのメリット、デメリットを紹介しているが、これは事業の推進に不可欠の情報といえよう。このような情報は、再開発事業の何たるかを地元権利者に理解してもらうのに必須の資料といえよう。』

第4号（平成2年9月）

　基本計画素案をもとに勉強会を開き、再開発事業に総論賛成を表明するものが多数を占めている旨を伝えると同時に再開発を見直す会（メンバーは55名）が結成（7月）されたことも併せて報じている。

『総論賛成をいかにして各論賛成に至らしめるか、いかにして住民を合意に至らしめるか、が課題だといえよう。準備組合員と見直す会のメンバーとのコンタクトのとり方に注目したい。』

第5号（平成2年10月）

　本号は、イ）準備組合の設立の経緯、ロ）見直す会の市への公開質問状、ハ）それに対する市の回答から構成されているが、それらは、地元の新聞からの転載である。その内容は以下の通りである。

　イ）昭和56年12月、M町A地区市街地再開発準備組合が結成されたが、同

準備組合は7年4ヶ月後の平成1年3月に解散。その後、平成1年4月、M町A地区開発協議会が発足。前回までの開発面積はA地区1.3ヘクタールだったが、今回はその西側を加えた2.1ヘクタールとし、平成2年5月には同協議会は準備組合(先の街づくりニュース第1号掲載の準備組合とはこのことである。)に再組織された。

ロ)見直す会の市への公開質問状の内容は大要以下の通りである。①再開発事業で転・廃業に追い込まれる商店があるが、市はこれを掌握しているか。②組合施行とはいいながら市が主体となり、住民の意向を無視している。5人もの職員を組合に派遣しているが、これは税金の無駄使いも甚だしい。行政の姿勢を問う。③計画区域を拡大した根拠は何か。④デヴェロッパーが高額の金を組合に貸しているが、これは不明朗である、など。

ハ)これに対する市の回答は、①再開発事業とは地元の主体性のもと、関係者の総意と工夫とによって新しい街をつくる事業であり、事業の進め方や事業計画の内容は関係者で検討・調整し、理解と納得をしあうなかで合意形成がなされなくてはならない。②再開発事業は地元の主体性のもとでなされるものではあるが、準備組合の取り組みのみでは事業の推進が困難であると判断される場合、地元の要請に基づいて市が技術的、人的援助をするのは当然である。

『記事から判断する限り、市の再開発事業に対する取り組みには熱意以上のものがある。7年以上を費やして得た当該住民の最終結論は再開発事業の断念であった(平成1年3月)。にもかかわらずその1ヶ月後に一部住民から事業の範囲を若干変更して、協議会を結成する動きがあったことに対し、行政がそれに賛同を示す行動に出たことは軽率のそしりを免れないであろう。ましては賛否両論が渦巻くなか行政主導で協議会の結成が図られたとしたら、行政のいう住民の合意とは何かが問われなくてはならない。なお、後述の見直す会のニュース第3号にも詳細に質問状が掲載されている』

第6号(平成2年10月)

再開発事業に賛成の者も反対の者も準備組合に加入することを呼びかけた

内容が中心である。すなわち、組合は多様な意見の持ち主の集合体であるから、そこで、協議・議論を重ねるなかで、一定の方向に意見を集約していこうではないかと結んでいる。
『しかし、そうはいうものの準備組合とは再開発事業を推進するための組織であるから、上のような言い方(反対者もとりあえず準備組合に入るように呼びかけること)は矛盾しているといえよう。見直す会ニュースもその点を指摘している。同ニュース第4号参照』

第7号(平成2年11月)

準備組合の理事長から見直す会の会長にあてた手紙が紹介されている。その手紙とは、組合から話し合いの場を持ちたいと見直す会に呼びかけたことに対し、見直す会から書面で拒否の回答があったので、それに対し話し合いを持とうと再度呼びかけたものである。
『接触を拒否されている組合の側からすると、何とか対話の糸口をつかみたいところであるが、話し合いの場を持つための条件として見直す会は、組合が市やデヴェロッパーと手を切ることを挙げている。それは、見直す会からすると、組合は財源・人材・情報の面で市やデヴェロッパーから多くの援助を受けているからである。なお、この点をめぐって両者の対立は以後続くことになる。見直す会ニュース第7, 8号を参照』

第13号(平成3年12月)

権利者意向調査の結果が報告されている。調査票は全権利者103名に配布され、78名から回答を得たもので、回収率は76％であった。調査結果は以下の通りである。①商店主に対する売り上げの質問では、横這いないしは減少をあげる回答が8割以上を占め、商業者は営業不振の傾向にある。この原因は「商店街全体の衰退にあり、その立て直しはもはや個別的な対応では不可能で、商店街全体としての対応が迫られている」との認識が大勢をしめる。②他方、居住者への質問を見ると、居住環境に満足している人が多い。その理由として駅に近い、買物に便利が挙げられている。なお、不満とする人のその理由は、道路・広場・駐車場などの公共施設の未整備、家の老朽化に要約

され、彼らは住宅の建て替えを望んでいる。③商店主であれ、住宅居住者であれ再開発事業でもっとも知りたいことは、権利の変換、ビルの管理運営に関してである。

『地区住民の考えを反映しているとされるこの意向調査も、それが、市の援助のもとでなされたものであるだけに、その結果は再開発事業を進める方向に強く傾斜していることは否めないといえよう。回答者の多くは、個店の営業不振は個店の努力だけではもはや限界に達し、地区全体で対応せねばならないと考え、したがって、何もしない地区の将来に対して悲観的な見解をもっている。他方、そのような考え方をしない人は回答を留保している。見直す会はそうした人を中心に結成されたといえようか。こうした調査を契機に、再開発事業に理解を示す層と反対を唱える層とに権利者が2分されていく印象を持つ。』

『この間、大手百貨店を参加組合員にしたこと、基本計画の素案(交通の動線・街路計画・施設の配置をどうするかという土地利用計画や施設計画)づくりに邁進していること、個別ヒアリングを実施していること、つまり、本組合の結成に向けて、また、都市計画の決定に向けて準備を進めていることが、報じられている。また、権利の変換をする際の基本認識として、権利者の生活再建、公平性、事業の採算性の3本が強調されている。これはどの地域における事業の場合にも尊重されている柱であるが、これを如何にして具体的に実行に移せるかに今後はかかっているといえよう。何故なら、見直す会の反対理由は再開発事業によって生活の再建ができなくなる者が多くなる、ことにあるからである。』

第21号(平成3年9月)

　大手百貨店と出店の調印。

　商業権利者に対してなされたヒアリングの結果が以下のように報告されている。権利者(借家権者も含む)を店舗面積比率によって分類すると、業務店舗45％、物品販売店舗34％、サーヴィス店舗11％、飲食店舗9％、その他1％となっている。業務店舗の比率が高いのは、大手の都市銀行が2つあるか

らである。物品販売店舗の内容をみると、衣料・身の回り品系が42％と最も多く、次いで文化用品系が30％、雑貨系が16％、食料品系が12％と続く。総じてミセス以上をターゲットにした店舗が多く、ヤング系を対象にした店舗は少ない。営業時間の点でみても昼間を主にする店が圧倒的に多い。
『第13号ニュースで商店街での売り上げが減少ないしは横這い状態にあることをみたが、この号もその延長上にあるといえよう。問題は、こうした実態をどう考えるのか——別に気にする必要はない、あるいはなんとか改善すべきだ——にある。このあたりの差異が再開発事業に取り組む姿勢にも反映されている、といえよう。ヤング層を顧客に取り込もうとする人は再開発事業を是非とも成功させたいと願っているが、現状を悲観的に捉えない人は再開発事業を必要とは感じないであろう。』

第22号（平成4年11月）

　6月の全権利者説明会で発表された基本計画素案に基づいて基本計画案が協議され、理事会で承認を受けた。その骨子は以下の通りである。①再開発地域は商業棟と住宅棟とから成り、前者は核店舗の百貨店および地元の店舗（専門店）で構成され、後者は低層部には業務・専門店・公共施設が、高層部には住宅が配置される。さらに、空地には川やお祭り広場が計画されている。こうした計画は次のような街づくりコンセプトに裏打ちされたものである。②それは、文教都市——過去と未来が現在に息吹く街——に要約される。当地域は古くからヒトとモノの交流拠点として、また、町衆文化の発信基地として栄えてきたので、このいわゆる歴史性と文化性を街づくりに生かそうというわけである。
『再開発事業に賛同する者の間では、事態は着実に本組合の結成に向けて進んでおり、その一つの表れが、彼らの意思統一の象徴としての計画案の策定である、といえよう。このたいへん立派な計画案に盛られている精神が、まだ賛同していない人にどの程度理解や共感を与えることができるか、また、その精神がどれだけ具体的に事業に反映されるか、が今後の課題であろう。』
『その間、市の上位団体である行政体、Z市商工会議所、Z商業団体連合会

などには報告・陳情に出向き、また、周辺の自治会や商店会などの関係諸団体には説明会を開き、それぞれ理解と協力を求めるなど、事業を外部に認知してもらう努力もなされ始めた。内部に見直す会などの強い反対意見があるものの、周辺商店会・自治会などからは事業の早期実現を期待する声が大きいとニュースは伝えている。これらは、基本計画案についての個別ヒアリングや全体説明会が順調に進み、また、そこで一定の理解が得られている証拠でもあろう。』

第27号（平成5年7月）

　都市計画決定の同意率が70％（80名）に達したことが報じられている。その内訳は、地権者が46名（62％）、借家権者が34名（85％）である。

『都市計画決定がなされることにより、事業の公的な意義が認められたことになり、故に、施行区域内での建築物の建築や土地の譲渡は制限され、他方、補助金、税制・融資面で公的な援助が得られるようになる、このあと本組合の設立をし、権利変換を経て工事の着工となる、とニュースは解説をおこなっている。』

第5節　見直す会のニュースにみるM町再開発事業の経過[10]

　次に同じ地域での再開発事業を反対の立場から捉えてみよう。

第1号（平成2年8月）

　平成2年7月20日に第1回勉強会を開催。弁護士より話しを聞く。参加者は55名。これが見直す会の結成である。この会は何でも反対の会ではない。

　地域内の土地所有者63名のうち、23名が反対し、市長に一時中止の申入書を平成2年7月23日に提出。そこにおいて、地域づくりについては歴史と文化に相応しい町並みをつくるガイドラインを設け、それに合致した個性のあるものを建てるべきことを提言している。

『何でも反対でないところがミソであろう。見直す会は、会員のため、また新たな賛同者を求めてニュースを不定期ながら発行する。その目的は、文字通

り、再開発事業を見直すことにあり、したがってその推進に邁進している市や準備組合を批判の対象にしている。ニュースを通して諸々の情報が流され、明確な意思・判断が解説・伝達され、時には行動の指針が提案されていく。そして準備組合の動きが順調であればあるほどニュースの内容も先鋭化する。なお、市の上位団体である行政体にも同様の中止の申し入れをおこなっている。なお、見直す会のメンバーの特性——権利関係、年齢、家族関係、職業、地域に対する感情、知識、参与の程度、居住歴——についてはニュースからはかぎとれない。』

第3号（平成2年8月）

　住み慣れた土地から引き離されるのはイヤ、商売の内容が再開発事業後の街に適さず、転業や廃業を余儀なくされる、に代表される生活が成り立たなくなる・生活の再建ができない、ために見直す会は結成されたとある。見直す会は以下の8項目を市に質問している。①地域住民の幸せを市は再開発により何故ぶちこわそうとするのか。②組合施行なのか、市施行なのか。③計画区域の追加増と、用途地域の変更の理由は何か。④本市における百貨店、ホテル、マンションの必要性をどの程度考えているのか。⑤都市再開発法第14条をどのように考えているのか。同法によれば組合の設立には宅地の所有者、借地権者のそれぞれの2／3の同意が必要である。3割を超える人が反対をしているのに本気で再開発事業をしようと考えているのか。⑥現時点で用地などの先行取得をしているのであれば明らかにすべきである。⑦デヴェロッパーからの事業立替金をどう考えるのか。⑧準備組合への加入勧誘に関して市の良識を疑うが、これに対する弁明は。

　この質問書は会長、副会長ほか53名の署名を添えて市長宛に提出され、期限を切って回答を求めたものである。

『掲載内容は街づくりニュース第5号と重複しているが、同じ内容を伝達するのに立場によってどのような差異があるかを知るためあえて記載した。こちらの方が露骨な表現になっているのは当然といえよう。見直す会が今後多くの人の賛同を得ることができるかどうかは、個々の具体的な反対理由をより

一般的な理由に束ね、練り上げていく工夫ができるかどうかにかかっている、といえよう。』

臨時号（平成2年8月）

　準備組合の話し合いには出ないように呼びかける内容。準備組合の会合に合わせて見直す会も勉強会を開催している。

『ヒアリングや説明会に対する単なるボイコットの呼びかけにとどまらず、以後、準備組合の行事に合わせて見直す会の活動が継続しておこなわれる。準備組合の活動が活発化すれば、それに比例して見直す会も活発に活動を展開しなければならないからである。』

第4号（平成2年8月）

　勉強会の討議資料。

　平成2年7月、知事に陳情書を、市議会議長には要望書を、そして市長には中止申入書を提出した。

　準備組合は関係権利者とコンタクトを保つべく種々の働きかけをおこなうが、そうした折「まずは気楽に様子を見に来て下さい、そして加入してもらってそこで議論を深めましょう」と加入を働きかけるが、こうした誘いに乗らないように訴えている。準備組合に加入することは法的には再開発事業に賛成したことになるからである。準備組合は、再開発をするか、しないかを議論する場ではなく、再開発組合を設立することを目的とする組合であるので、再開発事業に反対する者を加入させることはおかしいと見直す会は述べている。

『準備組合の諸々の働きかけに対し、見直す会は、態度を決めかねている人には、準備組合に加入しないことを、そして見直す会に加入することを呼びかけている。同時に見直す会のメンバーには勉強会への参加を訴えている。』

第6号（平成2年9月）

　再開発事業の先進地区の例として加古川市の報告がなされている。すなわち、百貨店に押されて個人商店が苦戦を強いられている状況が、土地に対する税金が上昇したため住民が苦労を背負い込んでいる実態が、語られている。

『ここに再開発事業は弱者切り捨てにつながるという論法が見て取れる。』
第7号（平成2年10月）
　準備組合からの話し合いの誘いを断った内容を掲載している。①断ったのは、準備組合は再開発事業をすると明言し、自己の立場に固執する姿勢を崩さないので、話し合ってもそれは「話し合いをもった」ということを利用されるだけに終わってしまうからである。②もっとも、まったく話し合いを拒否しているわけではない。話し合いをもつ前提として、準備組合が市やデヴェロッパーから受けている援助を即刻打ちきるべきである。③見直す会の基本姿勢は、当地のような街では、当事者の自己責任で街の活性化は図れる、再開発事業をする必要性はない、に尽きる。
『話し合いの前提として見直す会は組合が財政、人材、情報の面で受けている援助を断ることを挙げている。これについては街づくりニュース第7号で触れたところである。また、組合と見直す会との差異は、上の③に、すなわち状況判断の差にある、といえよう。』
第8号（平成2年10月）
　市会議員の斡旋で9月末に市と見直す会との間でもたれた会談の内容が以下のように報告されている。①7年4ヶ月続いた前の準備組合は、地区住民の合意が得られないまま解散し、再開発事業計画は中止と思っていた矢先、A地区開発協議会が発足し、さらには開発区域が関係住民に事前に知らされることなく追加されていた。これらは住民の合意形成を踏みにじるもので、住民の意思を尊重する行政のとる途ではない。②これに対し、行政側は前の準備組合が解散される前からこの話し（地域を拡大して事業を展開しようという）は持ち上がっていたと力説した。
『市会議員が間に入らなければならないほど、両者の関係はこじれているのであろうか。これでは市が準備組合と見直す会の間に入って両者を取り持つことは不可能に近いといえよう。両者の修復なくして再開発事業の伸展は望めないことを考えると事態は深刻であるといわざるを得ない。』
『もっとも、市は住民同士の話し合いをせよという。市は、準備組合が見直す

会と話し合いを持つこと望んでいるし、準備組合も見直す会との話し合いを望んでいる。見直す会が準備組合と話し合いを持とうとしないのは先に触れた通りである。もっとも、見直す会は、準備組合の背後にいる市との話し合いを望んでいた。その点で、今回そういう場がもてたことはよかったといえよう。』

第10号（平成3年11月）

　まちづくり意向調査が送られてきたが、これを無視しようと呼びかけている。それは、この意向調査が再開発事業の実行を前提にした調査項目からなり、再開発事業に賛成をする者のみの意向調査であると判断されるからである。調査内容に関しては、第11号で詳しく触れる。

『ニュースも述べているように、これは、再開発事業をおこなうという最終的な合意が得られた後になされるべきアンケート調査で、少し時期尚早である。ニュースの第9号（掲載は省略）と第10号の発行間隔には約1年の開きがある。時間のみ経過し、互いの歩み寄りの姿勢はみられない、ということである。仲介者であるべき行政が一方の側に立ちすぎているからである。また、アンケート調査を準備組合では権利者意向調査、見直す会ではまちづくり意向調査と、それぞれとらえ、双方の受け止め方は異なっている。』

第11号（平成3年1月）

　本号は、アンケート調査（まちづくり意向調査）を見直す会がボイコットしたことに触れている地元の新聞記事の抜粋からなる。それは次の通りである。①再開発準備組合はM町地区再開発基本計画素案をつくるために権利者に意向調査を実施した。それは、大きくは10項目からなり、土地所有者か借家人か、商業者の現在の経営状況、店舗建て替えの希望の有無、大手スーパー出店計画に対する判断や意見、キーテナント導入の可否・その具体的な名前、専門店の配置、希望店舗面積、環境面の希望、充実希望の施設の順位、などを問うている。当然、再開発事業を前提とする項目ばかりである。②他方、見直す会は、この調査を無視すると表明している。それは、この調査が再開発事業に賛成する者のみの意向調査になっているからであり、これが地区住民

の意向調査の結果であると準備組合が宣伝することを警戒しているからである。③再開発問題が提起されてから十数年が経過し、また、当初のボタンの掛け違いが尾を引いて、住民が再開発容認派と慎重派とに2分されていること、また、某会社の跡地に某百貨店の進出が、さらには近くのN地区に別の大手スーパーの進出がそれぞれ決定的となっていること、を考えると商業環境は変化しており、その上さらにもう一つ商店街をつくることは困難ではないか、つまり、再開発事業は白紙に戻すのがよいのではないかと新聞は結んでいる。

『たいへん難しい局面を迎えている』

第12号（平成4年1月）

準備組合から全権利者宛に2月7日開催の全権利者集会開催の通知が送られてきた。見直す会は、通知状に「全権利者」という言葉が使用されていることに対し内容証明郵便で準備組合と市に抗議文を送った。

『これはあくまでも準備組合加入の権利者の集会であり、全権利者ではないことを明確に確認しておく必要があると判断したからであろう。全権利者という表現は、再開発事業が住民の合意を得たかの印象を与えるので、世論操作に使われやすいということである。なお、この集会の案内は準備組合への加入者・未加入者を問わず全権利者に送付され、返答欄が集会への参加、不参加のみを求めるもので、未加入ということを意思表示できないので、見直す会は同会員に回答しないように呼びかけている。互いに疑心暗鬼になっている印象が強く、いかにして互いの信頼関係を取り戻すかに力を注ぐべきである。』

第16号（平成5年1月）

大手百貨店が浜大津に出店することを中止した新聞のニュース記事を伝えている。加えて出店を中止した他の多くの百貨店の事例を紹介し、企業の地方進出は減退傾向にあり、今後は商業中心の事業から住宅や文化施設にウエイトを置いたまちづくりが大切であることが強調されている。

第17号（平成5年3月）

　本号は、市に陳情書を提出したことを述べたあと、併せて再開発事業についてのこれまでの経緯を時間を追って整理している。
『重複する部分はあるが、以下に記しておこう。
昭和59年：Z市総合計画審議会答申。国鉄と私鉄のZ駅を結び、ショッピングセンターの充実・強化のため、再開発事業を推進することを謳う。この線に沿って開発は進むことになる。
昭和62年：A大手建設会社がデヴェロッパーに決定。
昭和63年：準備組合は都市計画決定を打とうとしたが、地権者の半数を超える反対署名が市に提出され挫折。
　　　　　11月、地権者へのアンケートで52％が再開発に慎重であることが判明。
平成1年：準備組合解散。
　　　　　4月、M町A地区開発協議会発足。
　　　　　8月、西側地区を再開発区域に編入。
平成2年：5月、M町地区再開発準備組合発足。
　　　　　6月、M町地区再開発計画を見直す会発足。

　上のような経緯を記した後、見直す会は、次のように述べている。①市に対しては、再開発事業から手を引き、住民の合意形成を待つべきである、と。②住民に対しては、都市計画決定の同意書を渡さないようにしよう、と。それは、都市計画決定がなされてしまうと、地権者の立場は弱く、逆に行政やデヴェロッパーの立場は強くなり、両者の位置が逆転してしまうからである。③他方、再開発事業は住民の総意に基づいてなされるものであるにもかかわらず、行政やデヴェロッパーは自分たちが困ると判断すると住民のことを考えずに手を引いてしまうことがあるから注意をしよう、と。』

第19号（平成5年6月）

　都市計画決定同意状況：土地所有者の54％、借地人の63％が賛成。

第21号(平成5年8月)

市長に通知書を提出。

『本号は、街づくりニュース27号の訂正を求めて市長に訴えたものである。つまり、同ニュースでは「都市計画決定の賛成率は70％を超える」とあるが、実はこれは62.1％ではないかと抗議している。』

全体としてのコメント

双方のニュースはまだまだ続いているが、手許にはここまでの資料しかない。もっとも、再開発事業の何たるかを理解するには、また、住民の合意形成に至る過程を分析するにはこれで十分だと考える。

これまでのニュースを見てまず気づくことは、住民間に互いに不信感が強く、相手との信頼関係がまったく維持されておらず、したがって、話し合う余地はなく、合意形成は困難を極めているということである。双方の責任もさることながら間に立つべき市がその役割を果たせていないことが問題を複雑にこじらせている大きな要因の一つである。

ことの発端は、多くの地権者の意思表示のもと、解散したはずの準備組合がわずか1年で装いを新たに結成された点にある。もちろんこれは、再開発事業を積極的に推進しようとする住民の巻き返しの結果であろうが、そうした組織の再結成をいとも簡単に認めた行政の判断の甘さは指摘されねばならないといえよう。住民間の合意のもとに組織が再結成されたとは思えないからである。事実、準備組合の再結成後一ヶ月にして反対派により見直す会が結成されている。行政側からみてこれが見通せないはずはないと思うからである。

再開発事業の賛成派は共同化によってしか街の活性化はあり得ないと考えているのに対し、反対派は個人の努力で街の活性化は可能と考えている。もっとも、反対派は、再開発事業一般に反対を唱えているわけではない。彼らの反対の根拠は、手続きの不備、事業の進め方にあり、また、この地での再開発事業は社会的弱者の切り捨てにつながっている、と考えている点にある。このあたりに接点がありそうである。しかし、双方のニュースを見てい

ると、そうした点での話し合いは全くなく、むしろ、話し合いにつくためのスタートラインをめぐって堂々めぐりをしている感が強い。感情的になっており、これを解きほぐすには冷却期間を置くしかないように思われる。

と同時に中立的な立場に立つ第三者——本来ならばこれを担うのは行政なのだが——を交えて、賛成派と反対派とがタテマエを抜きにして、ホンネで大局的な立場から地域のためにいま何が必要なのかを考えることが大切である、と思われる。いまほど両派のリーダーの見識・力量が問われているときはない、といえようか。

ニュースからは住民の属性についての情報——居住歴や職業構成、世帯構成、さらには当該地域に対する関心度や愛着度など——はまったく得られなかったが、こうした属性は再開発事業のあり方と大いに関係してくるので、そうした観点からの分析は、合意形成の過程を考える上で、必要不可欠である。

第6節　結びにかえて：再開発事業への合意形成に向けて

地元の対応
①再開発事業に対する地元の態度に影響を与える要因

再開発事業に対する地元——とりわけ関係権利者——の態度は次の三つの要因に規定されると考える[11]。その1は地域に対する感情に関することである。地元の人が自分の住んでいる地域にどのような感情をもっているか、たとえば、満足感、同一感、愛着感、受益感などをどの程度抱いているのかということが事業のあり方に影響を与えるであろうということである。

その2は地域に対する知識・統合認知に関するものである。地元の人が自分の住んでいる地域やコミュニティをどのように認識しているか、地元に対するどのような知識や情報をもっているのか、また、どの程度の関心をもっているのか、地元をどのように評価しているのか、ということが再開発事業のあり方に影響を与えるであろう、ということである。つまり、各自が自分

第6章　市街地再開発事業と住民の合意形成―アンケート調査と街づくりニュース等を中心に　195

をとりまく状況をどのように判断・認識しているのか、その判断・認識のあり方が事業の行方を左右するということである。

　その3は地域に対する関与のあり方、取り組み方に関する事柄である。これは上の二つと関わって、役割意識、参加意欲、使命感、達成要求などを生み出していく。それらが再開発事業に関わらないはずはないといえよう。

　したがって再開発事業についての具体的な事例研究をおこなう際には、これら3要因の考察、さらにはこうした要因と関わる関係権利者の居住歴、職業構成、年齢、世帯構成などの属性の考察が不可欠であろう。そうした要因の総体が地元の態度を形成していくものと考えられるからであり、それらが再開発事業の積極派と消極派とを識別する重要な要因になりうる、と考えるからである。

　これらに加えて住民の合意形成に果たす地域リーダーの役割(関わり合い)が大きいことはこれまでその都度指摘しているとおりである。

②**再開発事業の必要性の論理**

　街づくりを進めるにあたって地元では、個別の努力で街づくりに励む考え方と、地元全体で街づくりに取り組む考え方との調整(闘い)がなされる。その調整の過程で、考える会などが結成されることがあるが、最終的には大半が後者(地元全体での街づくり)の考え方に賛同し、こうした地元全体での街づくりへの取り組みが、住民各自の思惑は異なれ、ベストだと認識されることによって、再開発事業(計画)は第一歩を歩み始めることになる。

　このようにして住民のエネルギーが再開発事業の方向に収斂していくのであるが、そこで求められている目標は、個人の生活改善と同時に地域全体の活性化である。換言すれば、個人の利害と全体の利害との両立・調和ということであるが曲折はなお続く。これらをめぐってホンネとタテマエとにもとづく考え方のぶつかりあいがあり、様々な駆け引きがおこなわれるからである。事業(計画)が時には暗礁に乗り上げることがあるが、それは往々にしてホンネとタテマエの論理の使い分けにあり、その見極めができない場合である。地元の組織(受け皿)のつくられ方、それらの組織の構成メンバーや役員

のあり方、世帯構成や職業構成、そして、上でみた地域に対する感情や統合認知、参加意欲などが相互に関連して、このホンネとタテマエとの関係を複雑にしている。

　それを乗り越えることによって、住民は再開発事業の必要性を認識し、事業(計画)はさらに前進することになる。それらを冷静に客観的に見定めるのが行政の役割というものであろう。再開発事業は、事業実施区域内の関係権利者の利害はいうに及ばず、区域内の非権利者、さらには区域外の多くの住民のそれにも直接・間接に影響を及ぼす。ことは単に関係権利者だけの問題ではない。事業主体がたとえ関係権利者からなる組合であっても、都市計画決定をおこない、当該事業を都市政策のなかで明確に位置づけるのはこのためである。出発点は個々の小さな地域の問題ではあっても事業を進める過程でそれは当該市全体の問題となる。そのように転化し得ない場合には行政が都市計画決定をおこなうことはない。

行政の対応

　行政は、当該地域の当該市における役割や位置づけを考え、当該地域にとって再開発事業という政策が最善であると判断した場合にのみ、それを実行に移す施策を講ずる。反対者からの異議の申し立てに対し、組合側や行政の用意する理屈は公と私あるいは個と全体との調和というものである。一部のものにとっては短期的には多少の犠牲を強いることになるが、長期的には当事者はもちろん市全体のためである、という考え方である。こうした理解が得られるかどうかは、行政と地元、地元同士の信頼関係にかかっているといえよう。コミュニケーションの重大さが指摘される所以である。

　行政は、スタンスとしては再開発事業へ傾きつつも(ある場合はその逆)常にそれに組みしない層のいることに配慮し、彼らとコンタクトを積極的に保ち、ことの成りゆきを見守り、解決に向けて働きかけを展開し、最終的には大局的な見地から判断を下さねばならない。この点からすると、先のニュースは行政がこうした役割を担い切れていないことを示している。住民の合意

形成に向けて行政の果たす役割は大きいといえよう。もっとも、住民の当事者能力も同程度に要請されていることはこれまでの議論から明らかであろう。

Z市職員の話しでは、平成9年6月、準備組合は解散した。

【注】

1) 質問紙の配布(資料の収集)については平成6年、株式会社ＵＤ Consultants が担当した。同社がこれまで手がけた地域のうち、比較的最近の八地域を抽出し、関係者に協力を依頼したもので、その結果は、表6-1の通りである。資料の収集にあたり、また、聞き取りに際し、株式社会ＵＤ Consultants、同社藤村社長、株式会社新井組、同社真銅営業企画部次長(いずれも当時)にたいへんお世話になりました。記してお礼を申し上げます。

2) 研究会の段階でのことを尋ねた調査票に基づく。

3) 準備組合の段階におけることがらを尋ねた調査票に基づく。

4) 具体的な細かい内容は残るものの、理念的・一般的にはデヴェロッパーとの話し合いが順調に進み、また、大口の保留床の引き受け手との交渉も明るい見通しがもてそうであると、状況判断されるからでもある。

5) 行政、コンサルタント、地元関係者(とりわけ準備組合)の三当事者間には最終的に描いている青写真という点ではまだ議論の余地を多少残しているとしても、少なくとも再開発事業をするという目標に関しては意思の疎通は十分に図れている。だから、再開発事業に向けての組織づくりが一歩前進するのである。

6) 本組合結成に向けてのことを尋ねた調査票に基づく

7) 準備組合は、あくまでも本組合を設立するための準備段階にある組合であり、任意の団体である。この段階においては、勉強会、ヒアリング、説明会、先進地視察が頻繁になされ、その結果最終的に、関係権利者の総意としての事業遂行が決断される。他方、ときを同じくして、客観的にも事業完遂の可能性が高いとの判断に傾いた行政が都市計画決定をおこなう。こうした状況が、準備組合をして法定組合への移行手続きをとらせるに至るのである。

8) 真の反対理由はどうであれ、表向きは経済的・打算的な観点からの反対よりも、事業の進め方や組織のあり方に異議を唱える方が多くの共鳴を得やすい。そして、後者の多くは、往々にして複雑に絡まった人間関係に起因している。

9) 再開発準備組合発行の『街づくりニュース』による。

10) 再開発計画を見直す会発行の『見直す会ニュース』による。

11) 鈴木広編集『コミュニティ・モラールと社会移動の研究』アカデミア出版会、1978年、436頁。

第7章

阪神・淡路大震災時における住民の合意形成
―渦森団地を事例として

第1節　本章の目的と対象地域の概況

本章の目的

　平成10年5月15日、朝日新聞の夕刊は被災者生活再建支援法が衆議院本会議で可決、成立したことを報じ、加えて次のように解説していた。自然災害の被災者に支援金を給付することをねらいとするこの法律は、阪神・淡路大震災の被災者には適用されないが、同法の付帯決議では支援金に相当する措置が国に求められているので、今後は、阪神・淡路大震災の被災者への支援措置の内容が問題となる、と。阪神・淡路大震災の発生から3年4ヶ月を経たこの時点で、被災地には仮設住宅での生活を強いられている世帯が約1万8千もあることを併せて同紙は伝えていた。これらは、かなり早い段階から県や市による住宅の復興に関する計画が策定され、市街地再開発事業や区画整理事業などが押し進められていたはずなのであるが、なかなか当初の予定通りに事態が推移していないことを如実に物語っている、といえよう。とりわけ、被災した分譲マンションは多くの問題を抱え、その復興は遅れている。

　そうしたなか、きわめて早い段階で住民が一団となって自主再建に取り組んだケースがある。以下は、なぜ共同化に向けてことがうまく運んだのかに焦点をあてた事例報告である。

渦森団地14号館

　考察の対象地区は、神戸市東灘区渦森団地14号館である。14号館は、六甲山の中腹にある標高380メートルの渦ヶ森を削って造成された、20棟からなる中層の団地の一つである。20の棟は、それぞれが管理組合を組織し、また、敷地を所有している。つまり、それぞれは互いに独立した状態を保ちながら、一つの団地としての体裁を整えている、というわけである。

　さて、14号館にしぼっていえば、この館は6階建てで1階はコープこうべの店舗で占められ、2－6階が居住部分である。各階の居住部分は8戸、計40戸の住民から館は成る。総敷地面積は約2,610平米、建築面積は約1,016平米、総床面積は3,953平米、各戸の専有面積は64.99平米、である。各戸の専有面積が同一であったことが、のちに再建に際して有利に作用したといえる。もう一ついい添えれば、団地のうち、この14号館のみがじつは「全壊」したのであった。どうしてここだけがということが争点になりそうだが、それを巧みに乗り越えたことが早い再建につながったと考える。なお、この団地は、昭和47年、神戸市住宅供給公社によって建築・分譲されたものである。

14号館住民の属性

　どういう人たちがここに住んでいたのであろうか。平成9年12月になされたアンケート調査[2]を通して、この点をまず考えよう。職業の点からみると、圧倒的に給与生活者(62%)が多く、次いで仕事をリタイアした無職者で占められる(23%)。仕事の内容に関していえば、技術・専門・管理・経営職的な職種がもっとも多く(38%)、次いで営業・販売職的な仕事(24%)、一般事務職(19%)が続く。震災によって仕事の内容あるいは勤務地が変わった人はきわめて少なく、85%の人は、無変化であった。年齢に関しては、以上からもある程度予測されることではあるが高齢者が多い。実際、30代以下が19%、40－50代が44%程度、そして60代以上が37%となっている。居住歴に関しては、長い者が多く、渦森団地に居住して10年以上になる者が85%を占める。全員がコープこうべの組合員である。半数近くがローンの残債を抱えており、

表 7-1　①現在の職業

事業経営者・一般自営業者	2
給与生活者	16（62%）
無職	6（23%）
その他	2

表 7-1　②現在の仕事の内容

技術・専門・管理・経営職的な仕事	8（38%）
一般事務職的な仕事	4（19%）
営業・販売職的な仕事	5（24%）
技能・生産工程・サービス職的な仕事・その他	4（19%）

表 7-2　震災による仕事の変化

仕事の内容も勤務地も変わった	1
仕事の内容のみ変わった	1
仕事の内容も勤務地も変わらなかった	17（85%）
その他	1

表 7-3　年齢

～30歳代	5（19%）
40～50歳代	12（44%）
60歳代～	10（37%）

表 7-4　渦森団地での居住年数(平成7年当時)

10年以上	17（85%）
10年未満	3（15%）

なかには 2000 万を超えている人もいた。以上が住民の大まかな属性である（表 7-1 ～表 7-4）。

管理組合への住民の対応

さて、こうした属性をもつ住民間の組織や交流について、まず、フォーマルな組織から考えてみよう。14 号館は、結成以来自主管理の方式をとって、管理組合を組織してきた。組合の役員は、5 層の各フロアから 1 名ずつ選ばれた 5 名からなり、その任期は 1 年である。役員は 8 年に 1 度まわってくる勘定になる。敷地内やまたその周辺での、月に 1 度の掃除や、年に 2 度の草むしりに、どうすればいかに多くの住民を動員できるかで役員はいつも頭を悩ますのであった。他方、こういう活動が、近隣との付き合いのあり方を時には見直し、時には深め、さらには、建物の資産価値を高める、ことに大いに貢献していることも事実である。役員はこのあたりのことを強調して住民に参加を促すのであった。役員の呼びかけに対する住民の反応はどうであろうか。7 割以上の人が組合活動は、客観的に考えると、「活発」であったと評価している（表 7-5）。しかし、そのわりには積極的に組合活動に参加していたと自覚している（思っている）人は多くはなく、6 割程度である（表 7-6）。このヅレは「他人任せ」であったということを意味するものといえよう。

隣近所との付き合い

次に隣近所との付き合いを、14 号館の人たち同士の全般的な付き合いと、各戸の個人的な付き合いとに分けて尋ねた結果をみよう。いずれの場合も「活発ではなかった」（52%）が「活発だった」（48%）を若干上回っており、全般的な観点から判断した場合でも、自分の過去をふり返って考えてみた場合でも、どうも付き合いは活発とはいえなかったようである（表 7-7、7-8）。これは、付き合い方を全般的であれ、個人のレベルであれ、抽象的な観点からとらえたものであるが、最後に具体的な付き合いについて尋ねた結果をみておこう。77% の人は具体的には「道で会えば挨拶程度」の付き合いをし、「親

表 7-5 震災以前の管理組合の活動のあり方

震災前	
活発	16（73%）
活発ではなかった	6（27%）

表 7-6 管理組合の活動への参加度

	震災前	震災後
活発（活発だった）	12（57%）	14（58%）
活発ではない（活発ではなかった）	9（43%）	10（42%）

表 7-7 このあたりの人たち同士の全般的な付き合い

	震災前	震災後
活発（活発だった）	10（48%）	18（78%）
活発ではない（活発ではなかった）	11（52%）	5（22%）

表 7-8 お宅の隣近所との個人的な付き合い

	震災前	震災後
活発（活発だった）	10（48%）	18（78%）
活発ではない（活発ではなかった）	11（52%）	5（22%）

表 7-9 お宅の具体的な付き合い方

	震災前	震災後
道で会えば挨拶程度	17（77%）	16（67%）
親しく訪ね合う	3（14%）	6（25%）
その他	2（ 9%）	2（ 8%）

しく訪ね合う」人は14％程度であった（表7-9）。

震災前後での差異

　以上はいずれも震災以前のあり方を尋ねたものである。震災以後についても同じ要領で尋ねた結果を最後にみておこう。まず、管理組合の活動への参加度については、これは以前との差異はなく6割近くの人が活発に参加していると回答している（表7-6）。また、83％の人が組合活動のあり方は「今のままでよい」と満足を表明している（表7-10）。次に隣近所との付き合いを抽象的に尋ねると、14号館の人たち同士の全般的な付き合いの場合も各戸の個人的な付き合いの場合も、ともに8割近く（78％）が「活発」と回答している（表7-7、7-8）。付き合いの仕方は、周りの人たちの付き合い方から判断しても自分の付き合いのあり方から判断しても、「活発」に映っているのである。事実がどうなのかはともかくも、回答者の意識からすると、そのように感じとれる、ということである。「隣近所とは活発に付き合うべきである」という思いが、すなわち、そのような規範的な回答が、このような高率を招いたのであろう。このことは、次にみる具体的な付き合い方を尋ねた結果が、震災の前後で多少の動きはあるものの上の結果の場合ほど大差はないことから、判断されるところである。すなわち、67％の人が具体的には「道で会えば挨拶程度」の付き合いをし、25％が「親しく訪ね合う」と回答している。震災以前との差異は10ポイント程度にすぎないのである（表7-9）。

表7-10　管理組合の活動について考え方

もっと活発にしてほしい	4（17％）
今のままでよい	20（83％）

表7-11　震災前後での付き合い方の差異

差異はない	11（52％）
差異あり	10（48％）

総体として付き合いのあり方に差異が認められるかどうかについては、52％が「差異はない」と考えているのに対し、48％は「差異あり」としている。どちらともいえないということなのであろう。そして、実はこれが、震災前後での付き合い方のありようなのである。つまり、震災の前と後とでの交流のあり方には、結論的にいえば、大した変化はないということである（表7-11）。

被害の状況と住民の対応

さて、こうした日常生活が営まれているなか、平成7年1月17日、阪神・淡路地方に大地震が起こった。神戸市の応急危険度判定で「危険」と診断され、直ちに14号館の住宅案内図に危険を知らせる赤紙が貼られた。ピロティ部分の柱の半分近くが破損し、建物の傾斜は4度弱と視認されたからである。被災証明書には「全壊」と記載された。先にも触れたように団地内での全壊はここのみ、ほかに、半壊が1棟、軽微な被害が2棟との情報が入ってくるにつれ、どうして「14号館だけ」がというやりきれない思いは募る一方であった。日に日に倍加したこの思いは、しかし、渦が森小学校の体育館での避難所生活が軌道にのるにつれ、やがては和らぐ方向に向かう。

方向づけをした避難所生活

それはこういうメカニズムが働いてのことであった、と考える。ほとんどの住民が体育館で毎日顔を合わせている。やがて時間とともに、それぞれはここを出て各自の歩みをはじめるであろう。皆でもし何かができるとしたら、皆が集まっている「いま」しかない。皆がバラバラになってからでは手遅れになる。この何かをするのなら「いま」だという発想をあたためている人たちがいたこと、これが指摘されるべき第一点である。第二は何をするかに関して明確な方向があったということである。つまり、「何かをするから集まろう」、「皆さん何をしたらいいか一緒に考えましょう」という抽象的な「何か」ではなく、「こんなことをしませんか」、「こんなことについてどう思います

か」という具体的な何か（提案）が思考されていたということである。第三に指摘すべきは、上の二つを軌道に乗せる（「いま」、「こんなことをしよう」と提案すること）ためのそれなりの疑似装置が自然発生的につくられていった、ということである。これが最重要であることはいうまでもない。この疑似装置とは具体的にはリーダー層を中心とするインフォーマルな集まりを指す。これは、避難所での出会いを通して結びつきを深めるなかでそれとなく形成されていったものであり、インフォーマルながらも一つの集団として、やがてフォーマルな組織（後述の再建特別委員会）を生み出していく母体をなすものであった。このリーダー層の担い手とは、たとえば、管理組合の役員として何が出来るかを考えねばと思考錯誤を繰り返している人、建築関係の専門職に携わりこの方面のことに長けた人、長年管理職の立場から組織の何たるかを心得ている人たちのことで、彼らは、毎日顔を会わせるなかで、ある考えを熟成させていくのであった。もっとも、こうした考えは、フォーマルな会合（後述の管理組合の総会）において正式に披露されるべきものであり、また、そこでの提案が多くの住民に受け入れられるためには、その提案が専門的な知識、豊富な経験、先を見通す洞察力、緻密な計算などに裏打ちされたものでなければならず、かつ、時宜を得たものでなければならない、ことはいうまでもない。だから、くり返しいえば、ここでいう疑似装置とは、こうしたフォーマルな会合の場において提案されることになる内容を、インフォーマルながら具体的な方向に収斂させていく場であった、ということである。そうした場にはリーダー以外にもメンバーこそ代われ多くの人がその都度顔をそろえたのであった。つまり、そこで話し合われた内容は、狭い空間内のことでもあり、ほとんどの人に共有されることになるのであった。

　この疑似装置は皆から賛同を得るための理屈を用意していた。そして、これがのちにフォーマルな会合をスムーズに運ばせる一助となるのであった。

合意形成に向けての基本的考え方

　考え方の基本は、これをスローガン風にまとめると次のようになる。

「建物の再建を最優先し、この1点で団結しよう」：これは自分の家に早く戻りたいという住民の思いの結集にほかならないが、逆に言えば、この点においてのみ一致点は見いだしうる、ということである。多くの人は各自のこころにわだかまりとしてくすぶっている「全壊」の原因究明を当然のことながら第一にと考えていた。ところが、「再建最優先」との考えを取り入れることになるのは、「出来るはずがないと諦めていることが出来るかもしれない」、「皆がその気になれば出来るんだ」と聞かされたからである[3]。「全壊」の原因究明は「出来るはずがない」ことに対する次善の策として考えていたことだったからである。住民がこれを受け入れたことは大きな決断であり、以後の動きを加速させたといえる。そして、このプラス思考が何かにつけて活動をスムーズに運ばせることになる。

　「皆に納得をしてもらう」：これは、せっかくこれまで長年にわたって一つ屋根に住んできたのだから、これからもそのようにしよう、全員で元の場所に戻ろうという発想である。これは、裏を返せば、これまで長年一緒に住んできたが、何の不都合もなかったではないか、これからも一緒に力を合わせて住もうではないか、全員が共同生活をする資格があるではないかというメッセージである。別の見方をすれば、「皆が参加するのだ、あなたも参加してください」、「あなたがいないとこの計画はダメになります」との呼びかけでもあり、集団の圧力というようなものを感じた向きもあったかも知れない。実行をしていく過程でいずれ退く者はいるかも知れないが、少なくともスタートラインには全員で立ちたいとの願いからである。リーダー層からすれば、落ちこぼれを出さないための、また、計画にそっぽを向く者を出さないための工夫が必要だったわけで、そのための一工夫として「皆に納得してもらう」というモットーは多くの人の心を捉え、結果として住民の団結に大いに貢献したといえる。これは、総論的には誰からも異論が出ない考え方であるからである。

　以上を要約すれば、多くの人が進むべき方向を探りあぐねている時に、つまり、全壊の責任を追及するほかに方法はないと考えていた時に、役員を中

心とするリーダー層(当時を振り返るとそういう集団らしいものが形成されていたのかなという程度のきわめてインフォーマルなものではあったが)が、「いまをおいてほかはない」という時間的なタイミングを見計らい、時宜を得た具体的な提案、つまり、「建物を自主再建しよう」という提案をインフォーマルな場で、これまでの経験と知識に基づいておこなった、ということである。この提案に対し住民は、半信半疑ながら賛成の意思表示で応えたのである。それは、リーダー層によってなされた提案の背後にある上述の考え方に共鳴するところが大だったからである。

次にそれらがフォーマルな組織や会合の場において確認・強化・実践されてゆく過程をみよう。

第2節　議事録にみる自主再建に至るプロセス

総会の記録
時系列にみると以下の通りである。[4]
①平成7年2月12日
この日には次の2つの会合が持たれた。
(イ)第24回14号館管理組合定期総会
そこで審議された議案は以下の通りである。

平成6年度の一般経過報告の承認、旧理事の解任、新理事の承認。／阪神・淡路大震災による14号館の全壊に伴い、管理組合費、修繕積立金、自治会費などの徴収を2月以降凍結すること。／平成7年度の予算については例年通りの予算編成はできないので、とりあえず今後の活動資金として50万円のみ計上すること。

これは、日常業務として恒常的になされている、地震とは直接関係のない大会での議事録である。引き続きおこなわれた次の会が今回の地震に関わる会議であった。以後、会は、すべて臨時総会の名の下に震災に関わることがらを扱っている。

(ロ) 14号館管理組合臨時総会

そこで審議された議案は以下の通りである。

まずは14号館建物の解体撤去について：解体撤去については全組合員の4／5の同意が必要だが、全員賛成で可決。そこで神戸市災害対策本部東灘区本部長宛の、危険建物の解体に関する関係住民の同意書に全員が署名捺印。解体の費用については公費負担が制度化されたので無料。なお、制度化される以前に撤去費用を見積もってもらったところ7,400万円だった。これは先のインフォーマルな疑似装置においてなされたものである。／再建特別委員会の設置：これは今後の対策を検討するためのもので、13名の委員を選定。この委員会が再建案を検討し、必要に応じて臨時総会を開催することとなる。ここに先のインフォーマルな疑似装置はフォーマルな装置となる。／今後の進むべき方向について住民の意向を問うたところ次のようであった。

　　　無条件に再建参加　　　　　　　　　　　　　13名。
　　　費用負担の額などに応じて参加、不参加を決める　22名。
　　　再建に参加しない　　　　　　　　　　　　　1名。

このようにしてその後開催された臨時総会で審議された議案、決定された合意事項、提案された要望事項のうち、主なものを以下に順次記す。

② 平成7年3月19日

解体撤去について：解体撤去作業の日程についての説明があった。20棟中なぜ14号館だけが全壊になったのかの究明も大事であるとの意見もあった。／管理組合の解散と再建組合の設立にむけて：解体撤去、抹消手続き、再建決議がなされた時点で法人格のある組合の設立をめざすことを確認。／今後にむけて：これ以上の事業運営には専門家集団の助言が不可欠と判断した再建特別委員会は、コンサルタントの導入を提案。なお、その選定については再建特別委員会に一任。／再建についてのアンケート調査：以下の結果を得た。

65平米(現状)再建(約1500万円)	7
75平米で再建(約1700万円)	25
保留	4

／最大50戸まで増やすことは可能である。従来と同じ40戸の場合でも1戸あたり24坪(約79平米)の広さにすることは可能。耐震性などの工法についても基本設計が固まり次第決める。／管理組合と再建特別委員会を並列させて法人格を持った新たな組合の規約づくりをおこなう。／再建特別委員会への要望：以下のことが要望として出された。エレベーターの有無による費用および維持費の比較を計算してほしい、再建後のマンションの価格調査をしてほしい、審議内容を前もって連絡しその上で総会を開くようにしてほしい。／今後の大まかな日程：9月頃に設計の終了、年内着工、来秋入居を目途にする。

③平成7年5月14日

　組織の変更：管理組合法人設立、規約改正。法人の登記と再建の同意捺印。／理事、監事の選任。／コンサルタントの決定：コープこうべから推薦・紹介を得、再建特別委員会で内定をしていたコンサルタント会社UDを組合員に紹介し、承認を得る。／基本設計、実施設計、現場管理をUDと契約する。／個人の資金計画についてはUDに調査依頼をする。／敷地測量、地盤調査を業者と契約する。

④平成7年6月25日

　基本設計について：基本設計の総事業費の概算(報告)、免震工法を取り入れることの是非について(報告)、基本設計の平面図について(調査)。今後は約24坪の方向で進める。／土地測量、土地評価、地盤調査工事費の支出について。／住宅設計に関する資金計画について：UDに個別に相談にのってもらう。

⑤平成7年8月20日

　管理組合から再建組合への衣替え：これは、建物がすでに解体されてしまい管理すべき建物を所有していないので再建組合と、名称変更するようにと

の神戸市からの要望によるものである。また、規約も全員の賛成で議決。／基本計画案について：免震工法は採用しないこと、屋根、フローリング、ユニットバスなどについても合意。

なお、建物の解体は5－6月になされた。

⑥平成7年10月15日

被災区分所有建物の再建計画の決議を以下の4項目ごとにおこなう。それらは、ア)再建建物の設計の概要、イ)再建建物の建築に要する費用の概算額、ウ)再建建物の建築に要する費用の分担に関する事項、エ)再建建物の区分所有権の帰属に関する事項で、4項目の議決は、すべて賛成37、反対1、棄権1であった。議決権総数の96％という圧倒的多数で再建の決議がここになされたのである。

⑦平成7年12月3日

近隣に対する説明会について：渦森台団地の7、8、15号棟などに説明会を行う。15号棟より眺望権が侵されるという意見が出されたが、建築基準法に沿っておこなっているので問題はないとのこと。／建築工事請負業者の選定に関する件：3社にしぼって見積りを依頼することとする。平成8年1月末に決める。／負担金の支払い方について：平成8年1月末までに各自250万円を支払う。残りは竣工時に支払う方向で検討。

⑧平成8年2月18日

業者、価格、竣工に関する件

  建築業者 鴻池組

  発注価格 8億2,915万円

     （うち、工事費8億5百万円、消費税2,415万円）

  竣工   平成9年1月31日

  引き渡し日 平成9年2月10日

  入居日   平成9年2月11日以降

／起工式の決定：平成8年2月23日午前11時とする。／第2回目以降の支払いについて：第1回の支払いは全員が完了。第2回目は完成時か、融資実

行時にするか、安い方ということであったが、前者(竣工後一括払い)を採用することで決着。／管理費、組合費、修繕積立金について：現在、管理費37万円、組合費217万円、積立金約3,000万円、満期時の火災保険約560万円、がそれぞれある。管理費と組合費は据え置き、火災保険は満期時に返還、修繕積立金は元居住者には返還。／工事発注に関する委任契約の締結について：未提出者は理事長まで。／転出者に関する件：4名のうち2名は契約が終わっている。／駐車場は28台を計画しているが、新規の入居者を含めると31台分が必要。／再建特別委員は当初、理事も含めて13名だったが、以後は理事長、理事2名、監事、委員4名の8名でおこなう。

若干の考察

以上は、平成7年2月12日から平成8年2月18日までの約1ヶ年の臨時総会の議事録からの抜粋である。議事録はその後も続くが、このあたりで打ち切ろう。われわれの分析のねらいからすればこのあたりまでで十分と思うからである。以下、これまでのことについて若干の考察と解説を加えることが必要であろう。

①全般的状況

全般的なことからはじめよう。たいへんスムーズにことが運ばれていることが、また、震災発生後約4週間後に大会が(定期であれ、臨時であれ)はじめて開かれたことが、それぞれ議事録から読みとれる。震災直後に大会など開ける状況になかったことからしてこれは当然のことである。しかし第1節で述べたように、この間にあって渦森団地14号館の住民の間ではインフォーマルながらある程度の方向付けがなされていた、ということである。それが2月12日以降のフォーマルな会合での議事の進行をスムーズにしたおおきな要因であろう。

すなわち、管理組合の大会が開かれる前から、また、そこにおいて再建特別委員会というフォーマルな組織がつくられる以前から、きわめてインフォーマルな集まりがなされていた、ということである。それは繰り返し言

えばこうである。再建特別委員会が結成されて諸々の動きがフォーマルな意味をもつことになるのだが、つまり、構成メンバーの承認を正式に得た委員会によって提案された諸々の案件が総会において合意・承認というかたちで権威づけられることになるのだが、実は、そうしたことは、委員会が正式に結成される 2 月 12 日以前において、避難所での三々五々の集まりのなかで、それとなくなされていた、ということである。蛇足ながら付言すれば、その際、ある方向付けを与える、オピニオンリーダーの役割を果たしたのが、第 1 節で述べたリーダー層であったことはいうまでもない。先の基本的な理念（スローガン）は、リーダー層の間で念頭に置かれていた今後の進め方の前提条件であったが、それが、そのまま委員会、ひいては、組合の公式の判断基準となっていくのであった。

　その点で、先に挙げたように、震災後の約 1 ヶ月の間の避難所生活は、互いの意思を確認しあう場として、また各自が自分なりにことの成りゆきを理解・納得していく上での準備期間として、大きな意味があった、といってよい。誇張していえば、のちに議せられることの多くがこの間に問題提起されていたともいえる。リーダー層に関していえば、偶然とはいいながら彼らの間で意見の大きなヅレがみられなかったということである。これはきわめて重要なこととして特筆されるべきことである。彼らはこう述懐している。「最初から建て替えしかないと思った。」、「話し合う時間は十分にある。これを何とかプラスの方向に活用しようではないか。」、「仕事をする人はいたが、出しゃばる人はいなかった」、「これまで管理組合のことを何もしてこなかった。この際何かお手伝いをしよう」。震災以前には彼らの間でとくに互いに親しい間柄にあるものはなかった。しかし、控えめながら確信をもって発せられた言葉を通して多くの思いが、一つに有機的に結合し、一つ屋根での生活を余儀なくされている避難所の状況を、今後自覚を持って自由意思で一つ屋根で暮らせる状況に変えていこう、という方向に進ませることになる。そして、この方向が、それとなく、しかし確実に多くの人に浸透していくのであった。2 月 12 日はそうした状況のなかで迎えられたのである。

②具体的状況

　さて、議事録は、大きくは①から⑥までと、⑦⑧とに分かれる。換言すれば、それは、前者では内部的な関係が、つまり、自主再建をする人たちの間での合意事項にむけての諸々の話し合いが最重要課題とされたが、後者では外部との関係が、つまり、⑦では近隣の人たちとの関係が、⑧では施工業者との関係が、内部的な関係以上に重要になっている、ということである。

　前者の⑥までの内容を若干の基準で整理してみよう。その基準とは、(イ)自主再建をする主体の組織化に関してであり、(ロ)個々の主体の意見や考えの聴取に関してであり、(ハ)そうした考えを統一ある方向にまとめていく手助けとなる専門家集団に関してである。

　(イ)は、組合についてである。もともとあった14号館管理組合は、建物を解体撤去することによってその存在理由を失い、解散することになる(②。この数字は議事録の番号。以下同様。)。しかし、間髪を入れず新たに法人格をもった管理組合を再組織している(②, ③)。そして、これが再建の母体となる再建組合にやがて衣替えする(⑤)。つまり、個々の主体の考えを受けとめる受け皿が途切れることなく存在しているということである。その背後には「再建最優先」の考え方が見て取れるといえよう。

　(ロ)は、当然のこととはいえ、どの会合においても個々のメンバーに意見や考えを問うているということ、そして、それらが次の会合に反映されているということ、である。当初は再建に関する漠然とした考えを(①)、やがてはもう少し突っ込んだ再建に関する考えを(②)、それらをある程度クリアすると今度は具体的な設計を(③, ④, ⑤, ⑥)尋ね、多くのアイデアを生かす方式がとられたのであった。それは、先に触れた「皆に納得」のモットーを実践したものにほかならない。加えて、メンバーの要望もかなり取り入れられたことも特筆に値しよう(②)。個々のメンバーを中心に据えた運営がなされた証拠といえよう。早い段階でスケジュールを概略ながら提示するなどはその最たるものといえよう(②)。このように当該時点でのベストの情報(スケジュールの提示を含めて)が、諸々の相談業務の開設と相まって、メンバーの

不安を取り除くことに大いに貢献したことはいうまでもない(③，④)。

　(ハ)には2つあり、その1は、再建特別委員会の設置(①)であり、他は優れたコンサルタントとの出会い(③，④)である。上の(イ)、(ロ)がうまくいったのも実は、これが機能したからである。前者の委員会に関していえば、総会と総会との間で何度となく委員会が持たれ、そこで、多面的に種々検討が加えられ、ある程度煮詰められていたことが、総会をスムーズに運ばしめた要因の一つといえよう。他方、後者が、プライバシーに関わるメンバーの資金繰りなどについて慎重、かつ丁寧に説明をおこなったことがメンバーの賛同を早い段階で引き出した要因であろう。

　最後に、以上のことも含めて自主再建に至った過程をもう少し詳細に、考えよう。[5]

第3節　自主再建の要因分析

　まず、いくつかの項目に分けて考える。次に、それらを受けて自主再建がうまくいった要因の分析に移ろう。

自主再建に際しもっとも気を遣ったこと

　リーダー層が気を遣ったこと：自主再建は十分に可能であるということをいかにして多くの人に伝えるか、分かってもらえるかということ。そのため細かいことに深入りはせずに、大きいことで合意する、また落ちこぼれの出ないようにと心がけた。

　一般住民の暗黙の了解：意見が割れないようにしよう、早く意思統一を図ろう、皆と足並みを揃えよう、つまり、「人との調和に気を遣った」ことにつきる。

　他方、内心で気をもんだこと：資金面、支払いの方法について悩んだものは多かった。つまり、内心ではいつも金のことが頭から離れることはなかった。同じ思いはリーダー層にもあった。「本当に皆が払ってくれるだろうか」

は最後の最後まで心配の種だった。

自主再建に至るまでにもっとも印象に残ったこと

「自主再建できる」とのリーダー層の一言：ほとんどの者はこの一言に勇気づけられた。度重なる総会、会合、話し合いの場に多くの人が臨んだが、それは、この一言を支えにしてのことであった。話し合いでの意見の集約はときにはたいへんだった。しかし、リーダーは一生懸命頑張ってくれた、彼らは辛抱強く皆の意見を聞いてくれた。そうしたなかで相互のふれあいが生まれ、ことがうまく運んだと多くの人は回想している。

思っていた以上に早く皆の意見がまとまったこと：あんなに早く再建決議が承認されるとは思わなかった。誰もが皆のおかげと感謝している。

他方、本当にできるのか不安な思い：最後までこの不安感は拭いきれなかったが、とりわけ、避難所から身寄りを頼って一人一人仲間が出て行くとき、本当に自主再建ができるのかと強く不安がよぎった。

今後のためにこれだけは伝えておきたいこと

目標の早期の設定：なにごとによらず、ことを成し遂げるには早期に具体的な青写真とそれに要する概算の提示がなされなければならない。これはリーダーの努めである。

前向きの姿勢・励み：リーダーも含め、当事者は弱気にならないこと、無理だとあきらめないこと。つまり、希望は叶えられるかも知れないという励みを持ち続けること。

家を建てるという特定された一点での団結（目標の一致）：和の力、団結の力が大切だが、それは「自主再建」という限られたことに対してのみ当てはまるということの互いの了解。

コミュニケーションの大切さ：当初から人間関係が親密というわけではなかった。つまり、多くの会合を重ねるなかで人と人とのつながりの大切さを学んでいった。それは、各自が近隣関係のありかたを学習していく過程でも

あり、一方で自己主張をしつつ、他方で全体の進む方向を汲み取っていくことを学んでいった。

互いに理解しあっていた暗黙の了解事項

今から思うとあった大前提：互いにこれまでともに住んできた、これからもともに住もう、住みうるという確信が、暗黙のうちに徐々に生まれてきた。

他人のプライバシーには立ち入らない：「家を自主再建する、元の場所に戻る」の1点でのみ協力し合う。

リーダーと組合員との役割分担：リーダーはわれわれのために苦労してくれているという感謝の気持ちと、それに報いようとの思いとがあった（やりがいの共有）。たとえば、両者間に次のような反応がみてとれた。住民側はリーダー側から「献身的な努力、情報、決断、見識、安心感、誠意」を受け取り、彼らに「評価、賞賛、賛成、理解、信頼、信用、敬服」で応えたのであった。

早期着工に向かうプロセス

物理的外的状況：マンションが傾いた・全壊・修理不能・立入禁止・現状では住める状況ではなかった。

内的状況（心境）：前のローンが残っているので新規の購入は望めない。「はたと困った」、「どうしよう」、「途方に暮れていた」というのが当時の心境であった。

そこへ飛び込んできたみみよりな話し（救いの神・渡りに船）：そうした閉塞状況のところに同じ棟の被災者仲間の建築関係の専門家がインフォーマルながら具体案を出してくれた。「自主再建ができる」、「自主再建の方が安い」、ただし、全員の賛同が必要であると釘をさされはしたが。

おぼろげながらも心の中での目標の設定：そうであるならば、「一日も早くもとの場所に戻りたい」、「早くもとの場所に住みたい」という気持ちから「住めるかも知れない」、「元気を出そう」という思いへ。しかし、不安はいっぱいだったが、とにかくかすかな目標が見えてきた。

個人目標が集団目標に(意思の共有):こうした思いは自分だけかと思ったら皆の思いも同じだった。つまり、皆も再建しようという意思を持っているのだと分かって一安心。管理組合での意思の確認が早くできたのはこのためだと考える。

あとは実行:リーダーに従った、ながれのままに、まわりをみて。これが、単に意思決定だけでなく実行面でもうまくいった要因である。

以上を受けて、最後に自主再建が首尾良く運ばれた要因をまとめておこう。

再建がうまくいった理由

外的要因:全壊。敷地面積に余裕があったこと。棟が独立していたこと。土地の持ち分が同じであったこと。

リーダー層の努力:早い初動、的確な情報、時宜に適った提案。早期の集りや何度にもわたる集会を通しての意思の統一にむけての努力。

住民側の努力:再建に積極的。早く戻りたいという気持ちの共有。住民に自治管理意識のようなものがあったこと。住民の長年の知恵として感謝の気持ちを持っている人が多かったこと。住民間に経済的・社会的な階層上の差異がなかったこと。

外部の専門家の努力:資金面などについての懇切な情報提供。誠意ある態度。そうしたことを通して住民から信頼を得たこと。

第4節　結びにかえて

以上、自主再建をめざして住民が一丸となって取り組んだ事例を紹介してきた。それは、ここでの経験が他の多くの地域にも当てはまると考えたからではない。一見するとこれはむしろ例外的なケースという印象をもつ。

しかしよく考えてみると、他地域にまったく適用できないかといえばそうとも思えない。正確な情報の提供・共有に基づいて意思の統一が早くできたこと、そのように導いた組織(インフォーマルな疑似装置、フォーマルな再建

特別委員会)の強いリーダーシップ、そして、意思統一のもとになる「自主再建できる」という目標設定、住民たちの高い自治管理能力などはそれなりの努力でできうると考えられるからである。上の例では、設定された目標と基本的な原則に沿って、フォーマル、インフォーマルな組織のもとでなされた決断や実行は、すべてが結果として、上首尾の方向に向かったのである。しかし、それは、偶然の結果だけではなく、住民の団結という必然の結果でもある、と思うからである。幸いしたことは、早い段階での目標の設定を何にするかでの迷いが生じなかったこと、途中でその変更を見直す必要性がなかったことである。

　こうした点を考ると、ここでの事例は例外的なケース以上のものを含んでいるといえよう。

　この第Ⅲ部では、衰退化にある地域社会の活性化に向けての取り組み、そのための地域住民の合意形成の過程を問題とした。生活の共同を維持する必要性をほとんど感じなかった者同士が、あることをキッカケに、共同化の方向を模索せざるを得なかった事例を報告したものである。合意形成に至ったケースと至らなかったケースとを考えたが、現実には後者のケースの方が多数を占めることはいうまでもない。その分岐点になるのはリーダーの存在に加えて地域住民の態度でもあろう。

【注】

1) 朝日新聞夕刊、平成10年5月15日
2) 質問紙にもとづく留置法でなされた。40戸に配布し、27戸から回答を得た。調査に際して、旧再建特別委員会の役員の皆さまにたいへんお世話になった。
3) いうまでもないことであるが、ここでいう「出来る」、「出来ない」は自主再建が出来る、出来ない、というである。
4) 以下の資料を参考とした。

    ①再建特別委員会による「渦森台14号館再建組合日誌」、および「渦森台14号館再建組合の記録」。快くお見せ下さった旧の同委員会のご厚意に感謝申し上げます。
    ②日経アーキテクチュア編『甦る11棟のマンション－阪神大震災・再生への記録－』日経ＢＰ社、平成9年、36-47頁。
5) 以下の分析は自由回答をもとに再構成したものである。

第IV部　生活協同組合と地域社会

―平時における生活の共同を求めて

―第8章

新しい地域社会を求めて

　第Ⅲ部では異常事態の発生を契機に住民の合意形成が模索される事例を問題としたが、この第Ⅳ部は平時における生活の共同に向けての取り組みを問題としている。こうした取り組みを第2章で触れた購買利用組合の流れを汲む生活協同組合の観点から論じていく。本章は、絆を持たない大都市住民同士の生活の共同を求めての、地域の活性化を求めての、ひいては新しい地域社会を求めてのとりくみに関する考察である。

第1節　生協とは

生協とは

　消費生活協同組合(以下生協という)とは何か。それは生活の安定と生活文化の向上をめざして、人々が自発的につくりあげた、ともに助け合う組織のことである。[1] ではそうした生活の安定と生活文化の向上をめざして、生協はどのような課題に取り組んでいるのであろうか。生協法の規定では、生協の事業とは、[2] ①物品の加工・生産・供給に関わる事業と、②生活改善、共済、文化の向上、教育、福祉、スポーツ、健康増進、環境に関する事業と、からなる。これらの事業のとらえ方によって次の2つの考え方が成り立つ。一方は、先の①を事業経営、②を経済的・社会的・文化的な目的すなわち、運動と捉える考え方である。これを二元的なとらえ方とすれば、他方は事業と目的(運動)とを一元的にとらえようとするものである。これは、事業というのは現実の世界の問題であり、この事業の奥に理想の世界の問題が見え隠れしており、この諸問題を実現していく過程が事業なのだ、とする考え方である。[3] いずれ

の考え方に立つにしろ、生協は、単に物の供給のみを目的とする組織ではなく、協同互助の精神に基づいて組合員の生活の文化的・経済的改善や向上を図ることを目的につくられた組織である。端的に言えば、商品の販売という供給活動は、生活の改善運動を容易にするための、また、協同社会という理想社会を実現させるための一過程ということになる。

こうした自発的な個人によって結成された生協は、個人と国家の中間に位置する組織体である。したがって、この組織のもとでは、個人が独立独歩で行動するのでも、また、行政や国家に頼り切るのでもなく、互助の精神でことに当たることが含意されている。つまり、生協ひいては協同組合は、ともに助け合う自発的な人々の協同組織である。自由、平等、思いやり(愛)、連帯がこの組織を支える基本的な価値である。

国際組織としての協同組合

たとえば、平成7年9月、イギリスで開かれた国際協同組合同盟(ICA)百周年記念大会で採択された声明は次のようにいう。[4]「協同組合は、自助、自己責任、民主主義、平等、公正そして連帯の価値を基礎とする。組合員は誠実、公開、社会的責任、そして他人への配慮という倫理的価値を信条とする」。こうした価値のもとに協同組合原則が立てられ、それにもとづいて生協運動は国際規模で展開されているのである。

これまでICAはほぼ30年ごとに協同組合原則を改定してきた。それは、時代や状況の変化に真正面から向き合い、それらの変化に適応・対応することによって、協同組合らしさを貫き、協同組合を将来に向かって発展させるためである。これまでの改訂をまとめると表8-1の通りである。

昭和12年においては株式会社との対比において協同組合の特質として民主的管理、一人一票、出資金利子制限が強調され、昭和41年においては巨大企業や多国籍企業の台頭とともに協同組合間の協同が求められた。加えて昭和41年には、発展途上国や当時の社会主義国がICAに加盟・活動していくのに障害になるということだったのであろうか、昭和12年当時の政治的・宗教的

表8-1　国際協同組合同盟の原則の変遷

第15回大会：昭和12年 （1937年）	第23回大会：昭和41年 （1966年）	第31回大会：平成7年 （1995年）
・加入・脱退の自由、公開 ・民主的管理、一人一票 ・利益高配当 ・出資金利子制限 ・政治的・宗教的中立 ・現金取引 ・教育促進	・公開 ・民主的管理 ・余剰金の配分 ・出資金利子制限 ・教育促進 ・協同組合間協同	・自発的に開かれた組合員制 ・組合員による民主的管理 ・組合員の経済的参加 ・教育・訓練および広報 ・協同組合間協同 ・自治と自立 ・コミュニティへの関心

[出所] 日本生活協同組合連合会編集『新しい協同組合のおはなし』（平成8年）より作成。

中立ははずされている。そして今回では、国家や政府あるいは他の組織からの自立・自治とともに、コミュニティについての言及がはじめてなされている。これは、地球規模での環境の年々の悪化、世界各地における民族問題や難民問題の頻発と無関係ではあるまい。こうした時代状況だからこそ、小さな地域コミュニティから大きな世界規模のコミュニティまでが視野に収められたのであろう。[5]

このように協同組合運動は世界規模に拡がっているが、他方国内での運動の状況はどうであろうか。

国内の生協間の状況

以下、国内での生協運動の状況を、日本最大の組合員を誇るコープこうべを通して考えるが、まずは、国内の生協間の関係をみることからはじめよう。この関係を端的に示す例は震災時にわれわれが何度となく経験したところである。その一端を次のように報告したことがある。[6]

コープこうべは震災時に多くの役割を果たしたが、それはコープこうべの内発的な力に加えて、日本生活協同組合連合会（以下日生協連という）の、ま

た、そのもとでの全国各地生協の、惜しみない援助という外的力があったからである。

　日生協連は、平成7年1月17日午前8時45分、全国の県連事務局に「コープこうべの本部建物倒壊」と第一報を伝え、午前10時、支援対策本部を設置した。翌18日、日生協連は各生協に対し「人的、物的支援」、「救援募金」などの取り組みを正式に呼びかける、と同時に大阪に現地対策本部を設置した。行政からの生活物資の問い合わせに対し、日生協連は「全国から救援に向かう、大丈夫である」旨の回答をしている。

　震災当日、日生協連には多くの生協から「コープこうべに行きたいがどうしたらよいか」との問い合わせの電話が殺到した。神戸との連絡がとれなかったからである。京都生協、ならコープ、大阪パルコープなどの近在の生協は17日、パンや水をもって神戸入りした；コープおきなわの職員は神戸との連絡がつかないまま現地に向かった；コープ香川とアイコープは直ちに市民の救援活動に駆けつけた；みやぎ生協は「地震では自分たちが先輩だ。任せてくれ」と売場の片づけをかってでた；などなど全国各地からの応援のニュースは枚挙にいとまがない。

　当時コープこうべでは全国各生協から派遣された職員を対象に長期にわたる教育・研修が実施されていた。その数は家族を合わせると数百名に達する大規模なものであった。こうした研修生や、かつてこの地で教育を受けたことのある研修生ＯＢの活躍はめざましかった。神戸の地理や道路事情をよく知っていたからである。彼らは心得のある店舗で他生協から応援に駆けつけた人たちの先頭に立って支援活動をおこなったという。こうして全国からコープこうべに駆けつけた生協関係者は、1月17日から2月10日に限っても、数にして159団体、人員にして1万1千名、トラックの台数は1千台、と新聞は報じていた。

　これらは、震災を契機に生協間の絆が強くなったということではなく、普段から培われていた生協同士の大きな絆が震災を契機に顕在化したということを示すものである。生協はきわめて強固なネットワークで張り巡らされて

おり、それをもとに展開されてきた日頃の地味な活動が今回遺憾なく発揮されたということである。

つまり、国際的にも国内的にも協同組合組織——ひいては生協——は広範囲にわたるネットワークをもち、一定の行動基準にしたがって活動を展開していることがわかる。

第2節　コープこうべとは

組合員

現コープこうべは、大正10年4月創設の神戸購買組合と同年5月設立の灘購買利用組合とが昭和37年合併してできた灘神戸生協が、平成3年に改称して誕生した組織体である。平成11年度の組合員数は約139万で、対前年度比増加率1．7％、10年前に比し39万の増加である。年平均4万弱の増加は大都市部周辺とはいえ、多いと言えよう[7]。

生協法では、一定の地域または職域に居住、勤務、所属する人は誰でも一定の出資をすれば組合員になれる、とある。出資者である組合員は、同時に利用者であり、運営者でもある。したがって年々組合員が増加することは、ある意味では、不思議ではない。しかし、どうしてこのように組合員が増加を続けているのかはたいへん興味深いテーマであるのだが、この点については触れない。代わりに、コープこうべへの加入の動機を尋ねた報告書をみておこう。

それによると[8]、生協への加入の第1動機は「安全な商品を求めて」(75％)である。これに「安い商品」(7％)を加えると、第1動機の8割以上が「安全で安い商品」の購入という経済的動機となる。第2の動機としては、「近くて便利」に加えて、「くらしに役立つ情報」、「人とのふれあい」、「消費者運動」などの文化的・福祉的側面に基づく理由が挙げられている。4割近くの組合員がこの点を指摘していることは注目に値するといえよう。

経済的加入動機

　第1動機としての商品の購入に関していえば、単独で購入することもあれば、グループで購入することもできる。グループ購入には店舗購入と協同購入の2つがある。前者は同じ店舗を利用する近隣の組合員5人以上が1つのチームを組んで登録をしておくシステムである。こうして『店舗フレンズ』に登録されることによって、生協の店づくりに関するアンケート調査への回答や『店舗フレンズ連絡会』への出席などの義務はあるが、他方、買物の利用高に応じて若干の割引がなされる、情報誌『フレンズ』が提供される、生協が主催する年2回の『店舗フレンズ連絡会』やメンバーが主催する年2回の『店舗フレンズ会』でのサンプル商品の提供という特典が与えられる。平成11年度の統計では、フレンズ数11,855、それへの登録者数77,926人に達する。[9] これは、「くらしと地域の願いに応える」店づくりの一環として従来の店舗グループを発展的に解消してつくられたものである。換言すれば、これは、店舗から発せられる情報の共有や交換あるいはメンバー同士の教えあい、などによる生活上の助け合い、ひいてはそれらを契機に生まれる人と人のつながりの深まりをねらったものである。

　店舗は、また多くの場合、後述のコープ委員会の事務局を兼ねており、地域における組織活動の拠点でもある。

　他方、後者の協同購入に関しては、これは、数名からなる近隣が1つのグループを組み、週ごとに配られるカタログに基づき予約注文をし、1週間後にグループ単位に配達をしてもらうシステムである。平成11年度には7万4千強のグループがあり、その組合員数は36万強である。[10] 店舗購入の場合と同じように情報誌『グループ通信』が配布され、また、グループ連絡会がもたれる。40－50グループを単位として地域ごとに開催されるこの連絡会は、グループの代表者による年に3回の集まりである。そこでは組合員間の情報の交換、学習会がもたれ、グループ内の緊密な連絡はもちろんグループ間のゆるやかな連帯・結合が図られている。

　以上、店舗であれ協同であれ、グループ購入に集う人たちの数が多いのか

少ないのかは判断の分かれるところであろう。ただ、ここでは、何の絆も持たない人が多いなかで、上のようにグループが作られていることに注目しておきたい。

文化的・福祉的加入動機

　次に第2動機としてあげられた諸々の文化的・福祉的活動についてみよう。これは同じ趣味や関心を持つ気心の知れた数人の組合員が、店舗を拠点に1つのグループを組んでサークルをつくり、そこで自発的に文化的・福祉的な活動を展開しようとするものである。基本的にはこの活動は個人ではなく、集団でなされるもので、生活文化・福祉・スポーツ・余暇活動など各自の問題意識と関心に応じて集まった人たちが自主的自発的に地域を基盤にしてサークルをつくるわけである。それぞれの自主的サークルは、自由で創造的な活動単位である。この自主的なサークルは他のサークルとも相互に連絡をとり、また、後述の地域コープ委員会とも関係を持ちながら生協全体としてのきめの細かい連絡網（ネットワーク）を形成している。このネットワークの中で個々の自主的サークルは、それ自身の問題意識や関心の変化、他のサークルとの相互作用による変化、外部環境による変化などによって絶えず変化するが、生協全体の動的サークル活動としての役割や位置を見失なわないことを心がけている。こうしたサークル活動が自己実現に向けての第一歩だと考える人は多い。具体的な内容は後述する。[11]

　以上を要約するとコープサークルは次のように要約されよう。[12]
①組合員は誰でも参加できる、②参加するメンバーが自主的に活動を展開する、③経済的にも自立して運営される、④他のサークルとも交流し、互いのネットワークを広げる、⑤「愛と協同」の心を大切にして活動し、営利や宗教政治活動はしない、⑥登録制、である。

　このような動機により、組合員の増加が続いているのであろうか。

組合員活動

　何はともあれ、組合に加入した組合員は利用者として、また、運営者として諸々の活動に加わってゆく。その最たるものが商品の購入という活動であることはいうまでもない。それに加えて、組合員の活動は大きくは、コープサークル活動と地域コープ委員会活動とに分かれる。商品の購入やコープサークル活動については上述したので以下、地域コープ委員会活動について触れておこう。

　地域コープ委員会の活動する範囲は一般的には『地域』と呼ばれ、店舗や協同購入センターを中心に一定の範囲の『地域』が設けられている。地域コープ委員は『地域』の組合員の代表である。各『地域』には20－60人の範囲で地域コープ委員が選ばれる。現在115に分けられた『地域』に約3000名の委員がいる。なお、この『地域』の範囲は、ある程度行政区画に対応し、地形、学区、店舗の配置などを考慮して生協が独自に現実的便宜的に設定したものである。『地域』を統合したより上位の範域として『地区』がある。現在コープこうべは8つの地区と2つのエリアに分けられている。各『地区』には『地区』内の各『地域』を統括するために地区本部、コープセンター、福祉ボランティアセンターがある。

　地域コープ委員会の役割は2つある[13]。その1は総代会で決定した方針に基づき、組合員を代表して『地域』内の店舗や協同購入センターなどの運営のあり方を点検することであり、その2は生協の業務計画や諸活動の実情を、『地域』内の組合員に周知徹底させ、活動への参加を高めることである。つまり、この委員会は、生協の最高意思決定機関である総代会と一般組合員との中間に位置し、総代会から降りてくる生協の理念や活動内容を『地域』の組合員や住民に広め、啓発し、併せて生協組織を強化していく役割（上意下達）と、『地域』の組合員を代表し、組合員の声を生協の運営に日常的に反映していく活動（下意上通）の役割を担い、もって消費者・組合員のくらしと健康を守り、向上させていく活動を担っているといえる。なお、この委員会は総代会とは独立の機関だが、委員の7割は総代を兼ねている。

店舗には組合員の集会室が設置されており、そこは組合員同士の、あるいは組合員と職員とのふれあいやコミュニケーションの場として利用されている。しかし、本格的な組合員活動は各『地区』ごとに設置されているコープセンターが活用されている。そこで担われている機能は次の通りである。①地域コープ委員会の活動を支援する機能、②組合員の自主活動の推進とネットワーク化機能、③人材育成機能、④講座運営の機能、⑤地域住民と組合員が交流できる新しいコミュニティづくり機能、である。[14]

　このように生協には、様々な活動を行っている個人やグループが、それぞれ対等の立場で交流し、情報の交換を行うことによって、互いに影響しあいながら成長し、そこから新たに創造的な活動や組織を生み出していく、そういう仕組みが認められるといえよう。生協が地域活動の組織の拠点になりうる所以である。

組織率

　さて、組合員数を行政市・区別に調べると表8-2の通りである。

　組織率はきわめて高い。県平均で見ると7割近いが、これは、芦屋市・西宮市・神戸市東部にかけての都市の高組織率を反映したものである。絆を持たない大都市住民間にあって生協へのこの高加入率は注目に値しよう。阪神間ではほとんどの地域住民をカバーしており、半ば強制に近いかたちで加入を求めている町内会を上回るほどである。なお、組織率とは当該地域おける世帯数に占める生協組合員の比率を示している。組織率が100％を超えているのは同一世帯内に複数の組合員がいるからである。

第3節　コープこうべの活動

　上述のようなシステムのもとでなされている組合員活動の一端を具体的にみよう。まず、震災直後の活動を振り返り、ついで平時に戻った今日的状況をみよう。それらを通して生協らしい活動が展開されていることを読みとろう。

表 8-2　行政市・区別組合員数、組織率

市・区	世帯数	組合員数	組織率	地区
宝塚市	78,512	73,211	93.2%	第1地区
川西市	54,268	33,752	62.2	同上
猪名川町	9,929	6,285	63.3	同上
尼崎市	195,184	107,929	55.3	第2地区
伊丹市	72,463	48,780	67.3	同上
西宮市	169,198	169,127	100.0	第3地区（一部第2、第5）
芦屋市	32,335	41,132	127.2	第4地区
神戸市東灘区	72,204	81,894	113.4	同上
神戸市灘区	46,913	47,262	100.7	同上、一部第6地区
神戸市中央区	52,525	20,548	39.1	第6地区
神戸市兵庫区	45,528	22,751	50.0	同上
神戸市長田区	35,794	29,761	83.1	同上
神戸市須磨区	64,162	58,932	91.8	同上
神戸市北区	82,678	73,990	89.5	第5地区
神戸市垂水区	92,220	83,236	90.3	第7地区
神戸市西区	85,645	57,676	67.3	同上、一部第5地区
三田市	34,865	18,832	54.0	第5地区
三木市	24,863	19,526	78.5	同上
小野市	15,332	6,584	42.9	同上
明石市	109,390	73,686	67.4	第7地区
姫路市	170,968	68,047	39.8	第8地区
加古川市	91,772	47,394	51.6	同上
高砂市	33,433	21,392	64.0	同上
豊岡市	15,731	11,076	70.4	但馬エリア
洲本市	15,436	2,707	17.5	淡路エリア
総計	2,016,967	1,390,536	68.9	

(注)①世帯数は平成12年4月1日現在。
　　②第5地区、第8地区、但馬エリア、淡路エリアについては、行政市のみを掲載。
[出所] 平成11年度（1999）業務報告書より作成。

被災者としての組合員およびコープこうべ[15]

　阪神・淡路大震災によって組合員は大なり小なり被害を被り、受け身にならざるを得なかった。その端的な例は、各家庭における食料品の備蓄に関してであった。それらの一端は、コープこうべ職員の手記・感想から伺い知ることができる。

「店を開けられる状況ではなかったが、店の前に長い長い行列ができた。開けないことの方が異常と思われた」

「応援に入った店では1週間に普段の月の半分以上の売り上げがあった」

「午後2時開店、同6時閉店。その間の来店者数は3,000－4,000名に達した」

「生協でものを買えなかったら、何も食べられなかったと聞かされ複雑な気持ちがした」

　以上は、「こんなときこそ店を開こう」、「店を開かないとパニックになる」というようなコープこうべの職員の気負いや意気込みと、「コープに行けば何とかなる」という組合員の思いや甘えとが一致していたことを示すものである。これは、組合員各自の生活のなかにコープこうべが組み込まれ、何かあればコープこうべは頼りになる存在と組合員が考えている証拠でもあろうが、見方を変えれば、組合員は食糧に関してはまったく無防備であることを意味する。つまりこれらは、家庭における食糧備蓄という危機管理のなさのなせる業であった、ということである。それは、常態であれば、いつでも、また、ほとんどどこででも、人は他人に気兼ねなしにものを買い、また、サービスを受けることができると信じ、またそのことに慣れきっていたからである。だから、他人との協力なしに人は生きていけるという錯覚に陥っていたのである。近隣付き合いの消極性、町内会への無関心などはその端的な表れといえよう。震災から得る教訓があるとすれば、それは、そのようなことに対する反省であろう。つまり、受け身の生活をしている組合員の、組合員ないしは地域住民としての積極性・自発性の喚起であろう。

　しかし、家庭における危機管理のなさが、結果的に、図らずも生協活動の社会的意義を浮き彫りにし、生協の社会的認知度を高めずにはおかなかった。

「被災地に生協あり」という新聞の大見出しはこの間の事情を端的に物語っている(平成7年2月6日、東京新聞)。換言すれば、震災は、コープこうべの基本理念である「愛と協同」の精神に根ざした協同互助が、単なるお題目ではなく、活動に裏打ちされたものであることを実証するものであった。協同互助の活動が、コープこうべの基本理念にしたがってなされたからである。職員の手記はこのことを雄弁に語っている。コープこうべの震災による事業関連被災額は500億円、94年度の決算は160億円の赤字であったが、こうした経済的損失を補ってあまりあったのがボランティアに象徴される社会的な活動であった。

ボランティアとしての組合員[16]

コープこうべには震災以前から、「くらしの助け合いの会(有償の家事援助活動)」や「ふれあい食事の会」をはじめとする福祉・ボランティアグループが存在していたが、それらはあまり活発とはいえなかった。

ところがである。たとえば、「くらしの助け合いの会」では震災当日から、会員相互の電話による安否確認がなされ、翌日からは交通機関が遮断されているなか徒歩による訪問活動が始まった。この活動にはこれまでそういうことには関わったことのなかった多くの人が参加したのであった。比較的被害の少なかった店舗を中心に救援募金の呼びかけが始まるのも震災翌日の18日からであった。本格的な炊き出しが始まったのもその頃からである。ところで、こうしたこれまで無関心を決め込んでいた多くの人の自発的な参加は、えてして単発的な活動に終わり、そうした活動が合流して発展的に何かの組織に収斂されていくケースは少ないのだが、この組合員たちによる活動の場合はそうした数少ない例の一つとなっていく。

すなわち、コープこうべが彼らをつなぎ止め、炊き出し、救援物資の整理・配布などを継続的・恒常的におこなうことを可能にする組織を用意したからである。「ボランティア支援窓口」の設置がこれである。平成7年1月26日のことであった。さらに、組合員を中心とするこうした自主的な活動を、新

しい組合員活動、市民運動の芽生えととらえたコープこうべは、2月3日、「コープボランティア本部」を発足させた。そして、それが各地区本部ごとに「コープボランティアセンター」を誕生させることになる。組合員とコープこうべとのまさにあうんの呼吸がボランティアセンターを誕生させたのである。

　時間の経過とともに周囲が徐々に落ちつきを取り戻し始める頃、県外からのボランティアも神戸を後にし始める。コープボランティアセンターの発足はそうした時期であったので、被災者にとってはこれは心強いものであったと思われる。ちなみにその年度(平成6年度)のボランティアセンターへの登録者数は2,971人、翌平成7年度のそれは3,831人であった。なお、平成11年度末のコープ福祉・ボランティアセンターの登録者数は8,794人である。こうして軌道に乗ったボランティア活動の一端を広報誌『ふっこうべ』を通して考えよう。

広報誌「ふっこうべ」にみるボランティア活動の変遷[17]

　第6地区本部は、兵庫区、長田区、須磨区、中央区をカバーしている地区である。なぜこの地域を取り上げるかといえば、それは、この地区本部のうち兵庫区と長田区とがきわめて大きな被害を被ったこと、この2つの区は市内でも有数の高齢者の多い地域であること(平成2年の高齢化率は、兵庫区16.8%、長田区16.4%)、さらに、独居老人・寝たきり老人が市内最多の地域であることなどのため、コープこうべが店をあげてボランティア活動に積極的に乗りだしたからである。

　さて第6地区本部では、兵庫コープボランティアセンターが平成7年2月9日、ＪＲ兵庫駅南通りに設立された。「被災者の困っていることで、今すぐ実現できることをできるだけたくさんする」、「推進した活動をベースにして助け合い活動の輪を広げる」を基本目標に、まず取り組んだのはとりわけ被災の激しい地域への訪問(1,769件、693人。年度末までの延べ人数を示す。以下同じ。)だった。これを皮切りに避難所訪問(31ヶ所、225人)、救援物資配送(668ヶ所)、炊飯器や洗濯機の貸し出し活動(30ヶ所)、炊き出し手伝い(98

件)、お手伝い活動(48回、24,300食)、街のクリーン活動(22回、350人)、入浴ツアー(バス50台、250人)支援などを行ったが、これらの活動への参加者は、延べにして3月末までに3,030人にも達した。

　さて、そうした活動を側面から支えたのが広報誌であった。広報誌「ふっこうべ」の紙面は大別すると次の2つの内容からなると考えてよい。第一は、ボランティアセンターが実施した活動の事後報告、第二は今後計画されている活動の予告、諸々の情報の提供、各種の連絡、にあてられていた。前者を通して、被災者が互いに協力しあって労苦をはねのけようとしている姿を、けなげに前向きに生きている姿を、ひいては被災者同士の連帯の輪が広がることを、願ったのである。後者を通して、被災者に対しては活動への参加を、多くの市民に対してはボランティアとしての活動への参画・参加を、それぞれ意図し、呼びかけたものである。こうした紙面構成が「ふっこうべ」の特徴といえようか。

　そうしたなか、徐々ではあるが、仮設住宅での活動に加えて、既存の福祉施設での活動が視野に入ってくる。第6号(平成7年5月15日)以降はとりわけそうであるが、第5号(平成7年4月20日)にその兆しを読みとることができる。同号より、この頃を境に①活動と②担い手のあり方に転機が訪れている、ことがわかる。①の活動の変化に関していえば、それは、避難所から仮設住宅にボランティアの活動の場が移ったこと、それと関連して、やがて、被災者の自立に向けての取り組みが緊急の課題となってくるであろうこと、すなわち、活動が質的に変化しはじめたこと、に要約される。②のボランティアの担い手に関していえば、それは、遠くから来ていた学生ボランティアの多くがそれぞれのふるさとへ帰っていったこと、ボランティアを今後は地元で集めねばならないこと、である。

　第8号(平成7年7月29日)によると、仮設住宅への友愛訪問よりも既存の福祉施設や病院での手伝いの方が多くなっている感がある。資料の都合でその後の経過を逐一フォローすることはできないのだが、事実、第13号(平成8年4月26日)になると、仮設住宅に限らず広く多様な活動が展開されてい

ることが理解される。もっとも、仮設住宅にあっては新たに設立されたふれあいセンターでの活動が活発になされ、とりわけ、センター内での喫茶店の手伝いやくぎ煮などの諸々のイベントの企画・実行に精力が注がれるのであった。

　こうした忙しい合間をぬってボランティアグループ間の連絡・交流も継続的におこなわれ、このようにしてボランティア活動は中断することなく成果を上げていくのであった。そうしたなか、震災に関わる活動から、とくにそれらと関わらない福祉活動へと、活動の重点が徐々に動いていることが確認される。こうして、仮設住宅での活動が、多くの他の活動の一つとして日常的になされるようになる頃から、「ふっこうべ」の発行間隔も当初に比べると長くなる。もっとも、それは活動の低下を意味するものではない。それは緊急を要する情報の提供や連絡が必要でなくなったからである。加えて、第17号（平成9年2月26日）、第18号（平成9年7月15日）の重油災害支援活動に関する記事が示しているように、活動がますます外に向かって拡がりを見せていることが感じられるからである。

　繰り返しいえば、ボランティア活動は、その活動の範囲を漸次、限定された震災支援から広く地域社会一般へと拡がりを見せている、ということである。平成9年12月現在の兵庫ボランティアセンターのサークル一覧によると、登録されている54のサークルのうち、仮設住宅に関わるボランティア（友愛訪問、食事の会、お茶の会、ふれあい喫茶、協同購入支援、ふれあいコーナーでの活動、イベント支援）は13にすぎず、残りのサークルの活動は、広く地域社会に拡がりをもっている。もっとも、これは、かなりの人が仮設住宅から恒常的住宅に移動しているので、当然といえば当然なのだが。

　ただ、ここで強調されるべきこと、それは、震災との関わりで始まったボランティア活動ではあったが、そして、震災と関わる活動領域が徐々に縮小方向に向うなかで、ボランティア活動は、その活路を新たな活動領域に見出しはじめた、ということである。これは、ボランティア活動の社会的認知の別の表現であろう。

コープともしびボランティア財団[18]

　コープともしびボランティア財団は、一方では震災以前からコープこうべが推進してきたボランティア活動を基礎に、他方では今回の震災を契機に盛り上がったボランティア活動への意欲や意識の高まりを背景に、兵庫県民を対象に地域でのボランティア活動の一層の拡大・充実・定着を願って、ひいてはそれを市民活動にまで高めることを目的に平成8年2月に設立されたものである。つまり、震災を契機に、新たに設定された創造的復興──新しいまちづくり、くらしづくり、生協運動づくり──というテーマのもとに事業化されたものである。

　財団の基本財産の8億円は、コープこうべの福祉文化事業積立金から5億円、全国から寄せられた見舞金や募金から1億3千万円、取引先などからの見舞金から1億円、そしてコープこうべのともしび拠金やコープボランティア募金から約7千300万円が、それぞれ拠出されて、できあがったものである。

　平成8年度の活動予算は3,500万円であるが、その事業内容は以下の通りである。

① コーディネーターとしての役割──老人ホーム・共同作業所・養護学校などから必要とするボランティア活動の内容を聞きだし、その活動内容をしかるべきサークルやグループに紹介する。
② ボランティアに関する啓発・研究・交流活動──機関誌の発行、ボランティアの講座や連絡会の開催。
③ ボランティアに関する情報の収集と提供。
④ ボランティアに関する各種イベントへの参加。
⑤ ボランティアに関する助成。

　以下、簡単に⑤のボランティアに関する助成について触れておこう。これが予算総額の約3分の1にあたる1,136万円を占めているからである。総助成件数274件のうち、件数の多い順に助成内容をあげると、病院・施設訪問60件、福祉サークル・手芸品・バザー52件、震災支援50件となり、以下、

視聴覚障害者への支援、食事サービス、資格・技能を生かしたサービスが続く。これらは、震災関連から発したボランティア活動ではあるが、今日ではそれらを超えた拡がりをもつボランティア活動に発展していることを示すものである。平成8年度の場合、賛助会員・会費983件・583万円、募金1,021万円、寄付金6,748万円と数字だけをみると、財団の運営は順調に運んでいる印象を持つ。要は、これらの数字が今後も持続することであり、そのためには財政的援助をしたくなるような意味のある活動の持続が不可欠である、といえよう。上の事業内容の①—④が意味をもってくる所以である。

コープそよかぜ便[19)]

　時間の経過とともに多くが旧に復するなか、以前にはなかったが、しかし必要とされるものをつくろうとの動きが始まった。これは、たとえば異常事態下での非日常的なボランティア活動を、異常事態を脱したなかで日常化・常態化させようとの動きと軌を一にするものである。そうした一つにコープそよかぜ便がある。これは、兵庫コープボランティアセンターで平成8年6月より始められた高齢者のための食事サービスのことである。日々の買い物や調理に不便を感じる高齢者にまごころのこもった夕食を届けることによって彼らの暮らしを支えよう、との目的でつくられたものである。食事を運ぶことを通して思いやりや心のふれあいを、ひいては互いに助け合って生きていることを、意識しあおうとするものである。

　サービスを受ける者は所定の手続きをしておく必要があるが、サービスが始まった平成8年6月には1日平均67食の利用があったが、1年のちの平成9年6月には倍近くの138食に増加した。民生委員の話しによると、定期的に食事が届けられるので利用者は精神的に安定してきている、配達に来る人との間にコミュニケーションが生まれ、それが人に会う喜びにつながっている、つまり、このサービスは体と心に栄養を与えている、という。そこまでにはいたらなくとも、一人暮らしの高齢者が施設においてではなく地域社会で生きていくためには、こうしたサービスは不可欠である、という。平成9

表8-3 コープこうべの地域活動

地域活動＼地区	地域懇談会	共同催事	クリーン活動	計
第1地区	4	38	2	44
第2地区	3	22	2	27
第3地区	6	18	4	28
第4地区	9	29	12	50
第5地区	8	47	18	73
第6地区	5	32	4	50
第7地区	1	35	8	55
第8地区	12	35	8	55
その他	20	6	3	9

（注）各地区と行政地区との対応については表8-2参照。
［出所］コープこうべ『2000年組合員活動この一年』より作成。

年3月現在の登録者223名、194世帯のうち一人暮らしは実に144名（世帯）を数える。これは、高齢社会下における在宅支援システムの一つといえるが、これを十分に意味あるものにするためには、医療関係の団体とのネットワークづくりが図られなければならないことはいうまでもない。

　加えて次のことがこれからの課題といえよう。それは、現在は高齢者の多い、また、震災の被害の大きかった兵庫区を中心に試験的になされているにすぎないので、今後、サービスエリアの拡大を急がねばならない、ということである。そのために、採算が合うように作業の能率・改善を徹底することによってコストの削減を図らねばならない、ということである。生協といえども組織を維持するにはそれだけの財源がなければならないからである。[20]

サークル活動および地域活動

　以上、震災直後から今日にかけての、つまり、異常時から平時に向かうなかでのコープこうべの活動を、ボランティア活動を中心にみてきた。今度はボランティア活動以外の地域活動についてみておこう。[21] 表8-3よりコープこ

うべも地域社会の一員として自治会、商店会、行政とともに消防訓練、祭り、運動会などの地域行事に参加していることがわかる。もっとも、こうした共同催事への参加は『地区』によって多少のバラツキが認められるが。また、地域社会の諸団体との交流・情報交換にあてられる地域懇談会も第8地区などを中心にかなりなされているといえる。クリーン作戦(環境・美化の一環としてなされる道路の掃除)も軌道に乗ってきた観がある。こうした行事への参加を通して、地域の人々とのふれあいの一端が、また、地域社会に目を向けたコープこうべの姿勢が理解されるといえよう。

最後に組合員個々人によるサークル活動の一端を表8-4にまとめておこう。こうしたサークル活動が、「近隣との交際」や「親しい友人を増やす」ことに、また、「地域社会に貢献」することに大いに役立っている、と考えている組合員は多い。これらの点に関して最近の総合評価レポートは、次のような報告をしている。[22]

表8-4 サークル活動

サークル活動	サークル数	人数
家庭料理サークル	79	1,667
文化・スポーツ・学習サークル	348	4,900
遊・逢いサークル	506	13,064
くらしの研究サークル	34	326
グリーンネット	33	532
コープスポーツ	833	11,826
くらしの助け合いの会	8	2,608
ふれあい食事の会	40	2,079
ボランティアサークル	268	3,542
個人登録によるボランティア	—	2,519
高齢者サークル	10	155
合計	2,159	43,218

(注)ボランティア活動に関するサークルも表示されている。
[出所] 表8-3に同じ。

① 文化・スポーツ活動などのサークル活動をはじめ各種のイベントへの参加を通して組合員同士の交流や連帯は進んでいる。
② 生活文化講座や生協理解を促進する学習の場への参加は着実に増加し、学習による組合員の向上は進んでいる。
③ その他、組合員の日常活動への参加や生協運営への参加に関しても積極性が観察される。

　以上、コープこうべでは事業体(組織)としても、また個人のレベルにおいても地域を見据えた活動が展開されていることがわかる。生協が地域社会をリードしている組織である、と同時に生活の共同化にも貢献している、と考える所以である。何よりも注目すべきは、組織率の高さである。要はこれを如何に結集・動員するかにある。それは組合員教育の問題に帰せられよう。

第4節　地域社会の担い手としての生協

コープこうべの持つ危機管理能力とボランティアの統合能力

　われわれは、①コープこうべが危機管理能力を備えた組織であること、それはコープこうべの内的な組織のあり方と、それを取り巻く外的な全国規模のネットワークとに多くを負うていること、そして、②この点は多くの自治体によっても評価され、それが、「緊急時における生活物資確保の協定」を結果したこと、を別のところで指摘したことがある[23]。もっとも①についてはここでも詳しく触れたところである。また別のところで、震災直後の危機的な異常な状況を脱し、正常な状況にもどりつつあるなかでのコープこうべの活動に焦点を当てた分析を試みたこともある[24]。そこで問題としたことは何をもって正常とみなすのかということであった。コープこうべでは、これを旧に復することだけではなく、これからの社会を視野に入れた、一歩踏み込んだ観点から考えようとしていることを指摘した。この方向に沿って進められた一つにボランティア活動があり、それについては前節で詳細に触れたところである。こうした活動は、以前からみられたとはいえ、基本的には震災を

契機に本格化したものであり、しかも、それらが賀川豊彦のいう「愛と協同」による社会づくりの一環としてなされたものであることはいうまでもない。ということは、これらは次のことを示唆しているといえよう。すなわち、阪神・淡路大震災での支え合い、扶け合いというコープこうべでの貴重な経験は、これまで理念的・抽象的レベルで受けとめられることが多かった「愛と協同」が、実は、新しいくらしと地域社会をつくる行動レベルでのエネルギー源になっていることを如実に示すものであり、この確信のもと、今、コープこうべは自立し連帯しながら新しい市民社会を形成することをめざしている、と。事実そうなのである。コープこうべが平成9年に制定した「コープこうべ福祉文化憲章」にそのことが象徴的に示されているからである。[25]

生協の特質

　生協は、地元層とは異なり大して絆を持たない来住層を中心とする大都市住民同士——組織率の高さからこのように考えて差し支えなかろう——を、人づくり、生協づくり、地域社会づくりに関わらせようとしている組織体である。生協の持つこうした組織上の特質は次の2点に要約されよう。1つは「強い紐帯と弱い紐帯」であり、他は「地域に基づく紐帯とネットワークに基づく紐帯」である。[26]

　前者から考えよう。同類結合——趣味や考え方などを同じくする者のつながり——に基づいて形成される関係を「強い紐帯」に基づく関係とすれば、先にみた、少人数による親密で閉鎖的で全人格的な関係のみなぎっている「店舗フレンズ」、「協同購入グループ」、そして、各種の「文化・福祉サークル」などはこれに近い結合形式に基づく集団といえよう。他方、こうした集団を横にゆるやかにつなぐ、「店舗フレンズ連絡会」、協同購入グループの代表者の会である「グループ連絡会」、加えてコープサークルの「連絡会」などは生協組織全体のなかでそれぞれの立場をわきまえた役割上の関係を示している。これらの組織には、「強い紐帯」におけるような特定の個人（グループ）との排他的な結びつきはなく、一面的だが開放的な関係のあり方（役割関係）が全体

を通して観察される。これを「弱い紐帯」に基づく関係とすれば、生協組織の特質、ひいては強みは、この2つの紐帯からなる結合形式にあるといえよう。一方で強い紐帯で結ばれた多くの核（グループやサークル）は互いにそれぞれの活動を展開しながらも、他方で各核は連絡会という形式を踏みながら全体として緩やかにつながっている、そういう構造がみて取れる。ある核の一員は、核内での活動を通してそこでの強い関係を維持すると同時に核の代表者を通して、他の核の情報を得ることができるのである。先にみたボランティア活動の拡がりは、1つの核での対応が、連絡会を通して多くの核に拡がっていった結果であるといえよう。人を動員するには張り巡らされた弱い紐帯を活用することに勝るものはないからである[27]。その点でサークル数の多さは生協組織の強みであろう。

　後者の「地域に基づく紐帯とネットワークに基づく紐帯」に関してはこうである。①生活の本拠としている場所を中心に一定の範囲内でつくられる関係を地域に基づく紐帯（地域型組織）とすれば、②生活の本拠としている場所を超えて、かなりの拡がりをもった空間において形成される交流・社会関係をネットワークに基づく紐帯（ネットワーク型組織）と考える。①から②への生活様式（ないしはグループの結合形式）の重点の移行が、社会の全般的傾向からすれば認められるとはいえ、生協内でつくられる組織には依然としてこの2種類が認められる。もっとも、地域型組織を温存しつつそれに加えてより広い範囲のネットワーク型組織を活用するケースが今後多くなるであろうこと、すなわち、地域型組織から、各自が一定の制約のもとで社会関係を選択する結果として生じるネットワーク型組織へとそのウエイトを移すことは十分に予想されることである。地域型組織が空間的共属にウエイトを置いているのに対し、ネットワーク型組織の中心は意識や感情のレベルでの共同にある。この2つの組織が相互に補完しあっていることが生協組織の強みであるといえよう。

　若干解説をしておこう。上でいう生活の本拠とは店舗のことであり、地域とは、生協のいう『地域』に相当し、店舗を最寄りの日常買物圏とする人た

ちの居住範囲のことである。店舗は生協活動の拠点であり、そこから諸々の情報が発信され、また、そこに多くの情報が集められ、交換・共有される。こうして組合員は店舗を媒介にして「弱い」あるいは「強い」紐帯を結ぶ。そうした場として利用されるのが店舗内の集会室であり、そこは組合員のふれあいの場であり、サークル活動の連絡調整の場でもある。ここに店舗を中心とする地域型組織が形成されることになる。

　しかし、交通網・通信網の整備による生活圏の拡大とともに、組合員は一方で従来通りの最寄りの店舗と結びつくと同時に、他方で、ある場合には『地区』内のより離れた店舗との、ある場合には『地区』外の店舗との結びつきを強くしていく。この結びつきがネットワーク型組織である。

　こうした特性を持つ生協の組織は、生活上の絆を持たなかった都市住民を結びつける、動員する、組織化する、ことに貢献する、といってよい。

生協の役割
　さて、以上のような特質と、ボランティアに特化した活動の実績とを持つ生協の役割が今日ほど重要なときはないと考える。それは、一つには今日ほど生活者の立場がクローズアップされているときはないと思うからである。少子高齢社会に突入し政策の重点が生産よりも消費に傾きつつあるいま、ごみや環境に関わる問題が山積しているいま、生活の共同化という観点から、生活上の新たな組織の構築という観点から生活のあり方を見直すことが求められているときはないと考えるからでもある。生活の安定と生活文化の向上をめざす生協に注目せざるをえない所以である。

　生協の役割が注目されるべきと考える第二の理由は、今日ほどコミュニティの形成が叫ばれている時代もない、と思うからである。今日、個人主義化、合理主義化が極端に進み、その結果、利害や打算に基づく関係が幅を利かせ、人間的な温もりのある関係は背後に追いやられてしまった感がある。こうした対人関係の喪失と呼ばれる現象がみられても、都市での生活は十分に可能なのだと考えられてきた。諸々の代行機関が発達しているからである。

高齢社会に突入しているこの時期にそれでいいのかとの疑問が各方面からだされていた矢先に先の大地震が起こったのである。これを契機に、地域社会での危機管理のあり方が論ぜられ、これといった紐帯を持たない大都市住民の地域組織や近隣関係のあり方が見直され、そして、地域社会のあり方が模索され始めている。生活のあり方を常に問い、生活者の視点に立ってものごとを捉える生協が、また、生協のもつ組織特性が、こうしたコミュニティ形成の核として期待されるところは大きいといわざるをえない。生協それ自体が、助け合いとふれあいを求めて組織されたものだからである。

組合員教育の重要性

　その際重要なことは、生協組合員の意識と行動についてである。生協の構成メンバーについては、すでに触れているように、多くの組合員と一部の地域コープ委員と職員とからなる。多くの場合、生協の活動（事業や運動）は職員によって担われ、組合員はこれまでどちらかといえば受け手にまわっていた。ところがその転機が先の大震災時にやってきた。組合員のボランティア活動への積極的参加はそのことを如実に示している。

　時間が経ちすべてが平時に戻りつつあるなか、コープサークルへの参加や生活講座の受講生は増加傾向にあるが、ボランティア活動への参加は頭打ちである。社会参加に向けて組合員教育の必要性がいまほど叫ばれるときはない。生協の活動には組合員の積極的参加が必要不可欠だからである。

まとめ

1）コープこうべは、大して絆を持たない大都市住民同士をつなぐ地域組織の条件を備えた組織である。その理由として、①組織率が高い、②危機管理能力を持っている、③福祉活動に実績がある、④福祉・防災コミュニティの担い手になりうる、⑤「強い紐帯と弱い紐帯」および、「地域に基づく紐帯とネットワークに基づく紐帯」を兼ね備えた組織である、⑥全国的なネットワークを持つ組織である、などが挙げられる。

2) 生協が地域住民組織として十分かといえばそうではない。その機能が十分に発揮できるかどうかは組合員をどれだけ動員できるかにかかっている。組合員教育の重要性が強調されねばならないといえよう。具体的には諸々のサークル活動をおこなっている人たちの輪をいかに広げ、それを結集させることができるかということである。キッカケさえ与えられれば組合員が動くことは震災時の諸々の活動で実証済みである。要は、いつでも動きうる体制を整えておくこと、つまり、強い紐帯に加えて、弱い紐帯(ゆるやかなネットワーク)を保持しておくことである。

3) 生協活動の依って立つ理念や考え方を世間に周知徹底させることは、意味のあることである。生協活動そのものがコミュニティの形成運動につながるものだからである。

【注】

1) 消費生活協同組合法第1条は次のようにいう。「この法律は、国民の自発的な生活協同組織の発達を意図し、もって国民生活の安定を図ると同時に生活文化の向上を期することを目的とする」と。
2) 消費生活協同組合法第10条。
3) 高村勣『生協経営論』コープ出版、平成5年、20-21頁。
4) 野尻武敏『21世紀と生活協同組合』晃洋書房、平成9年、15-16頁。

   生協は国際協同組合同盟の有力な構成メンバーである。
5) 日本生活協同組合連合会編集『あたらしい協同組合のおはなし』コープ出版、平成8年、3頁。
6) 山本剛郎「コープこうべと大震災」岩崎信彦ほか編『阪神・淡路大震災と社会学』昭和堂、平成10年、235-236頁。
7) 生活協同組合コープこうべ『1999年版業務報告書』コープこうべ、平成12年、70頁。
8) 山本剛郎「灘神戸生活協同組合と地域社会」碓井崧編『生協の組織と地域社会』三重大学、昭和63年、44-45頁。

   以下の設問に対する回答である。「あなたはどのような気持ちで生協の組合員になっていますか。一番近いものから順に2つ選んで下さい」。なお、ここでいう第1動機は最初にあげられた動機であり、第2動機とは2番目にあげられた動機を指す。
9) 生活協同組合コープこうべ組織政策推進室『2000年組合員活動この一年』コープこうべ、平成12年、7頁。
10) 生活協同組合コープこうべ『1999年版業務報告書』コープこうべ、平成12年、75頁。
11) 地域を活動基盤として生まれた自主的なサークルは、他の地域のサークル活動と関係を保ちながら、より大きな地域との関係をもつようになる。こうして幾重にも拡がったネットワークの最末端の単位である自主的サークルは最終的には生協外の組織や団体とも密接な関係によって結ばれ、社会全体のネットワーク化にも貢献している、という自負が組合員に生まれるという。

    吉村恵理子「コープこうべの組合員組織と活動」碓井崧編『コープこうべ』ミネルヴァ書房、平成8年、96頁。
12) 1999(平成11)年版生活協同組合コープこうべ組合員手帳、162頁。
13) 地域コープ委員会規約より。
14) 1999(平成11)年版生活協同組合コープこうべ組合員手帳、164頁。

15) 山本剛郎「コープこうべと大震災」岩崎信彦ほか編『阪神・淡路大震災と社会学』昭和堂、平成10年、237-238頁。
16) 同前論文、238-239頁。
生活協同組合コープこうべ組織政策推進室『2000年組合員活動この一年』コープこうべ、平成12年、29頁。
17) 山本剛郎「大震災とコープこうべ」黒田展之、津金沢聡広編『震災の社会学』世界思想社、平成11年、90-96頁。
18) 同前論文、96-97頁。
組合員活動報告によれば、ここ1-2年は平時に戻ったこともあって、ボランティアへの取り組みはやや落ち込んでいる。生活協同組合コープこうべ組織政策推進室、同前書、35頁。
19) 同前論文、98-99頁。
20) 平成12年現在まだ他の地域に拡大するに至っていない。
21) 生活協同組合コープこうべ組織政策推進室『2000年組合員活動この一年』コープこうべ、平成12年、11頁。
22) コープこうべ総合評価委員会『1998年版コープこうべ総合評価レポート』コープこうべ、平成10年、21、24、29頁。
23) ①山本剛郎「生活物資の供給」朝日新聞社編『阪神・淡路大震災誌』朝日新聞、平成8年、559-569頁。
②山本剛郎「生活協同組合と危機管理」阪神・淡路大震災研究会編『阪神・淡路大震災における危機管理のあり方』株式会社原子力安全研究所、平成9年、115-147頁。
24) 山本剛郎「大震災とコープこうべ」黒田展之、津金沢聡広編、前掲書、79-110頁。本章でも一部は採りあげた。
25) コープこうべ福祉憲章の行動指針は次のようにいう。

①愛と協同を地域のなかで育み、人づくりをすすめる。
②地域の福祉向上に役割を果たし、新しい生協づくりをすすめる。
③生きる喜びに満ちあふれたくらしづくり、地域社会づくりをすすめる。

26) 山本剛郎『都市コミュニティとエスニシティ』ミネルヴァ書房、平成9年、332-333頁。
27) この「弱い紐帯」の特質は集団内の構造的な役割インティマシーのなかに表れている。こうした役割関係から生じる関係のあり方は集団に恒常性をもたらす。しかし恒常性といっても不変ということではなく、状況への適応という柔軟性を持っている。つまり、「弱い」包括的な社会組織における社会関係の構造は恒常性と柔軟性を持っている。

おわりに

　われわれは、明治期以降今日までの地域社会を歴史的に振り返り、今後を展望することを心がけてきた。

　われわれは、一貫して地域社会内の組織・集団に注目し、地元層であれ、来住層であれ彼らの生活のあり方を問題としてきた。そして地域生活の基本は何かを考えてきた。今、言えることは、生活の基本は共同性にある、ということである。しかし、共同性の維持は、何の努力もなしに自然にできあがるわけではなく、そのため多くの配慮がなされてきた。

　そうした工夫は、当該地域社会に代々居住するいわゆる地元層からなる地域社会においてとりわけ顕著である。それは規約(約束)に結実しているといえる。そこでは、規約を中心に村落生活が営まれ、規約にある義務を果たす者にのみ権利が与えられる、そういう仕組みがみて取れた。義務とは、たとえば当該地域内で居住することであり、地域行事に参加することである。権利とは、たとえば当該地域社会に居住する権利であり、財産の配分に与る権利である。こうした権利は時間の経過とともに、一方では形骸化し、また、意識化されなくなり、他方では公的な権限内に組み入れられてしまったケースもあった。その大きな理由として、国策による場合のほか都市化・産業化・情報化にともなう、地域社会の閉じた状況から開かれた状況への変化が指摘される。しかし、そうした変化にも関わらず、規約(規則)を維持している地域社会が、したがって財産にまつわる権利・義務の組織を保持している地域社会が、大都市圏内の農村部に数多く残存している、ことを指摘してきた。加えて、ここで強調されるべきは、単にそれらが残存しているということだけでなく、規約類が大都市圏内の地域社会における地域組織の継続性・連続性に、ひいては地域的なまとまりや生活の共同化に貢献している、ということ

である。そういった地域社会が大都市圏内に多いのは、そこでの地価の上昇、通勤可能性などの生態学的理由によることはこれまで再三触れてきたところである。

　上のように住民同士が長年の累積した太いパイプを持ち合わせていない、来住層からなる地域社会の共同性のあり方についても触れてきた。そこで見られる努力は、一方では異常時における生活の知恵から来る、まとまろうとする努力であり、他は、平時（日常レベル）における生活の共同を求めての努力である。前者は一定の状況下のことであるので、また、ある特定の一点での共同であるので、第Ⅲ部で触れたように理解しやすいと考える。もっとも、われわれは再開発事業が容易といっているのではない。

　以下、後者の平時における生活の共同を求めての取り組みの問題に絞って考える。これが今日的な生活の共同を求めての模索だと思うからである。われわれはこの問題を協同組合運動を通して理解しようと試みた。それは、日常レベルにおける権利・義務の意識化の問題は協同組合運動において達成できるのではないか、と考えたからである。

　協同組合は、共同で所有し、民主的に管理する事業体を通じ、共通の経済的・社会的・文化的ニーズと願いを満たすために、自発的に手を結んだ人々の自治的な組織である。タテマエ的な言い方をすれば、生活上のニーズを満たすために、果たすべき権利と義務のあることを承知の上で人は組合に加入するわけである。メンバーが開かれていることと多数であることのため、ニーズはときと共に変化し、しかも多様化の方向に向かう。場合によっては個人的ニーズと組織上のニーズとが乖離する。これらが、活動の源泉である権利・義務の意識を曖昧なものにしていることは否めない。

　共同で管理・運営し、ニーズを満たそうとする点では第Ⅱ部でみた地元層による入会集団—私有財産としての入会財産を維持する集団としての入会集団—の場合も同じである。入会集団は先祖から受け継いだ財産やその権利を共同で所有・管理する組織体である。そこでの関心はどちらかといえば、財産に関わる経済的ニーズに向けられている。そのことに加えて、メンバーが

特定の地元層という風に固定されている点が入会集団の特徴といえよう。そしてそれが協同組合組織と異なるところでもある。こういった差異はあるものの、いずれもが地域住民を互いに結びつける地域組織として有効な装置である、と考える。

　開かれた地域社会における、絆を持たない住民同士のあり方については、今のところまだ、権利義務関係に曖昧さが残るとはいえ、協同組合組織に勝る組織はないと考える。協同組合は、この曖昧さに連帯でもって応えようとするものである。

　協同組合組織は、市場でもない、行政でもない、両者の中間に位置する組織体である。この組織体では、私益でも公益でもない、共益が求められている。この考えの背後にある理念は、市場における自由よりも、また行政における公正(平等)よりも、連帯(協同・共同)である。協同組合の一つである生活協同組合(以下生協という)もその例外ではない。生協で求められている人間は、個人主義的な人間でも全体主義的な人間でもなく、自由で平等で互いに思いやる人間、自律的で共同体的な人間である[1]。それに向けて研修や講座がもたれているわけである。生協は、助け合いとふれあいとを求めて形成された組織体であり、生協の運動そのものが地域生活の絆(共同化)を求めての活動なのである。

　19世紀から20世紀にかけての近代化の過程においては、競争、個人の自由や階層上の平等が叫ばれ、その方向に地域社会も進んでいった。村落共同体の解体、入会集団の残存と財産区への引継、そうした組織の今日に至る継続性・累積性、そして、近年の都市部における地域社会の崩壊は、そうした過程での地域社会の挙動を示すものである。われわれはそれらを、地元層と来住層との関連で、絆の有無との関連で問題としたきたのである。

　21世紀を迎えたいま、これまで背後に退いていた連帯という理念が、ひいてはそれを組織原理とする協同組合組織や生協組織が求められている、といえよう。それは、国家的に苦しい財政事情下の高齢社会において、市場化・管理社会化している乾ききった現代社会において、さらには地球規模での環

境問題が悪化の一途をたどっている今日、心の連帯・ふれあい・回復が必要とされているときはないと考えるからである。

【注】

1) 野尻武敏『21世紀と生活協同組合』晃洋書房、平成9年、24頁。なお、ここで言う生協の原型はコープこうべである。

索引

【あ行】

I 水利組合 …………………………………………… 155
I 土地株式会社 …………………………………… 135,146
移住者（→来住層） ………………………… 51,52,63,67,161
伊勢講 …………………………………………… 152,158
井戸水共同体（→共同体） ………………………………… 88
入会財産 …………………………………………………… 102
入会集団 …………………………………………………… 252
大隈重信 …………………………………………………… 19
大島鳩恩会 ………………………………………………… 99
お塔の行事 ………………………………………………… 149

【か行】

賀川豊彦 ……………………………………………… 55,242
慣行水利権 ………………………………………………… 89
管理組合 …………………………………………………… 202
危機管理能力 ……………………………………………… 242
疑似装置 ……………………………………………… 206,218
議事録 ……………………………………………………… 208
行政区 ……………………………………………………… 96
協同組合 …………………………………………… 224,252
　──運動 ………………………………………………… 56
　──組織 ………………………………………………… 253
共同
　──性 …………………………………………… 70,251
　生活の── ……………… 8,131,167,219,223,251,252
共同体 ………………………………………………… 72,88
　井戸水── ……………………………………………… 88
　地域── ………………………………………………… 65
　村落── ………………………………………………… 13
区会議 ……………………………………………………… 80
区画整理事業 ………………………………………… 31,199
組合員 ……………………………………………………… 227
　──活動 ………………………………………………… 229
　──教育 ………………………………………………… 246
K 講 ………………………………………………………… 158

経済的加入動機 …………………………………… 228
競馬場 ……………………………………………… 20
研究会（→市街地再開発研究会）……………… 168
権利者意向調査 …………………………………… 190
合意形成 ………………………………… 194,206,218
工場の誘致 ………………………………………… 22
耕地整理事業 ……………………………… 12,30,31
購買利用組合（→灘購買利用組合）…………… 48
広報誌「ふっこうべ」…………………………… 235
高野講 ……………………………………………… 152
コープ
　──こうべ ……………………………………… 225
　──こうべの活動 ……………………………… 231
　──そよかぜ便 ………………………………… 239
　──ともしびボランティア財団 ……………… 238
国際協同組合同盟（ICA）………………………… 224
小林一三 …………………………………………… 27

【さ行】

サークル活動 ……………………………………… 241
再開発事業（→市街地再開発事業）…… 135,171,180,194
再開発事業を考える会 …………………………… 179
再建最優先 ………………………………………… 214
再建特別委員会 …………………………… 206,215
財産
　──管理精算委員会 …………………………… 148
　──区 …………………………………………… 96
　──区有財産 …………………………………… 102
　──区有制度 …………………………………… 109
三条実美 …………………………………………… 19
市外居住のすすめ ………………………………… 17
市街地再開発
　──組合 ………………………………………… 141
　──研究会 ……………………………………… 138
　──事業 ………………………………… 135,158,167,199
　──事業の目的・必要性 ……………………… 135
　──促進組合 …………………………………… 140
自主再建 ………………………………… 214,215,216
自治会 ……………………………………………… 111

索引　257

支配構造 …………………………………………… 65
支配の交代 ………………………………………… 63
渋沢栄一 …………………………………………… 27
地元層（→地元民）……………………… 67,71,103,161
地元民（→地元層）……………………… 51,52,63,65,67
住民意識類型 ……………………………………… 54,60,65
準備組合（→市街地再開発）…………………… 168,172,175
消費生活協同組合（→生協）……………………… 223
新中間層 …………………………………………… 13,39
新農耕組合 ………………………………………… 125
水利組合 …………………………………………… 91
水利の一本化 ……………………………………… 124
生活
　――協同組合（→生協）………………………… 253
　――構造論 ………………………………………… 1
　――の共同 ……………………… 8,131,167,219,223,251,252
　――物資確保の協定 …………………………… 242
生協 ………………………………………………… 223,253
　――の特質 ……………………………………… 243
　――の役割 ……………………………………… 245
生態学的距離 ……………………………………… 39
総会の記録 ………………………………………… 208
組織率 ……………………………………………… 231
村落
　――共同体 ……………………………………… 13
　――構造 ………………………………………… 144
　――組織 ………………………………………… 48

【た行】

態度決定地 ………………………………………… 53
宝塚新都市開発構想 ……………………………… 107
タテマエ …………………………………………… 175
地域
　――型組織 ……………………………………… 244
　――活動 ………………………………………… 241
　――共同体 ……………………………………… 65
　――構造 ………………………………………… 1
　――コミュニティ ……………………………… 225
　――社会 ………………………………………… 223

――社会の形成過程 ……………………………………… 39
　　――社会の担い手 ………………………………………… 242
　　――組織 ……………………………………… 71,161,171
　　――組織の継続性・連続性 …………………………… 161,251
強い紐帯 …………………………………………………… 243,247
鶴見台住宅地 ……………………………………………………… 121
鉄道の敷設 ……………………………………………………… 13,15,43
田園調布 ……………………………………………………………… 27
田園都市 ………………………………………………………… 11,17,43
田園都市株式会社 ……………………………………………… 18,27
統合能力 …………………………………………………………… 243
都市計画区域 ……………………………………………………… 14
都市計画決定 …………………………………………………… 176
都市問題 …………………………………………………………… 12
土地改良区 …………………………………………… 89,90,94,95
隣組 ………………………………………………………………… 82

【な行】
長谷土地有限会社 ……………………………………………… 118
那須善治 …………………………………………………………… 55
灘購買利用組合 ………………………………………… 57,59,64
日生協連 …………………………………………………… 225,226
二の切池 …………………………………………………………… 100
日本生活協同組合連合（→日生協連） ……………………… 225
ネットワーク型組織 …………………………………………… 244
農会・農業生産組合 …………………………………………… 153
農業用水 …………………………………………………………… 89
農事実行組合 ………………………………………………… 79,153

【は行】
墓講 ………………………………………………………………… 129
阪急電鉄 ……………………………………………… 16,29,31,44
阪神・淡路大震災 …………………………………………… 199
阪神電鉄 ……………………………………… 16,18,19,29,31,44
反対運動 ………………………………………………………… 175,176
避難所生活 ……………………………………………………… 205
平生釟三郎 ………………………………………………………… 51
部落会 …………………………………………………………… 111
部落有財産 ………………………………………………… 109,114

部落有財産につての定め	115,116,130
文化的・福祉的加入動機	229
別荘値段	62
圃場整備	123
母都市	39
ボランティア活動	235
本組合（→市街地再開発）	176
本籍人口	46
ホンネ	175

【ま行】

まちづくり意向調査	190
街づくりニュース	180
見直す会のニュース	186
箕面有馬電気軌道	27,29
宮講	151
武庫川の改修	24
むら	41,66,105,132,162
——規約	71,73,114
——組織	127,131
——の精神	98,130,131
目標の一致	216

【や行】

用水組合	90
弱い紐帯	243,244,247

【ら行】

来住層（→移住者）	67,161,167
リーダー層	206,215,216
リプセット	53
流入人口	46
連合町会	85
連続性	71
連帯	224,253

著者略歴

山本　剛郎（やまもと　たけお）

1939 年	兵庫県生まれ。
1964 年	京都大学文学部史学科（人文地理学専攻）卒業。
1968 年	大阪大学大学院文学研究科修士課程（社会学専攻）修了。
1969 年	同大学院博士課程中途退学。
	大阪大学助手、天理大学講師、関西学院大学助教授を経て、
現　在	関西学院大学社会学部教授、博士（社会学）。
専　攻	地域社会学。
著　書	『地域政策と山村コミュニティ』（共著）多賀出版、1984 年。
	『与力制度と村落構造』（共著）多賀出版、1985 年。
	『都市コミュニティとエスニシティ』ミネルヴァ書房、1997 年。
	『福音会沿革史料』（共同編集）現代史料出版、1997 年。
	『阪神・淡路大震災の社会学』（共編著）昭和堂、1999 年。
	『現代インド社会の変動過程』（共著）ミネルヴァ書房、2000 年。
訳　書	R. ブードン『機会の不平等』（共訳）新曜社、1983 年。
	J.G. ライツ『カナダ多民族社会の構造』（共訳編）晃洋書房、1994 年。
	M.M. ゴードン『アメリカンライフにおける同化理論の諸相』（共訳編）晃洋書房、2000 年。

地域生活の社会学

2001 年 4 月 5 日初版第一刷発行
2002 年 4 月 5 日初版第二刷発行

著　者	山本　剛郎
発売元	関西学院大学出版会
所在地	〒662-0891　兵庫県西宮市上ヶ原 1-1-155
電　話	0798-53-5233
印刷所	協和印刷株式会社

©2001 Takeo Yamamoto
Printed in Japan by Kwansei Gakuin University Press
ISBN ： 4-907654-24-3
　乱丁・落丁はお取り替えいたします。
http://www.kwansei.ac.jp/press